教育部人文社会科学研究青年基金项目（15YJC630177）资助

网商群体
持续高质量成长机制
——以中国淘宝村为例

WANGSHANG
QUNTI
CHIXU GAOZHILIANG
CHENGZHANG JIZHI
YI ZHONGGUO TAOBAOCUN WEILI

张庆民／编著

四川·成都

图书在版编目(CIP)数据

网商群体持续高质量成长机制:以中国淘宝村为例/张庆民编著.—成都:西南财经大学出版社,2020.3
ISBN 978-7-5504-4312-9

Ⅰ.①网… Ⅱ.①张… Ⅲ.①农村—电子商务—研究—中国
Ⅳ.①F724.6

中国版本图书馆 CIP 数据核字(2019)第 297544 号

网商群体持续高质量成长机制——以中国淘宝村为例
张庆民 编著

责任编辑:高玲
助理编辑:张春韵
封面设计:墨创文化
责任印制:朱曼丽

出版发行	西南财经大学出版社(四川省成都市光华村街 55 号)
网　　址	http://www.bookcj.com
电子邮件	bookcj@foxmail.com
邮政编码	610074
电　　话	028-87353785
照　　排	四川胜翔数码印务设计有限公司
印　　刷	四川五洲彩印有限责任公司
成品尺寸	170mm×240mm
印　　张	16.25
字　　数	299 千字
版　　次	2020 年 3 月第 1 版
印　　次	2020 年 3 月第 1 次印刷
书　　号	ISBN 978-7-5504-4312-9
定　　价	98.00 元

前言

互联网的发展促进了网络交易与电子商务的出现，链接了乡村和城市，实现了工业品下行和农副产品上行。当今，在我国经济不太发达的农村地区涌现出的一批中国淘宝村中，活跃着众多从事农村电商的草根网商群体。淘宝村的出现为乡村振兴、新农村建设注入了新活力，堪称中国农村互联网经济奇迹。针对这一“中国情景”，中国实践者、学者对于电商特别是农村电商进行了系列探索、研究和实践。

自 2015 年以来，笔者先后走访调研中国淘宝村——主要有浙江丽水北山村、广东犀牛角村、义乌青岩刘村等淘宝村，菏泽曹县大集镇、惠民李兴庄、江苏沭阳新河镇等淘宝镇及小商品集散地，贵阳湄潭县域电子商务中心等。在中国 4 310 个淘宝村、1 118 个淘宝镇中活跃着一批网商，他们在农村电商的道路上创造着属于自己的“电商天地”。同样，中国淘宝村、淘宝镇也具有明显的地方特色，如浙江临安核桃、江苏沭阳花木、义乌小商品、广东揭阳服装、菏泽曹县演出服、惠民绳网、湄潭茶叶等。

为什么在中国出现了淘宝村和草根网商群体现象呢？除了政府支持大力发展数字经济外，部分学者和实践者还认为主要有以下几点原因：第一，农村地区商品流通体系相对不发达，农村电商为产品上下并行提供了广阔的市场机会；第二，家庭联产承包责任制的家庭型土地收入难以满足农民的基本生存保障，倒逼农村草根创业者为生计而奔波，自谋职业寻找挣钱机会以提高家庭生活质量；第三，电子商务的出现成为草根网商自我创业的肥沃土壤，电商平台为草根网商构建了生态商业模式与创新创业环境；第四，地方政府赋能是网商群体集群发展的必备条件，在农村电商公共服务方面发挥了重要作用。

在此背景下，本书通过课题“草根网商群体持续成长的路径、演进及激励机制研究——以中国‘淘宝村’为例”对相关问题展开研究，主要从电商平台搭建、淘宝村发展、网商群体成长案例、策略与激励几个方面进行探讨。首先，以顾客为中心，从顾客感知视角对草根网商群体持续高质量成长的电商平台服务质量、平台产品质量、网络在线评价分别进行了探讨；其次，对农村网商群体持续高质量成长的淘宝村、网商群体集群成长案例进行剖析，探讨淘宝村集群成长动力与网商群体持续高质量成长的内因和外因；再次，在此基础上，探讨如何促进网商群体持续高质量成长的网络营销、线上线下运营、顾客服务质量提升、社交媒体影响等策略；再其次，针对网商群体持续高质量成长路径、成长演化等问题开展研究，为网商群体持续高质量成长提出建议；最后，从组织赋能视角提出促进网商群体持续高质量成长的激励机制，包括创客推动、金融贷款扶持、政府有为等。

本书的完成得到了很多人的帮助和支持。在中国淘宝村实践和研究的过程中，笔者结识了该领域的许多学者，包括汪向东、梁春晓、郭红东、刘鹰、曾亿武、崔丽丽、王金杰等。感谢淘宝村、淘宝镇所在地方主管部门人员，包括苏永忠、兰涛、张莉萍、李敏亚、刘丽萍、蔡会、徐光良、王治军等的支持和协助；感谢阿里研究院研究团队，包括盛振中、游五洋、陈亮、张瑞东、郝建彬等，也感谢阿里研究院电商专家们提供的各类高峰论坛、研究报告、研究案例等；感谢课题组成员陈静、龙奕丹、徐婷、于清蕾、邱怡佳、韦俊杰、季明星、陆娜薇、乔宇田、徐烨、殷文君、朱金成、赵叶、吴柳熠、李谊苏、王睿英等参与本书的调研、访谈、讨论和写作。在写作过程中，参考了国内外的大量文献、教材和专著，由于篇幅原因未能将所有的参考资料列出，笔者在此对这些资料的作者表示衷心的感谢！

本书得到了教育部人文社会科学研究青年项目（题目：草根网商群体持续成长的路径、演进及激励机制研究——以中国“淘宝村”为例，项目编号：15YJC630177）资助，在此表示衷心的感谢！

本书主要对网商群体持续高质量成长机制进行探索性研究，在调研、理论和应用等方面都有待深入，书中仍存在不当与纰漏之处，恳请专家、同仁和读者对此进行批评指正。

著者

2019 年 12 月

目录

1 概述

1.1 农村电商

农村电商是指生产经营主体基于互联网、移动互联网等信息技术，从事工业品下乡或农副产品、农村加工品上行的电子交易活动。《中国互联网发展状况统计报告》显示，截至 2018 年 12 月底，中国农村网民规模为 2.22 亿，占整体网民的 26.7%，年增长率为 6.2%。以互联网、移动互联网为代表的通信基础设施在农村广泛深入，我国农村电商得到快速发展，尤其在东部地区，农村电商发展得如火如荼、风生水起。农村电商进一步打通了城乡之间的商品流通渠道，降低了流通交易成本，拓宽了市场边界。据商务部信息，2018 年全国农村网络零售额达到 1.37 万亿元，同比增长 30.4%，全国农产品网络零售额达到 2 305 亿元，同比增长 33.8%。农村电商迅猛发展，激活了农民在网络零售、网络购物、旅行预订、网上支付及互联网理财等方面的消费潜力，开辟了农产品上行新通道。农村电商为农民提供了新的网络创业机会，推动了农民增收致富、农业产业结构升级，提高了农产品和农村加工品的品牌塑造和竞争力，为乡村振兴注入了巨大活力，成为新农村建设的典范。

农村电商取得的成绩离不开以阿里、京东、苏宁易购、拼多多等为代表的互联网综合平台进入农村市场。阿里利用自身强大的电商平台、菜鸟网络，实施“农村淘宝+村淘合伙人”模式与“千县万村计划”，通过自建或第三方物流合作搭建农村淘宝三级物流体系；京东利用自营平台和物流系统的优势，搭建“京东服务中心”+“京东帮”的农村电商服务体系，县级服务中心向村庄渗透；苏宁易购采用“直营店+线上 O2O”模式对全国主要的县和发达的镇进行全覆盖，通过搭建强大的物流体系，把门店开在农民身边，解决“最后一公里”问题。

国家也释放了一系列关于农村电商发展的政策红利，为农村电商发展指明了方向，农村电商发展态势良好。自 2014 年以来，中央一号文件对农村电商发展做出了总部署，国务院相继发布了《关于大力发展电子商务加快培育经济新动力的意见》《国务院办公厅关于促进农村电子商务加快发展的指导意见》《关于实施乡村振兴战略的意见》《数字乡村发展战略纲要》等文件，要求大力建设具有广泛性的促进农村电商发展的基础设施，鼓励支持各类市场主体创新发展基于互联网的新型农业产业模式，深入实施电子商务进农村综合示范，加快推进农村流通现代化，提升农产品质量，培育农村电商产品品牌，促进农产品上行。

如今，农村电商围绕农民和农业直接扎根于农村并服务于“三农”，在兴农富民过程中扮演着越来越重要的角色，使农民成为互联网入村的最大受益者，大大提高了农民网络创业的参与度和积极性，也造就了一批网商新农人。

早期农村电商仅仅是简单的拉根网线、租台电脑就能开店的初级阶段模式，逐渐发展为深入涉及农村电商经营的方方面面。农村电商的发展模式也逐渐呈现网络营销与业务运营结合、线上交易与线下销售融合等特点，各大电商平台依托自身资源优势，不断形成各具特色的电商模式，主要表现为由单一的网络零售向网络零售与网络批发并重转变，从传统电商向社交电商与社区电商并重转变。另外，农村电商模式也有多种分类，根据物流流向可分为工业品下行模式和农副加工品上行模式；根据参与主体可分为农户网商自主开店创业和农户作为平台代理员；根据规模性可分为农户个体经营和公司化运作；等等。

在广大农村的农民、农业、农产品如何才能搭上互联网的班车，让农村电商成为农村发展的流通渠道，实现城乡资源优化配置，促进区域高质量发展，这将是一个促进乡村振兴的现实问题。

1.2 中国淘宝村

近年来，以淘宝村为代表的农村电商得到了快速发展，成为数字经济助力乡村振兴的中国样本。淘宝村现象是指聚集在某个村落的村民，以电商平台为主要交易平台，以电商生态系统为依托，形成规模和协同效应的网络商业聚集现象。

自从 2009 年在中国农村出现最早一批淘宝村以来，截至 2018 年 10 月底，全国淘宝村达 3 202 个，淘宝镇达 363 个，淘宝村分布在 330 多个县区，覆盖超过 2 亿人口。2018 年，全国淘宝村网店年销售额超过 2 200 亿元，在全国农村网络零售额占比超过 10%，活跃网店数超过 66 万个，创造就业机会 180 多万个。截至 2019 年 6 月底，阿里研究院在全国发现 4 310 个淘宝村、1 118 个淘宝镇。中国淘宝村作为我国农村出现的一种新兴商业群体，是互联网时代中国农村经济和电子商务发生核聚变的典型产物，成为中国农村市场经济发展过程中出现的一种独特创造，即“中国情景”，已经成为全球最具影响力，最具未来指向，也是规模最大的一个商帮，成为一股不可忽视的新农村建设力量。

为更好地开展淘宝村认定工作，阿里研究院制定了如下三条规定：第一，交易场所、经营场所在农村地区以行政村为单元；第二，在交易规模方面，电子商务年交易额达到 1 000 万元；第三，在网商规模方面，本村注册网店数量达到 50 家，或者注册网店数量达到当地家庭户数的 10%。如果一个镇、乡或街道符合淘宝村标准的行政村大于或等于 3 个，即为“淘宝镇”。如果是由 10 个或以上淘宝村相邻发展构成的集群，网商、服务商、政府、协会等密切联系、相互作用，电子商务交易额达到或超过 1 亿元，那么就形成了“淘宝村集群”。若相邻的淘宝村数量达到或超过 30 个，则称为“大型淘宝村集群”。2019 年，阿里研究院扩展了“淘宝镇”定义——一个乡镇一年电商销售额超过 3 000 万元，活跃网店超过 300 个，也可以成为淘宝镇，不再局限于是否有淘宝村。“淘宝镇”“淘宝村集群”“大型淘宝村集群”都是在淘宝村的基础上发展起来的、更高层次的农村电商集群现象，这些不同形式、不同规模的农村电商现象都是农村经济与电商经济融合的产物。

农村电商经过十多年的发展，在我国很多农村地区形成并出现了一种互联网经济现象——中国淘宝村。随着时代的进步和科技的普及，网络信息资源以及技术手段也逐步深入农村，一些敢为人先的农民开始尝试通过在淘宝网上开店的方式创业，以销售农产品及当地特色产品为主，开辟出了一条电商致富道路，进而带动邻里乃至所在地区的村民开展网上创业，逐渐形成了淘宝村。

当然，淘宝村的发展也不是一夜之间就形成的，早期也是三三两两的年轻人抱着创业梦想开始了网商销售，并“摸着石头过河”一步步走来。他们通过农村电商获得收益，引发了周边邻居的模仿并开始在网店销售产品。随着村里从事网络销售的店家越来越多，在乡村形成了电商集聚现象。直到 2009 年，才形成了第一波专门从事农村电商交易的农村集群现象，人们习惯于把这种农村电商村称为“淘宝村”“电商村”，如浙江省义乌市青岩刘村、江苏省睢宁县东风村和河北省清河县东高庄等。

从 2009 年开始，经过十多年的成长，淘宝村经历了萌芽、扩散、集群发展等阶段。淘宝村发展在一些地区出现了分工协作的集群效应。在东部沿海发展比较好的地方，淘宝村呈现出产业链分工模式，出现了物流、广告、美工、培训、直播、交易集散中心等分工，部分淘宝店家已经从家庭作坊成长为公司，按照公司化运作模式开展电商业务，雇佣农村劳动力按照不同工种进行分工负责，这使得地方电商分工更细化，形成了具有地方产业特点的电商产业链，如花木产业链、家具产业链、农产品产业链，这符合规模化经济发展的演化趋势，有助于提升地方产业的竞争力。淘宝村发展也具有一定的地方产业基础，也就是网货。拥有竞争力的网货也是淘宝村持续发展的重要基础和来源。纵观大多数淘宝村，其大都位于城市周边或者经济欠发达且拥有当地产业的地区，而且农村电商产业是在地方现有产业的基础上成长起来的。具有流通属性的农村电商促进了地方现有产业的升级转型，将地方产业链延伸至互联网电商平台，使得从事种植、生产、零售等一系列活动的农村产业逐渐适应了互联网时代的发展。种植或生产以网络市场需求为导向，网络零售融入互联网基因，此类淘宝村真正融入农村和农副产业的互联网发展转型中，促进了乡村振兴。

中国淘宝村作为世界经济史上从未出现过的一种农村互联网经济现象，也得到了李克强总理、汪洋副总理等领导人的重视，他们调研并关注农村电商发展，先后视察浙江义乌青岩刘村、浙江临安白牛村等。国务院与国家部委也出台了一系列支持农村电商发展的政策，如《关于支持农民工等人员返乡创业的意见》《关于加快发展农村电子商务的意见》《 推进农业电子商务发展行动计划》，每年的中央一号文件都对农村电商发展做了重要部署。2018 年，中央一号文件发布，鼓励支持各类市场主体创新发展基于互联网的新型农业产业模式，深入实施电子商务进农村综合示范，加快推进农村流通现代化，实现工业品下行、农产品上行双渠道流通。《2017 年度农村电商发展报告》指出，农村网店顾客主要集中在农村淘宝、拼多多、云集、有赞、赶街网等平台，其中阿里平台拥有超过 100 万的农村网商。由目前电商分布状况可知，农村电商远没有达到饱和的程度，农村的网店数量还在逐步增加，市场空间依旧大，这些为农村流通业加快发展提供了新动能。一系列事件充分说明农村电商发展的重要性，淘宝村和网商群体作为农村电商发展的重要载体，也迫切需要学界紧跟农村电商发展实践，服务农村经济发展，促进农民增产增收。中国淘宝村作为我国农村新出现的一种新兴商业群体，中国淘宝村模式已为世界所瞩目。印度《经济时报》评价，应该借鉴中国淘宝村使印度的村庄通过电子商务成功转型；世界银行也指出，电商是科技创造就业的一个例证，科技能够赋能农村不发达地区的卖家，淘宝村是消除贫穷、促进共同繁荣的利器。一系列政策充分说明农村电商发展的重要性，淘宝村和网商群体作为农村电商发展的重要载体，有效激发了农民创业就业的积极性，增加了农民收入，提升了农民生活幸福指数，成为推动农村经济发展、缩小城乡数字鸿沟的新途径。

我们不禁要问，为什么会在中国农村诞生发达国家尚未具有的“淘宝村”？我们认为，主要有如下几个原因：第一，我国农村商品流通体系相对不健全，很多地方的市场基本还是以集市贸易形式存在的，以乡村小卖部方式满足当地农民需求，商品数量种类少，品质难保证，产品价格偏高；第二，互联网在农村刚刚建立起来，正赶上了农村电商大潮的到来，农村电商正好弥补了农村市场空缺的短板；第三，这一阶段也是我国大力发展“三农”的关键期，“三农”问题作为我国基本国策需要更多的城市资源反补农村，农村获得了新的电商市场发展机会；第四，这一时期，新农村建设也有了起色，农民返乡创业、大学生返乡、农民工回流趋势明显，为“空心村”发展带来新鲜血液，使农村经济获得了外部市场的资源；第五，农村具有一些特色的农副产品、加工品等，也正是农村电商发展的重要资源，这些产品通过农村电商中的农产品上行满足城市需求；第六，由于互联网拉近了农村和城市的距离，农民本地就业、农村劳动力成本、土地成本等相对城市较低，具有很好的成本优势，农村电商也就具有了一定的区位优势。当然，淘宝村在发展过程中也出现了很多公共管理问题，如基础设施不完善、低水平抄袭模仿等。对于初次经营而感到无从下手的卖家，他们可能会直接从销量较高的卖家网店下载精美商品图片，并可能存在严重的刷单现象等，即使是自己创新和设计的产品，也不懂得保护产品专利。不可否认，在农村电商快速发展的今天，电商市场的竞争也比较激烈，在市场需求饱和的情况下，淘宝村发展会受到一定的制约，淘宝村消失在所难免。

1.3 网商群体

自 2004 年“网商”概念被我国学者提出以来，我国学者将“淘宝村”“网商”作为研究对象，开展了相关研究工作。马云和阿拉木提出网商概念是指原本不具有经营条件的个体或群体依靠互联网进行经营，从而成为网商。网商这一概念和网络具有高度相关的关系，《网商赢天下——中国网商生存成长报告（2004—2006）》指出，网商主要是指运用电子商务工具，在互联网上持续进行商务活动的个人或企业。“网商”是指持续运用电子商务方式从事商务活动的个人和企业，其中个人包括商人、个体经营者和业务操作者等。伴随着互联网与传统经济的深度融合，网商群体有了飞速的发展，网商经历了“浮现”“立足”和“步入崛起”三大发展阶段，在全球范围内得到了广泛认同。如今，中国网商营业规模已经迈入十万亿量级，网商已经发展成为中国最大的商帮。

根据阿里研究院网站中2004—2012年度网商研究报告分析，从2004年网商时代开始，“网商”开始成为互联网世界新的主题；2004—2006年，网商群体出现，网商社会开始萌芽。在网商社会中，区域集群、商圈集群和上下游利益趋势明显；历经“浮现”和“生存”两个阶段后，2007年，网商开始崛起，中国网商正在步入崛起阶段。这主要体现为数量和交易量等迅速增加，即网商群体的规模有了显著增长，主流化态势显著，多元化格局显现，社会经济影响力日益显著；2008年的网商群体正在步入以生态化发展为主要标志的新阶段，“网商服务网商”的平台自我服务体系形成，是网商生态化的重要表现。网商的发展为农村电商发展注入一种全新的内涵。2008年下半年到2009年上半年，在国际金融危机影响下，借助电子商务这一“过冬棉衣”，中国网商仍然实现了持续、稳定的发展。截至2009年上半年，网商数量扩大，交易额持续上升，网商之间的协作关系深化，网商发展路径越来越多元化，网商国际化持续推进。2009年，网商、网货、网规共同构成了一个生机勃勃的商业新世界；2010年，多方面因素促进各类企业、个人纷纷加入网商行列，网商主体构成呈现出明显的多元化特征；2010—2011年，网商、生态正发生巨变，并对电商发展形成深远影响，自下而上的网商发展正迈上新台阶，体现规模化、品牌化及创新。网商及其正在塑造的新的商业生态对社会发展与转型产生了较大影响。网商—生态—新商业社会的良性循环加速形成，以新商业文明为魂的新商业社会扑面而来；2012年度网商发展研究报告提出“小即是美”的概念，“小即是美”是指信息商业社会众多平台上网商、小企业以及大中企业内的碎片化组织（小前端）都有公平的机会去协同大平台和生态，从而能与顾客共创价值的产品服务与体验，进而使得人与自然可持续和谐发展。

近年来，以淘宝村为代表的农村电商得到了快速发展，当农村电商兴起之时，当地农民迫切想抓住发展机会，改善目前经济收入较低的状况。农村网商一大部分来源于在外务工的人员，他们在外务工的工资薪酬低，而且没有发展前途，又背井离乡，远离亲人，只好选择回乡创业。在淘宝村里出现了一群从事电商经营的农户网商群体，他们基于电商平台等充分发挥主观能动性，将当地特色产品发展成具有地方特色的电商热销品。早期的农户网商群体系由草根农民自发形成，并基于网络平台零售产品的自组织熟人社会群体。发展成功的淘宝村都有这样一个特点：在发展之初，会有电商带头人对整个村落起到引导作用。自发成长的带头人是淘宝村的开拓者，是淘宝村第一个“吃螃蟹”的人，是其他农民网商经营淘宝村的模仿对象。在淘宝村起步之初，少数先行者拥有改善生活条件的强烈欲望，试水电商创业，更多的是一种探索。他们起到了先行成功者的示范带动作用，他们的成功带动了一批又一批创业者投身电商创业。网商形成过程中，网络技能也是一道门槛。自我促成的网商发家致富，小有成就以后，他们把如何吸引顾客、如何给卖家页面装修、如何设计家具并寻找货源等方法传授给村民。第一代网商通过自己的探索，摸索出一条经商之路，这种创业者的自组织性使得创业信息和网络知识在乡村内部传播扩散。

自 2009 年淘宝村出现后，我国相关领域的学者就开始把目光转移到草根网商这一新兴群体上去。国外学者有关淘宝村与网商群体的研究成果并不多，他们的研究主要集中在涉农电子商务领域，如涉农电商应用、电子商务与城镇化等，究其原因，是经济发达国家或像巴西、印度等不发达国家还没有出现淘宝村集聚现象。梁春晓等指出从个人网商的立场出发，提出个人网商的成功秘诀是具备熟练的网络操作能力，能够通过互联网激活和善用社会资本，高度重视自身诚信表现以及有一定商务经验和服务能力的观点。

谈到淘宝村、网商群体，不管是网商的形成还是淘宝村的发展，都不可避免地谈到农村的熟人社会体系。中国淘宝村是一个区别于成熟市场经济的特殊形态社会，社会学家费孝通曾经指出，中国传统的乡村社会是熟人社会，这种社会形态不仅有公认和一致的规矩，而且信息完全对称。熟人社会对于网商的成长和知识扩散具有天然的优势，一个农村网商先发展起来就会带动村民模仿并形成淘宝村现象，国内已经发现的淘宝村发展经历无不如此。反观城市中人口密度大的居民社区，却是一个陌生人的社会，居民之间很少往来，城市中处处是陌生的邻居，存在严重的信息不对称，因此，在城市中较少出现同类网商自发聚集的现象。从农村电商发展的驱动主体来看，淘宝村中村民自己变身为网商直接对接市场，并在当地农村电商发展中起到主导作用。

淘宝村逐渐成为创业的热土，集聚了创业人才、电商服务、配套政策等。可以说一个淘宝村就是一个草根创业孵化器，在淘宝村电脑前、车间里、仓库边，到处可见电商创业者忙碌的身影。如江苏沭阳淘宝村电商创业氛围浓厚，吸引大学生、退伍军人、外出务工人员等返乡创业者。截至 2016 年 3 月，沭阳县共 4 700 余人返乡创业，其中，通过电子商务平台销售花木是村民们返乡创业的主要方向；广东汕头的 58 个淘宝村大多基于当地支柱产业，比如玩具、内衣等，因此网商们在品质、价格等方面具有明显优势，加之当地创业环境持续改善，淘宝村吸引了众多外地创业者入驻。不论是村民返乡创业，还是外地创业者入驻，都显示出淘宝村对创业者的巨大吸引力。淘宝村优秀创业人才增多必然推动网商不断吸收新技术、新思想，实现网商群体的良性成长。不可否认，大多数网商经历复制产品阶段，将自己的网店经营起来，不断提高卖家销量，这个时期，大规模同质化网商迅速崛起，必然加剧产品的同质化竞争，导致利润率显著下降，一定程度上形成了“内卷化”。“内卷化”代表了一种发展的状态和模式，它表达了一种“路径依赖”，即一旦进入某种状态或某种模式，其刚性特征将不断地限制发展，从而无法自我转变到新的状态和模式。简言之，“内卷化”所描述的是一种不理想的变革（演化）形态，即没有实际发展（效益提高）的变革和增长，需要地方政府和越来越多的服务商参与帮助网商实现专业化发展。

网商群体已有研究成果存在如下问题：第一，网商群体理论研究是一个全新领域，现有研究体现为概念性、框架性描述，定量研究较少，还处于案例调研、定性分析阶段；第二，网商群体相关理论研究对推动网商理论发展和应用具有创新性作用，但较少涉及网商群体持续成长演化理论研究；第三，从理论研究与实践应用角度分析，网商群体理论研究明显滞后于实践。

2 网商群体持续高质量成长平台

阿里、京东、苏宁、拼多多等电商平台已经成为平台经济发展的重要组成部分。随着互联网的发展，电商平台将卖家、顾客、第三方服务跨地域联结在一起，为各方提供平台基础设施及服务。近年来，农村电商成为数字乡村推动“互联网+”发展的重要力量，电商平台在助力农村电商发展、农民电商创业等方面起到了重要作用，电商平台成为促进农村开展网络销售、促进网商群体持续成长的巨大驱动力，有助于拓宽跨区域的农副产品销售渠道，降低销售成本，提升农村参与网络市场交易效率。下面主要对 C2C 电商平台和社交电商平台服务质量开展讨论。

2.1 C2C 电商平台服务质量

2.1.1 引言

电商平台已成为数字经济发展的主要推动力，也是企业管理者普遍关心的问题。有关电商平台的研究包括电商平台的构建、价值、生态、监管与治理等。

原国家工商总局的数据显示，2016 年网络投诉增长高达 65.4%。电商行业的投诉主要集中在商品质量问题、退货难、服务差等方面。由于电子商务独特的网销与购物方式可能出现的服务质量问题与传统零售有所不同。中国电子商务研究中心发布的检测报告显示，淘宝网、当当网、京东商城、苏宁易购等多家中国知名电商平台的服务质量问题显得尤为突出，包括网络欺诈、劣质产品或服务、虚假广告等。电商平台服务质量已经成为电子商务行业发展过程中必须面对的核心问题，未来电子商务平台的竞争越来越多地体现在电商平台服务质量竞争上，如何提升电商平台服务质量已成为关键问题。电商平台服务质量可以理解为在电商平台中，基于卖家、顾客、买家的平台感知与平台体验，自身服务预期和服务感知质量之间的差距，如卖家或顾客对商品质量、网站设计、隐私安全性、企业信誉等网站服务质量的评价等。本部分主要从顾客体验角度开展电商平台服务质量研究。

服务质量与一般产品质量相比有着本质区别，有形商品质量一般可根据技术或功能特性对产品质量进行界定，通过相应的技术标准规范产品质量，如产品尺寸、性能、包装及重量等，而服务质量相对来说存在模糊性，最突出的一个特点是需要顾客认可或者说顾客是服务质量的唯一评价者。一般意义上的服务质量是指传统服务质量，传统服务质量的研究很大程度上取决于服务人员与顾客之间的服务接触，无需借助网络平台，原因在于传统服务更多是直接接触。

服务质量的研究已经开展了 40 多年，但直到近几年才逐步将电子商务服务质量纳入服务质量研究领域。电子商务相比于传统服务业来说，它更多地借助电商平台完成交易，减少了顾客与卖家直接接触的环节。因此，按照传统方式解读电商平台服务质量显然不合适。电子商务服务质量是指以电商平台为中介的各种电子商务活动，以及他们被顾客信任和令顾客满意的程度[2]。电商平台服务质量中服务过程的研究和评价围绕顾客感知和顾客认可的层面开展，通过及时反馈顾客意见，改善卖家与顾客之间的关系，使电商平台服务质量涵盖从搜索到售后评价的整个电商服务过程。

电商平台是网商融入网络大市场的入口，提供了网商创业链接外部大市场的机会。如何构建成功的平台商务模式[4]，探讨构建入驻卖家与电商平台之间的非对称演化博弈模型探析网络口碑对电子商务的影响；从理论与实证两方面分析电子商务平台应用对企业出口的影响，通过对 185 家平台参与企业的实证研究，探讨平台柔性、正式控制和关系控制均显著影响电子商务平台的吸附能力[7]；基于双边市场理论解答在发展的繁荣期的平台分化、平台分化对平台商绩效及平台市场结构产生的影响[8]；在考虑质量，保证策略对电子商务平台网络效应与绩效的影响的基础上，研究平台型、自营型和综合型三种类型电子商务运营模式下质量保证策略决策问题[9]；对于 O2O 模式以及自建平台企业运营的研究主要集中在动态定价机制、集体购买行为以及社交软件驱动等领域；以阿里巴巴集团为例，系统阐释“平台—政府”双元管理范式下的平台资源配置、平台定价、税务征管、外部监管以及内部管理，构建“互联网+”时代的平台治理体系[11]；Jaishankar[12]研究了顾客对于产品低价信号的认知和不同购物群体线上购物渠道的差别以及相关电商战略，得出低价因素仍旧是刺激消费行为的关键，开展顾客群体的划分和针对性的渠道设计有助于更好地完成市场细分和顾客定位。综上文献可知，国内外对于平台企业的研究集中在平台模式特征下的运营，不管是团购、定价、风险还是资源以及社交软件，充分融合了互联网互联、便捷以及顾客群庞大的特征因素。

目前，对于电商平台服务质量研究已取得的成果大都侧重于某个特定的领域或区域研究其影响因素，如顾客满意、顾客信任等，但在电商平台服务质量测量指标以及评价等方面尚未形成一致的意见。在早期文献中，网络零售成功的关键被认为是页面展示和低价销售，网站技术质量比网站所提供的服务质量更吸引顾客关注。一般认为网络服务质量是指网站促进选购和传递产品与服务的程度[13]，研究范围延伸到交易前、中、后期的一系列服务。随着电子商务的快速发展，电商服务质量也逐渐受到关注。赵卫宏等[14]采用深度访谈和实证检验方法开发了一个中国情境下网络零售服务质量测量量表（E-TAIL-SQ）；Hsu 和 Hung[15]评估电商服务质量模型多个指标之间的相互作用，提出一电商服务质量评估方法；Chen[16]验证电商环境下过程质量和协作质量对有用性和满意度的影响，构建电商环境下信息系统改进模型；杨清清[17]对顾客进行网购电商提出融合服务过程的电子商务服务质量测评体系。李波[18]提出网络商品质量管控能力并结合某大型购物网站进行实践研究。通过分析相关文献，可知在电商服务质量评价模型等方面研究较多，更多学者认为网络服务质量应当贯穿交易的整个过程中，把网络服务质量定义为顾客对网络购物过程中综合考虑与卖家互动的过程质量和结果质量做出的自我评价[19]，并且把网站服务质量划分为交易前、交易中和交易后三个阶段，把网络零售服务质量划分为环境质量、过程质量、结果质量和补救质量四个维度，实现对顾客满意、顾客信任和顾客忠诚的预测性[21]。

通过阅读网络零售服务质量的相关文献，将热门研究领域归纳为：网络零售服务质量模型、网络零售服务质量指标、网络零售服务质量与顾客满意度以及顾客购买行为、网络零售服务质量的主要影响因素研究。对于如何有效改进与提升网络零售服务质量的领域目前还有待探索。曹尔黎将电商服务质量分为三个维度，分别是服务基础质量、服务过程质量、服务结果质量，通过分析总结得到电商服务质量测评的二级指标，构成电商服务质量评价指标体系；兰琦[24]等人在服务质量差距模型的基础上探索出了一套评价电商服务质量的指标体系。电商服务平台评价模型研究方面，张大陆[24]等从顾客视角出发提出电商服务质量评价体系及指标；李辉[25]等在研究 SERVQUAL 评价模型的基础上，将电商服务质量评价纳入全面管理体系中，通过因子分析方法和结构方程构建电子商务服务质量评价体系，并运用模糊综合评价法分析；Kaynama 等[26]在 SERVQUAL 模型基础上提出电商服务质量评价指标；Yoo 等[27]认为易用性、美观设计、处理速度和安全性是电商服务质量的主要影响因素；Yang 等[28]通过实证研究得出响应性、可信性、易用性、可靠性、便利性等 14 个维度对电商服务质量影响因素；Bauer 等研究发现感知电子商务服务质量包括功能设计、流程、可靠性、响应性、愉悦性；Fassnacht 等[29]在实证研究的基础上建立了电子零售服务质量评价体系，包括环境质量、传达质量、结果质量 3 个维度。

下面以某 C2C 电商平台服务质量为研究对象，以该平台上优衣库卖家为例，构建电商平台服务质量评价指标，结合控制图评价电商平台服务质量，为电商平台服务质量的改进提供建议。

2.1.2 电商平台服务质量评价指标

电商平台服务质量是服务质量的一个分支，但是又有别于传统服务质量，结合电子商务自身特点设计电商平台服务质量评价指标。在指标选取过程中主要参考了 WEBQUAL 模型、SITEQUAL 模型、E-SQ 模型及 SERVPERF 模型等，这些模型均是以网络服务为基础的电商平台服务质量评价模型。在此基础上，还参考了 Parasurama 提出的网站服务质量评价模型 E-S-Qual 以及网站服务补救措施评价模型 E-Recs-Qual。基于上述模型并结合 C2C 电商平台特点共设计了 36 个题项，如表 2-1 所示。

表 2-1　电商平台服务质量评价指标体系

编号	项目	编号	项目	编号	项目
X1	在网站上能方便寻找商品	X13	完成交易所花时间令人满意	X25	网站界面设计友好
X2	网站经常给顾客推荐商品	X14	卖家能按承诺交付货物	X26	平台诚实可信
X3	顾客易于登录网站及页面	X15	卖家在合适时间完成订单处理	X27	淘宝提供商品值得信赖
X4	网站商品信息排版有条理	X16	卖家快速发送订购的商品	X28	卖家能力影响顾客信任
X5	网站页面加载快	X17	顾客收到订物和配送货物一致	X29	在平台容易联系客服
X6	网站结构清晰	X18	卖家提供产品和承诺是一致	X30	卖家客服人员态度友善
X7	网站操作简单方便	X19	顾客可选择接收商品时间段	X31	对顾客问题处理迅速
X8	网站能迅速完成交易	X20	网站会保护顾客购物行为信息	X32	卖家建议顾客在退货时选择便捷渠道
X9	顾客可随时登录平台及账户	X21	网站不会泄露顾客个人信息	X33	如果交易未处理会及时告知顾客
X10	平台系统能马上启动并运行	X22	网站会保护顾客的信用卡信息	X34	卖家会对问题产品予以赔偿
X11	平台应用系统不会崩溃	X23	网站界面设计局有吸引力	X35	如不能按时送达会赔偿
X12	平台页面转换不会因非系统因素闪退	X24	网站界面设计美观	X36	顾客退回货物，卖家会安排快递上门取件

2.1.3 电商平台服务质量分析

通过采用网络问卷调查的方式进行数据收集，采用 Likert 五级量表对 C2C 电商平台服务质量的影响因素进行评分。

2.1.3.1 探索性因子分析

在探索性因子分析阶段采用 SPSS19.0，分析各指标与总指标电商平台服务质量的相关系数，之后，利用探索性因子分析法对剩余项目进行分析。经过上述分析，指标 X28 因子载荷小于 0.45，低于规定值，故删除该指标。在因子分析过程中不断使用上述标准剔除指标，直至得到清晰的因子矩阵结构，同时保证累计方差解释率也保持较高的水平，本次探索共得到 6 个因子、35 项分指标。探索性因子分析过程中使用 SPSS19.0 进行主成分分析，其部分分析结果如表 2-2 所示。

表 2-2　部分解释的总方差

因子编号	特征根			旋转前方差解释率			旋转后方差解释率		
	特征根	方差解释率 %	累积 %	特征根	方差解释率 %	累积 %	特征根	方差解释率 %	累积 %
1	11.29	31.361	31.361	11.29	31.361	31.361	5.334	14.816	14.816
2	3.847	10.686	42.047	3.847	10.686	42.047	5.04	14	28.816
3	2.56	7.11	49.157	2.56	7.11	49.157	3.595	9.986	38.803
4	2.089	5.802	54.959	2.089	5.802	54.959	3.275	9.098	47.901
5		4.801	59.76	1.728	4.801	59.76	3.002	8.338	56.239
6	1.504	4.177	63.937	1.504	4.177	63.937	2.771	7.698	63.937
7	–	–	–	–	–	–	–	–	–
36	0.109	0.302	100	–	–	–	–	–	–

根据学者们公认的标准，当各因子特征根大于 1、累计方差解释率超过 60%时可以认为因子分析的结果能反映研究问题。根据这一原则共提取了 6 个公共因子，提取公共因子后采用 SPSS 因子载荷矩阵旋转方法进行数据处理。根据学界比较认同的标准汲取因素负荷水平在 0.45 以上的指标对输出的结果进行筛选，删除 X28 指标，保留其余 35 项指标重新探索，得到 6 个影响电商服务质量的主要因素，部分计算结果如表 2-3 所示。第一个因子包括 X29、X30、X31、X32、X33、X34、X35、X36 共 8 项指标，对这些指标进行分析发

现，该指标主要涉及售后服务问题，即初始问卷中涉及的服务性和补偿性；第二个因子包括 X5、X6、X7、X8、X9、X10、X11、X12、X13 共 9 项指标，主要涉及电商网站的系统可靠性；第三个因子包括了 X14、X15、X16、X17、X18 共 5 项指标，主要涉及电商卖家和平台的响应性；第四个因子包括 X19、X20、X21、X22、X26、X27 共 6 项指标，主要涉及淘宝平台对顾客隐私安全性的保障；第五个因子包括 X1、X2、X3、X4 共 4 项指标，反映的是电商网站的效率性；第六个因子包括 X23、X24、X25 共 3 项指标，反映出电商网站的有形性。

表 2-3　样本的因子分析结果

旋转后因子载荷系数							
名称	因子载荷系数						共同度
	因子 1	因子 2	因子 3	因子 4	因子 5	因子 6	
X1	-0.019	0.183	0.115	0.052	0.74	0.198	0.637
X2	0.01	0.109	0.127	0.141	0.741	0.175	0.628
X3	0.105	0.129	0.133	0.095	0.755	0.111	0.636
X4	0.277	0.129	0.172	0.007	0.531	0.498	0.653
X5	0.199	0.582	0.104	-0.039	0.191	0.425	0.51
X6	0.341	0.725	0.166	-0.108	-0.017	0.269	0.754
X7	0.293	0.687	0.112	-0.116	0.235	-0.01	0.639
X8	0.196	0.741	0.128	-0.114	0.259	-0.113	0.696
X9	0.24	0.75	0.119	-0.102	0.264	-0.067	0.719
X10	0.101	0.797	0.075	-0.087	0.153	0.182	0.716

2.1.3.2　验证性因子分析

该阶段通过使用 AMOS17.0 构建结构方程模型。在验证过程中将电商平台服务质量设置为一阶潜变量，将二阶潜变量划分为电商网站的效率性、网站的系统可靠性、电商企业的响应性、顾客隐私的保障性、电商网站的有形性和电商企业的售后服务。根据探索性因子分析结果，基于各因子及其观测指标构建相应的结构方程模型对其信度和效度进行验证，根据模型拟合参数评价结构方程模型与样本数据拟合情况，评价电商平台服务质量评价量表的有效性。

问卷信度分析是进行因子分析前必要的一个环节，信度分析的目的是检验当前电商平台服务质量评价量表对同一对象做多次调查时，所得出的结果是否具有一致性和稳定性，并通过相关的参数反映问卷设置的合理性。信度分析借助 SPSS19.0，其结果用 Cronbach's Alpha 系数判断。根据国内外公认标准，当 Cronbach's Alpha 系数超过 0.7 时，则表明问卷的信度较高，问卷设置较为合理。信度检验结果表明，本次问卷调查结果 Cronbach's Alpha 系数为 0.918，信度较为理想。对于问卷效度的检验，采用 KMO 和 Bartlett 的检验结果来判断，调查结果表明样本的 KMO 值为 0.878，Bartlett 球形检验值为 4 654.907（$p<0.001$），满足显著性水平的要求，调查结果所得数据适合做因子分析。根据 SPSS19.0 分析结果，各因子组成信度如表 2-4 所示，电商平台服务质量评价量表的总信度为 0.918，各因子的组成信度都高于 0.7，说明数据具有较好的信度。

表 2-4　平台服务质量各因子组合信度表

电商平台服务质量		组成信度
因子一	网站的效率性	0.816
因子二	网站系统可靠性	0.901
因子三	卖家的响应性	0.889
因子四	顾客隐私的保障性	0.778
因子五	网站的有形性	0.795
因子六	售后服务问题	0.909

效度检验主要从内容效度和结构效度两个维度考量，其中内容效度一般是通过公认的准则或权威专家研究和测量加以判定。这里借鉴一些经典量表设计问卷，在其基础上修改问卷的内容效度符合要求，着重考虑问卷的结构效度，而结构效度主要通过收敛效度和区别效度两个角度进行评价。收敛效度可从各个因子的组成信度和测量项目之间的标准化载荷两个角度衡量。在组成信度方面，量表中六个因子的组成信度分别为 0.816、0.901、0.889、0.778、0.795、0.909，均大于 0.7，收敛效度良好。根据验证性因子分析结果，除了指标 28 的标准化载荷系数小于 0.45 外，修正后模型的各个因子及其测量指标的标准化载荷系数均明显超过最低临界水平 0.45，而且在 $P<0.001$ 条件下所有测量项目的测量结果显著性都较强。对于区别效度进行检验主要是根据 Anderson 和 Gerbing 的研究结论。验证性因子分析的结果显示，服务质量评价量表中因

子间的限定卡方值与未限定模型相比，两者卡方值存在较大差异，进而说明各因子间有一定的区别效度。

在利用 AMOS17.0 进行验证性因子分析时，使用最大似然法对模型参数进行估计。初始模型中检测结果中，拟合指数 GFI 和 NFI 分别为 0.722 和 0.761，低于推荐值 0.90，其他参考指标拟合良好，建立的模型与样本数据间存在较大的误差，两者的匹配程度未能达到预期的要求，需要添加一些限制性条件对模型进行修正。模型修正主要是根据 MI 修正指数来进行，通过在原来模型的基础上增加一些限制性条件，将 GFI 和 NFI 指数分别修改为 0.908 和 0.912，其他指标也有一定程度的改善。修正后的模型如图 2-1 所示，模型各项拟合指标优于初始状态，各项模型拟合指标的数值也符合推荐值，理论模型和样本数据之间实现了匹配。

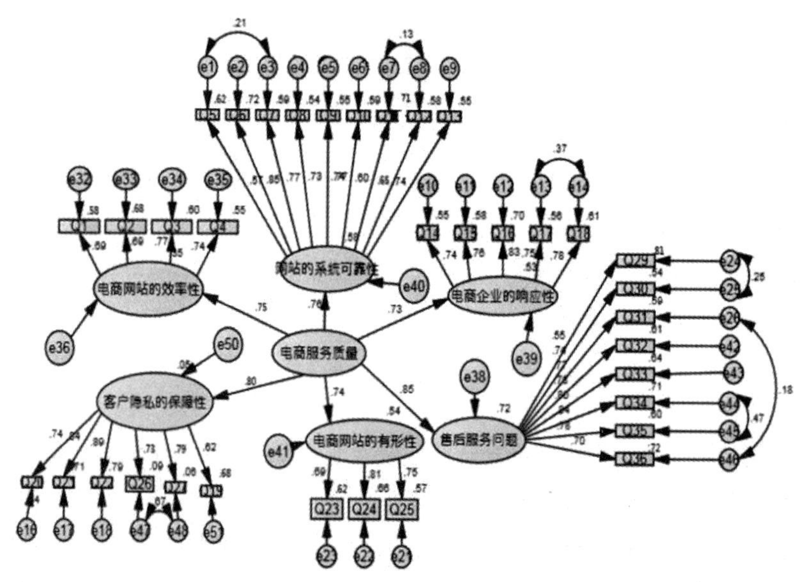

图 2-1　量表验证性因子分析结果

根据 MI 修正指数显示结果，在原模型的基础上增加一些限制性条件。在误差项共变关系修正中先修正 MI 最大的，每次只修正一个，重新分析之后再进入下一步修正，直至各项指标都达到推荐值为止。根据此原则，在残差项 e1 与 e3、e7 与 e8、e13 与 e14 等多处增添双向箭头，表明各误差项之间有一定的共变关系。修正后的模型表明各项参数的估计结果较为理想，GFI 指数（拟合优度指数）和 NFI 指数（正规指数）分别由原来的 0.722 和 0.761 上升为0.908和0.912，各项拟合指标项较修正前都有了一定改善。六个二阶潜变量及其各项观测指标之间的因子载荷系数均超过0.5，均显著。一阶潜变量“电商平台服务质量”和六个二阶潜变量间的路径系数CR和相应的P值都显著，其中电商网站效率性、网站系统可靠性、电商企业响应性、顾客隐私保障性、电商网站有形性和售后服务问题路径系数分别为0.75、0.76、0.73、0.80、0.74、0.85。计算结果表明模型的拟合程度良好，具有较好的结构效度，进而验证了电商平台服务质量评价量表的六大因子及其分指标设置的合理性，可知各因子对一阶潜变量的贡献程度。

从结果分析来看，顾客最为关注的是售后服务质量，其路径系数为0.85。此外，顾客也较为关注顾客隐私的保障性，其路径系数达到0.80。说明顾客不仅关注购物前和购物中的电商平台服务质量，对于售后服务质量也十分看重，因此，电商平台和卖家应该对交易后的各种投诉和纠纷加大处理力度。此外，顾客非常重视个人信息的保护，表明顾客在获得满意服务的同时，也期望电商平台和相关卖家能保护顾客信息，因此，电商可以提供给顾客相关的隐私保护承诺，以提高顾客的信任度和满意度。

2.1.4 电商服务质量的控制图分析

将测评目标“电商平台服务质量”设定为一级指标；将电商网站效率性、电商网站系统可靠性、买家的响应性、顾客隐私保障性、电商网站有形性、售后服务问题等因子作为二级指标。通过电商服务过程分析，将6个公共因子展开为35个三级评价指标。问卷采用Likert五级量表进行打分，得分由正向到负向，对应的分值由5到1，每个问题都设置了“不确定”选项。采用统计学中的3σ原理，即先根据调查数据和已知参数确定控制界限，得出在各种状态下各指标的取值范围，使用控制图对电商平台服务质量指标状态及其变化趋势进行控制，通过判别各检测指标是否在控制区间及时发现其中的异常情况，找出电商平台服务质量中存在问题的样本点，分析异常原因并制定相关对策。

2.1.4.1 $\bar{X}$-S控制图评价电商平台服务质量

$\bar{X}$-S控制图即均值—标准差控制图，是计量型控制图中精度最高的控制图，$\bar{X}$-S控制图一般适用于连续型数据，并且样本的子组容量须大于6。本次调查共有20组样本数据，每组样本容量为10，利用$\bar{X}$-S控制图对调查结果所得到的数据进行分析。每位顾客对电商平台服务质量的综合评价指数如表2-5所示。

表 2-5　$\bar{X}$ -S 控制图数据

样本号	得分均值	标准差	样本号	得分均值	标准差
1	2.465 71	0.574 24	11	2.277 14	0.766 31
2	2.360 00	0.580 61	12	2.134 29	0.728 35
3	2.600 00	0.854 27	13	1.971 43	0.663 81
4	2.191 43	0.714 46	14	1.911 43	0.827 79
5	2.362 86	0.767 09	15	1.942 86	0.790 68
6	1.877 14	0.613	16	1.982 86	0.833 93
7	2.451 43	0.890 31	17	1.908 57	0.823 43
8	1.857 14	0.698 64	18	1.954 29	0.741 51
9	1.768 57	0.691 6	19	2.071 43	0.869 28
10	1.965 71	0.837 23	20	2.031 43	0.847 84

$\bar{X}$ 图的中心线和上下限计算公式如下：

$\bar{X}_{UCL}=\bar{\bar{X}}+A_3\bar{S}=2.104+0.975*0.850=2.933$

$\bar{X}_{CL}=\bar{\bar{X}}=2.104$

$\bar{X}_{LCL}=\bar{\bar{X}}-A_3\bar{S}=2.104-0.975*0.850=1.275$

S 图的中心线和上下限计算公式如下：

$S_{UCL}=B_4\bar{S}=1.716*0.850=1.459$

$S_{CL}=\bar{S}=0.850$

$S_{LCL}=B_3\bar{S}=0.284*0.850=0.241\ 4$

根据上述计算，$\bar{X}$ -S 控制图如图 2-2（a）、（b）所示。

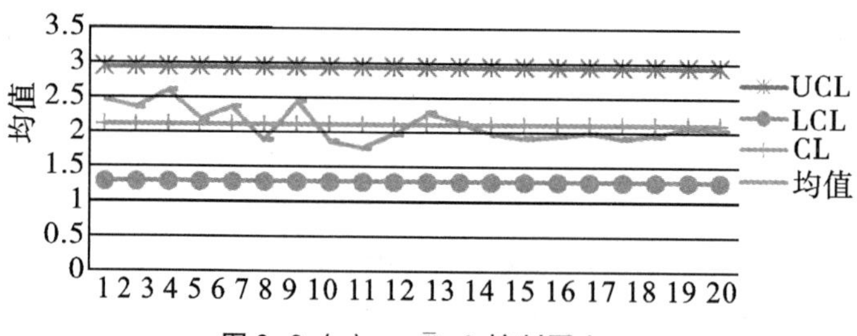

图 2-2（a）　$\bar{X}$ -S 控制图之一

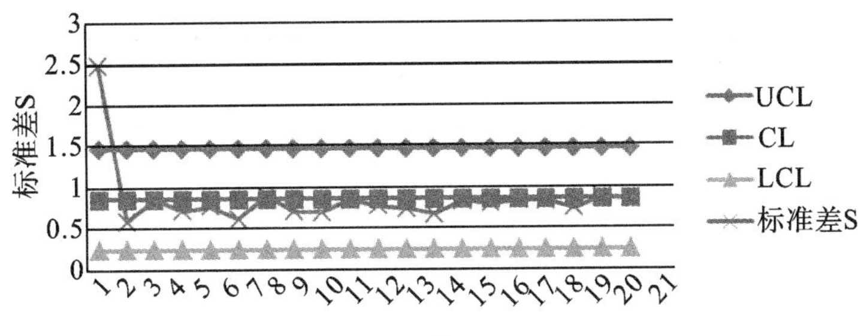

图 2-2（b） $\bar{X}$-S 控制图之二

图 2-2（a）、（b）所示的 $\bar{X}$ 控制图和 S 控制图表明该电商的服务过程基本处于受控状态，虽然各点基本都在控制限内，但是也存在服务质量问题。从 $\bar{X}$ 图可以看到该电商平台服务质量综合评价指数均值为 2.104，虽然没有点出界，但是平均值过低，说明该电商的服务质量亟待提高。管理者要结合自身经营状况，查找服务过程中的异常情况，查明其原因并制定切实有效的营销和管理措施，以优化服务过程，完善各个环节，提高电商平台服务质量。

2.1.4.2 np 控制图和 p 控制图评价电商平台服务质量

np 控制图和 p 控制图是针对离散型数据的计件控制图。当样本子组容量都相等时，适宜采用 np 控制图，即不合格品数控制图；当样本子组容量不相等时适宜采用 p 控制图，即不合格品率控制图。在本次调查过程中将样本分为 20 组，每组样本容量均为 10，各样本容量大小相等且满足 np 控制图使用的条件，采用 np 控制图对问卷调查中顾客回答选项得分低于 2 分（评分低于 2 分认为顾客不满意）的情况进行统计分析。所有 35 个调查指标中顾客的平均评分低于 2 分频数和比例分布，如表 2-6 所示。

表 2-6 顾客至少给出一次不满意回答的频数和比例

样本号	平均得分低于 2 的人数	占比	样本号	平均得分低于 2 的人数	占比
1	0	0	11	0	0
2	4	0.4	12	1	0.1
3	2	0.2	13	4	0.4
4	4	0.4	14	8	0.8
5	4	0.4	15	6	0.6
6	7	0.7	16	7	0.7

表2-6(续)

样本号	平均得分低于2的人数	占比	样本号	平均得分低于2的人数	占比
7	3	0.3	17	7	0.7
8	7	0.7	18	7	0.7
9	9	0.9	19	3	0.3
10	4	0.4	20	5	0.5

np 图中心线和上下控制线计算公式如下：

$$np_{UCL}=n\bar{p}+3\sqrt{n\bar{p}(1-\bar{p})}=10*0.46+3*\sqrt{10*0.46*(1-0.46)}=9.328$$

$$np_{CL}=n\bar{p}=4.6$$

$$np_{LCL}=n\bar{p}-3\sqrt{n\bar{p}(1-\bar{p})}=10*0.46-3*\sqrt{10*0.46*(1-0.46)}=-0.128<0$$

因为 np_{LCL} 计算结果为-0.128，其结果小于零，所以 np_{LCL} 取值为 0。

根据上述计算，np 控制图如图 2-3 所示。

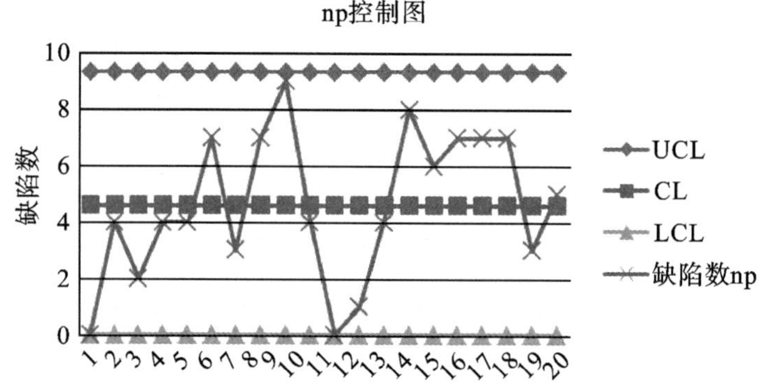

图 2-3　顾客评分低于 2 分的 np 控制图

从图 2-3 可知，np 控制图中所有点均落在控制线内，未出现异常样本点，且各个点的排列也较为随机。根据控制图判稳准则，可知整个服务过程处于统计过程受控状态，但是如果从控制图中心线 CL 分析，10 名顾客中平均得分低于 2 分的人数均值为 4.6，说明仍然有潜在的影响因素未能达到顾客的预期，使得顾客满意程度普遍偏低，需要结合 c 控制图查找影响顾客满意度的主要因素。

2.1.4.3 c 控制图评价电商平台服务质量

c 控制图和 u 控制图属于记点型控制图。当样本子组容量相等时适合采用 c 控制图（缺陷数控制图）进行分析；当样本子组容量不相等时适合采用 u 控制图（单位缺陷数控制图）进行分析。np 控制图反映了“顾客至少给出一次不满意回答”的评价情况，但是顾客可能不止一次给出不满意回答。因此，为了明确是哪些具体的因子或评价指标影响了顾客满意度，结合 c 控制图分析每组样本中顾客具体的不满意回答个数，如表 2-7 所示。

表 2-7 顾客评分为 1 分的选项情况

样本号	顾客否定回答数量	人均个数	样本号	顾客否定回答数量	人均个数
1	24	2.4	11	41	4.1
2	78	7.8	12	56	5.6
3	46	4.6	13	77	7.7
4	78	7.8	14	117	11.7
5	63	6.3	15	105	10.5
6	98	9.8	16	98	9.8
7	74	7.4	17	114	11.4
8	112	11.2	18	99	9.9
9	121	12.1	19	80	8
10	96	9.6	20	109	10.9

c 图的上下控制线和中心线计算公式如下：

$$C_{UCL}=\bar{C}+3\sqrt{\bar{C}}=84.3+3\sqrt{84.3}=111.85$$

$$C_{CL}=\bar{C}=84.3$$

$$C_{LCL}=\bar{C}-3\sqrt{\bar{C}}=84.3-3\sqrt{84.3}=57.76$$

根据上述计算，c 控制图如图 2-4 所示。

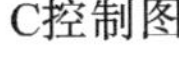

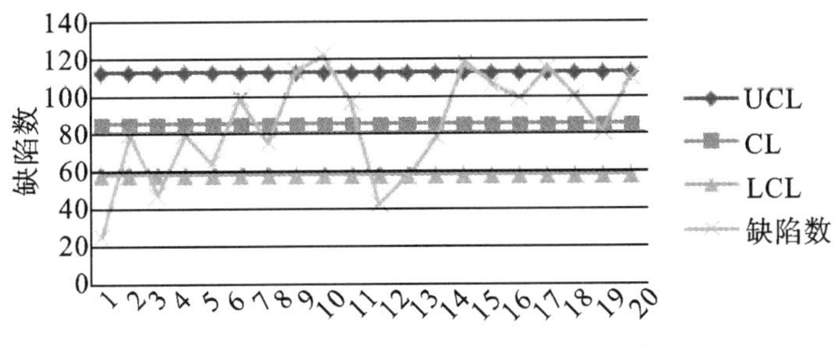

图 2-4 顾客不满意回答的 C 控制图

从图 2-4 可以看出，样本组 1、3、9、11、14、17 超出了控制图的上下控制线，样本点距离中心线超过 3 个标准差，表明服务过程中存在异常。因此，将这几个样本组对应的 60 份问卷提取出来，按照二级指标对顾客不满意回答个数进行分类，如表 2-8 所示。

表 2-8　二级指标顾客不满意回答数量

二级指标	样本号					
	第一组	第三组	第九组	第十一组	第十四组	第十七组
网站效率性	9	12	20	10	4	4
网站系统可靠性	8	15	19	19	53	58
卖家响应性	3	6	16	3	15	9
顾客隐私保障性	1	0	24	1	0	1
网站有形性	1	2	9	2	1	2
售后服务问题	2	11	33	6	44	40

样本组 1、3、11 中，顾客的不满意回答数明显低于其他样本组，因此超出 c 控制图下限；样本组 9、14、17 均由于顾客不满意回答个数超过控制上限而被判定为异常样本点。通过对样本组 9、14、17 所对应的数据分析可知，顾客对该电商的效率性、隐私保护性和平台有形性较为认可，否定回答主要集中在系统可靠性、平台响应性和售后服务方面，进一步分析发现顾客相对不满意的是关于该电商商品退换的难易程度、客服人员的态度、联系客服的难易程度等方面。

2.1.5　小结

结合问卷调查，运用 SPSS 和 AMOS 软件进行因子分析，初步建立 C2C 平台服务质量评价指标体系，并结合电商平台上卖家和控制图理论进行分析。主要对影响电商平台服务质量的各个指标进行因子分析，从而将指标归结为几类公共因子，简化了指标评价体系；其次是利用 SPC 方法中的控制图理论评价电商平台服务质量，并对异常结果进行分析，提出改进措施。

2.2　社交电商平台服务质量

2.2.1　引言

社交电商依托于社交流量平台及熟人网络进行裂变式传播，能有效降低获客成本，是电商行业未来重要的发展方向。在流量红利逐渐耗尽的后电商时代，社交电商所带来的裂变和爆发式增长正成为新模式。中国互联网协会发布的中国社交电商行业发展报告显示，过去 5 年，我国社交电商市场复合增长率为 60%，成交额达 1.2 万亿元。目前，我国社交电商消费人数已超过 5 亿人，从业人员规模超过 4 000 万人。通过分享、内容制作、分销等方式，社交电商实现了对传统电商模式的迭代，成为电商创新的主力军。社交电商平台与其他电商自主购物模式不同的是，社交电商平台充分利用国内活跃顾客数量排名靠前的某社交工具——微信，社交电商平台的顾客通过发起拼团邀请与他人组团购买，能以更低的价格拥有优质的商品。

2.2.2　社交电商平台 SWOT 分析

2.2.2.1　Strengths（优势）分析

购物模式新颖。该社交电商平台的核心竞争力是创新的拼团购买模式，此模式将沟通分享与社交理念融于电商平台的参团拼团过程中，而拼团则意味着更多的顾客与更大的订单量。此外，裂变式传播能够为品牌方节省不少宣传费用，同时解决产品质量的信息不对称问题是社交电商平台的一大优势，让顾客模糊的购买欲望受到刺激，进而转化为明确的消费需求。

购物成本降低。社交电商平台商品种类丰富，符合顾客日常生活的各种需求。该平台商品的价格低于其他购买途径的售价，价格的优惠来自社交模式带来的大量订单及拼单模式等，高订单量使得社交电商平台能够与供货商直接合作，从而省去大量中间费用。

2.2.2.2　Weaknesses（劣势）分析

物流售后相对薄弱。由于社交电商平台处在创业阶段，没有足够的资金和能力自建物流，而第三方物流环节的消费体验会严重影响顾客的购物满意度。另外，由于该社交电商平台的客服人员有限，顾客的问题往往得不到及时解决，影响购物体验感。

企业形象不够完善。社交电商平台由小卖家起家，前期卖家入驻的门槛较低，有些卖家规模较小，无法承受大量订单导致发货延迟或是缺货，物流售后跟不上节奏，再加上路途遥远、气候变化等因素，顾客收到的商品存在包装破损、产品变质或者品质不佳等情况，引发顾客不满，对平台形象造成很大影响。

2.2.2.3 Opportunities（机会）分析

该社交电商平台顾客活跃度指数高。根据艾媒咨询权威发布的《2017 年 3 月中国 APP 活跃顾客排行榜（TOP450）》可知，该社交电商平台跻身 TOP80，活跃顾客占比达 4.86%。传统电商平台淘宝和京东则分别排在第 27 名（12.91%）和第 98 名（3.75%）。

企业融资金额高。该社交电商平台是 2015 年度 B 轮融资金额最大的电商平台，2016 年移动社交电商平台宣布完成总额为 1.1 亿美元的 B 轮融资，外部融资为平台注入更多的生命力。

2.2.2.4 Threats（威胁）分析

淘宝、京东先发优势明显。该社交电商平台成立时间短，而天猫等电商巨头成立时间久，顾客对其有信赖感，且其制度完善，经营模式成熟，市场份额占据较大。

模式易被模仿。社交电商推广即时化优势，各大电商平台纷纷效仿。京东在微信、手机 QQ 上探索了许多新模式，实现了功能一体化。该社交电商平台的模式被老牌电商平台进行探索、应用，优势不再明显，再加上自己起步较晚，缺少对顾客的购物数据分析，没有对顾客个性化需求进行定制服务，而淘宝、京东等在这方面做得相对完善。

2.2.3 电商平台服务质量评价

上面列出了顾客感知下该社交电商平台的服务质量分析，为构建服务质量评价指标体系奠定了基础，有助于建立更加适合其社交电商平台评价的指标。

2.2.3.1 评价指标体系构建

关于服务质量评价中经典的是 SERVQUAL 服务质量模型，包含五个维度：有形性、可靠性、响应性、保证性和移情性。结合社交电商平台行业的特点，将一级指标划分为移情性、有形性、保证性、时效性和安全性五个维度，如表 2-9 所示。

表 2-9　社交电商服务质量评价指标体系

	一级指标	二级指标
社交电商服务质量评价指标体系	移情性 A1	提供个性化服务 A11
		主动分享 A12
		软件使用简单易懂 A13
		网页设计有场景性 A14
		网页设计有创新性 A15
	有形性 A2	企业具有良好形象 A21
		企业具有知名度、可信赖度 A22
	保证性 A3	履行服务承诺 A31
		可以查阅订单信息 A32
		退换货方便 A33
		取消订单方便 A34
		保证商品质量 A35
	时效性 A4	获取信息方便及时 A41
		发货时间、到货时间准时 A42
	安全性 A5	保证财产安全 A51
		不泄露顾客信息 A52

2.2.3.2　指标权重排序

针对 16 个指标分别设计题目，发放问卷，对该网站有过顾客体验和接受过服务的顾客开展调查，以该平台服务质量评价为问卷内容，在问卷中实行打等级制，分别设为“很不满意”“不满意”“一般”“满意”“很满意”。根据调查利用 1—9 比例标度构建两两比较判断矩阵，如表 2-10 所示。

表 2-10　指标判断矩阵

一级指标	A1	A2	A3	A4	A5
移情性 A1	1	1/2	1/3	3	3
有形性 A2	2	1	1/3	3	3
保证性 A3	3	3	1	5	5
时效性 A4	1/3	1/3	1/5	1	2
安全性 A5	1/3	1/3	1/5	1/2	1

构建一级指标两两比较矩阵，用 A 表示原始判断矩阵，M_A 表示列向量归一化后的 A，如下所示：

$$M_A = \begin{bmatrix} 0.1500 & 0.0968 & 0.1613 & 0.2400 & 0.2143 \\ 0.3000 & 0.1935 & 0.1613 & 0.2400 & 0.2143 \\ 0.4500 & 0.5806 & 0.4839 & 0.4000 & 0.3571 \\ 0.0500 & 0.0645 & 0.0968 & 0.0800 & 0.1429 \\ 0.0500 & 0.0645 & 0.0968 & 0.0400 & 0.0714 \end{bmatrix}$$

将 M_A 每一行求总和，得到 M_A'：

$$M_A' = \begin{bmatrix} 0.8624 \\ 1.1091 \\ 2.2717 \\ 0.4341 \\ 0.3227 \end{bmatrix}$$

对 M_A' 进行归一化，得到一级指标权重矩阵 W_A：

$$W_A = \begin{bmatrix} 0.1725 \\ 0.2218 \\ 0.4543 \\ 0.0868 \\ 0.0645 \end{bmatrix}$$

经过计算，移情性对服务质量的影响权重为 0.172 5，有形性的影响权重为 0.221 8，保证性的影响权重为 0.454 3，时效性对服务质量的影响权重为 0.086 8，安全性的影响权重为 0.064 5，按对服务质量影响程度大小排序为：保证性、有形性、移情性、时效性、安全性。

一级指标权重的一致性检验计算过程：

$$AW_A = \begin{bmatrix} 0.1500 & 0.0968 & 0.1613 & 0.2400 & 0.2143 \\ 0.3000 & 0.1935 & 0.1613 & 0.2400 & 0.2143 \\ 0.4500 & 0.5806 & 0.4839 & 0.4000 & 0.3571 \\ 0.0500 & 0.0645 & 0.0968 & 0.0800 & 0.1429 \\ 0.0500 & 0.0645 & 0.0968 & 0.0400 & 0.0714 \end{bmatrix} \begin{bmatrix} 0.1725 \\ 0.2218 \\ 0.4543 \\ 0.0868 \\ 0.0645 \end{bmatrix} = \begin{bmatrix} 0.8889 \\ 1.1723 \\ 2.3941 \\ 0.4382 \\ 0.3303 \end{bmatrix}$$

$$\frac{AW_A}{W} = \begin{bmatrix} 5.1542 \\ 5.2849 \\ 5.2695 \\ 5.0468 \\ 5.1168 \end{bmatrix}$$

则矩阵 A 的最大特征根为：

$$\lambda max = \frac{1}{n}\sum_{i=1}^{n}\frac{(AW_A)_i}{W_i} = 5.1744$$

$$CI = 0.045$$

$$CR = \frac{CI}{RI} = 0.04$$

根据判断标准 CR=0.04<0.1，则判断矩阵 A 具有较满意的一致性，可以接受其一致性。由此判断对一级指标的权重计算结果有效，证实了一级指标的权重排序。

二级指标权重计算过程及一致性检验如下。

移情性判断矩阵 A_1：

$$A_1 = \begin{bmatrix} 0.0681 \\ 0.4873 \\ 0.1196 \\ 0.2328 \\ 0.0922 \end{bmatrix}$$

最大特征根：

$$\lambda max = \frac{1}{n}\sum_{i=1}^{n}\frac{(AW_A)_i}{W_i} = 5.1809$$

一致性检验指标：

$$CI = 0.045$$

$$CR = \frac{CI}{RI} = 0.04$$

由以上可知，移情性的权重计算是有效的，权重排序为主动分享、网页设计有场景性、软件使用简单易懂、网页设计有创新性、提供个性化服务。

同理，分析其他一级指标，由表 2-9、表 2-10 可知，所有元素的组合权重计算层次总排列，如表 2-11 所示。

表 2-11　服务质量评价指标权重总排序表

	一级指标	权重	二级指标	权重	指数总排序权重
服务质量评价指标体系	移情性 A1	0.172 5	提供个性化服务	0.068 1	0.011 7
			主动分享	0.487 3	0.084 1
			软件使用简单易懂	0.119 6	0.020 6
			网页设计有场景性	0.232 8	0.040 2
			网页设计有创新性	0.092 2	0.015 9
	有形性 A2	0.221 8	企业具有良好形象	0.666 7	0.147 9
			企业知名度、可信赖度	0.333 3	0.073 9
	保证性 A3	0.454 3	履行服务承诺	0.076 1	0.034 6
			可以查阅订单信息	0.056 7	0.025 8
			退换货方便	0.152 7	0.069 4
			取消订单方便	0.308 1	0.140 0
			保证商品质量	0.406 4	0.184 6
	时效性 A4	0.086 8	获取信息方便及时	0.750 0	0.651 0
			发货时间、到货时间准时	0.250 0	0.217 0
	安全性 A5	0.064 5	保证财产安全	0.666 7	0.043 0
			不泄露顾客信息	0.333 3	0.021 5

2.2.3.3　确定指标层的隶属度

首先建立评语集，其次采用打点法进行数据的收集，之后进行数据整理，按照模糊评价进行计算，得到最终结果。设定社交电商平台服务质量的评价等级为：很不满意、不满意、一般、满意、很满意，即 $U=(u1, u2, \cdots, um)$。由调研数据统计得出 5 个单因素“移情性”“有形性”“保证性”“时效性”“安全性”的模糊评判矩阵 D1、D2、D3、D4、D5，一级模糊综合评判 R1、R2、R3、R4、R5。由以上结果确定模糊关系矩阵 R_D、二级模糊综合评价 E_D。将 E_D 进行归一化处理，得到服务质量的评价向量 E_D'：

$$E'_D=(0.004\quad 0.080\quad 0.446\quad 0.319\quad 0.150)$$

根据前文中的评语集 U =（很不满意、不满意、一般、满意、很满意）和评语集所对应的分数级对结果进行赋值，则 U =（50，60，70，80，90）。根据前文计算得出的最终评价矩阵向量，得到该社交电商平台服务质量的综合水平，分数越高，则评价水平越高，如下所示：

$$C_D = E'_D U = (0.004 \quad 0.080 \quad 0.446 \quad 0.319 \quad 0.150)\begin{bmatrix}50\\60\\70\\80\\90\end{bmatrix} = 75.2$$

根据以上方法，可计算出一级指标的具体得分分别为移情性 75.38、有形性 72.36、保证性 74.88、时效性 79.26、安全性 77.91，该社交电商平台服务质量整体呈现一般性。

2.2.4 提高社交电商平台服务质量的策略

根据评价体系，计算各维度权重得分提出改善途径，有效缓解现阶段企业发展问题，提升顾客满意度。

2.2.4.1 有形性

有形性得分为 72.36，是该社交电商平台得分最低的一个指标。说明该社交电商平台对于提升企业形象迫在眉睫，顾客使用的感受决定了对企业形象的判定。初期阶段，企业良好形象依托媒体宣传、熟人推荐；中后期阶段，需要满意的商品质量和服务体来维系。该社交电商平台由于商品质量较差、客服人员不足、物流体验差等问题造成企业形象受损。因此，需要加大对商品的监管力度和增加客服人员数量来解决商品质量及服务质量问题，应通过追加广告宣传资金提升企业形象，进而提高顾客信赖度。

2.2.4.2 保证性

保证性得分是 74.88，得分仅高于有形性指标得分。企业形象受损很大一部分原因是平台商品质量水平不高。该社交电商平台需要提高卖家入驻门槛，保证平台商品低价优质，履行对顾客的承诺。对于假货问题，企业需要成立打假部门，推行商品上架审核制度。

卖家应持有相应品牌方授权，并能够证明自己的货源来历，还需经相应的人员核实授权书是否已经过期或具有法律效应，审核通过后才能够上架出售其产品。如果品牌方证实其是合法有效的授权，卖家可以继续售卖该品牌产品。商品一旦被发现存在质量问题，平台应第一时间提供售卖假货的证据并通知卖家下架全部商品，卖家对于造成的损失进行赔偿。在退换货方面，必须设置清晰、易懂的退换货界面，保证顾客购物退换方便，还可以成立专门的部门进行售后处理，提高客服人员工作效率，减少顾客等待时间，或者顾客可以直接跟卖家联系，由卖家客服进行处理。

2.2.4.3 移情性

移情性指标得分为75.38，数据显示没有明显的优势。服务行业的特征就是服务无形性，移情性主要就是从顾客的角度出发解决问题。该社交电商平台必须增加对顾客的感情投入，获得顾客的信赖，可以在不同的环节鼓励服务人员更多地为顾客着想，从企业文化、企业价值观、企业宣传语等方面给服务人员灌输顾客至上的理念。建立不同层次顾客需求的个性化顾客信息服务模式，按照年龄、性别和学历等进行人群筛选，根据之前浏览搜索的历史记录提供个性化服务。在页面设计方面，进行人群调查，选择符合大众审美的设计，在条件满足的状况下进行创新性设计，给顾客带来耳目一新的感觉，使软件操作简单易懂，基础查询位置明显、清晰、易操作，方便年龄大的顾客使用。

2.2.4.4 安全性

安全性指标得分为77.91。对于顾客的账户信息安全问题，该社交电商平台也必须重视。平台从概念设计、软硬件配置到平台投入运行的整个过程中存在潜在的安全威胁。因此，设计者、管理者和使用者要建立安全意识，制定安全管理措施，不断完善安全方面的应急措施。顾客账户安全主要涉及退货货款返回的时间问题，需要制定顾客消费记录评分制度。在货款金额规定范围内，只要顾客提供产品寄回的物流单号，资金即可退回。而对于超过范围金额的订单，退回卖家签收后，卖家如果无异议即可退回，这样可以减少顾客资金存放在平台的时间和降低顾客担忧。

2.2.4.5 时效性

时效性虽然得分最高，但是仍存在问题。社交电商平台需要实行相应的规则，规定卖家在指定时间内为顾客发货，执行奖罚制度，鉴别为卖家发货的物流公司的能力，剔除最易损坏、最易丢失、物流时间过长的劣质物流公司，从而从源头上减少毁包、丢包现象。实施推送相应订单产品发货、签收等信息，相应订单的物流情况应该实时跟踪，及时反馈给顾客，方便顾客了解所购买产品的物流信息。

2.2.5 小结

以社交电商平台为对象，研究其在顾客感知下的服务质量评价。首先，从顾客感知需求的角度出发，构建社交电商平台的服务质量评价指标体系，再利用层次分析法得出其权重总排序；其次，以调查问卷等形式获取数据，利用模糊综合评价方法，得到现阶段企业服务质量评价结果；最后，根据得分分析企业现阶段服务质量水平，为企业提出针对性建议，从而凸显企业的竞争优势。

2.3 电商平台质量管控

2.3.1 引言

随着人们生活质量的提高，顾客对于商品自身品质以及商品个性化要求越来越高，同时更加注重购物体验，而不是单一的低廉价格，因此电商平台质量逐渐成为顾客选择购物方式的重要因素。据中商情报网数据，截至 2018 年 6 月底，我国电商平台购物顾客规模达到 56 892 万人，与 2017 年年底相比，增长了 3 560 万人，占网民总数的 71%。2018 年“双十一”天猫营业额更是达到 2 135 亿元，创历史新高。电子商务消费纠纷调解平台大数据显示，我国电子商务投诉案件数居高不下，且逐年增加。2018 年上半年，通过在线递交、电话、微信、电子邮件等方式收到的投诉量同比增长 66.93%，国内电商平台购物投诉占全部投诉的 60.6%，比例最高。在零售电商方面，退款问题、商品质量、发货问题、网络欺诈、霸王条款、网络售假、订单问题、售后服务、虚假促销以及退换货难成为 2018 年十大热点投诉问题。2018 年 1 月，美国贸易代表办公室第二次把淘宝网列入“恶名市场”名单当中。2019 年 1 月发布的《中华人民共和国电商法》更是表明国家对电商平台质量的重视程度以及国家要解决电商平台问题的决心，电商平台质量问题也成为电商发展中亟待解决的问题之一。

电商平台质量管控到底存在着哪些问题？如何对电商平台质量进行管控？如何提升电商平台质量？为梳理清楚这些问题，对电商平台质量的管控进行探讨十分有必要。

2.3.2 影响因素重要度分析

2.3.2.1 样本收集

本章选取淘宝、京东、苏宁易购 3 个热门电商平台为主要研究对象，用八爪鱼采集器分别收集 3 个电商平台的部分评价（以差评为主），因为顾客在 3 个电商平台购买商品的偏好不同，故淘宝收集的是销量排名最高的 4 件服装商品的评价，京东和苏宁易购收集的是销量排名最高的 4 件家电商品的评价。每个电商平台各收集 4 个商品评价，其中商品 1~4 来源于淘宝，商品 5~8 来源于京东，商品 9~12 来源于苏宁易购，采集后导出文件的格式为 Excel 表格格式。

对三个电商平台采集的商品评论进行分析发现，电商平台质量影响因素可分为商品质量、商品损坏、物流、虚假宣传、平台/卖家服务 5 个质量指标。

3 个电商平台收集商品评论数经过人工筛选后的有效评论数如表 2-12 所示，因为一条评论中可能包含多个质量指标，计算质量指标在每件商品评论的出现频率时，不可直接用评论数去比，故在计算时用每个质量指标统计数比 5 个质量指标统计总数，5 个质量指标在每件商品评论中所占比例如表 2-13 所示。

表 2-12　收集商品评价数

电商平台	商品编号	收集评论数	有效评论数
淘宝网	商品 1	67	67
	商品 2	90	88
	商品 3	87	86
	商品 4	178	168
京东	商品 5	99	92
	商品 6	123	93
	商品 7	115	112
	商品 8	79	76
苏宁易购	商品 9	142	141
	商品 10	92	89
	商品 11	88	87
	商品 12	115	114

表 2-13　商品评价样本数据

问题分类	商品质量	商品损坏	物流	虚假宣传	平台/卖家服务
商品 1	75.6%	0	2.3%	19.8%	2.3%
商品 2	70.1%	2.8%	3.7%	19.7%	3.7%
商品 3	76.9%	0	3.9%	9.6%	9.6%
商品 4	48.5%	18.1%	7.6%	12.7%	13.1%
商品 5	47.3%	0	5.4%	3.2%	44.1%
商品 6	31.9%	2.8%	15.3%	8.3%	41.7%
商品 7	44.6%	3.0%	8.9%	16.8%	26.7%
商品 8	51.0%	2.9%	2.9%	10.8%	32.4%
商品 9	53.8%	0.9%	0.9%	8.5%	35.9%
商品 10	46.2%	7.7%	3.4%	7.7%	35.0%
商品 11	37.8%	8.4%	4.2%	10.1%	39.5%
商品 12	57.0%	1.3%	8.1%	7.4%	26.2%

2.3.2.2 电商平台质量影响因素重要度评价

1. 灰色关联分析法计算步骤

（1）根据上面样本数据情况可知，共有12组商品序列，代号为n，影响因素有5个，代号为m，3个电商平台每件商品收集的评价中问题出现的频率构成了一个数据列，这个数据列叫做原始数据列，记为$X_i(t)$：$X_i = [x_i(1), x_i(2), \cdots, x_i(n)]$ $(i = 1, \cdots, m)$。

因为在系统中各序列数值大小的数量级极有可能相差悬殊，因此，在进行计算时需将原始数据转换成更有利于比较的数据序列，即初值化变换对评价指标进行无量纲化：

$$X_i(j) = \frac{X_i(t)}{\frac{1}{n}\sum_{i=1}^{n} X_i(t)} \quad (j = 1, \cdots, m)$$

（2）确定比较序列和参考序列。经过上一步骤归一化处理过后的无量纲数值构成的数列$\{X_i(j)\}$ $(j = 1,\cdots,n)$ 作为比较序列，理想数值无量纲化后的数值构成的序列$\{X_0(j)\}$ $(j = 1,\cdots,n)$ 作为参考序列，两个序列的绝对差值为：

$$\Delta_{0j}(j) = |X_0(j) - X_i(j)|$$

（3）关联系数的计算。比较序列对于参考序列在k点的关联系数计算如下：

$$\xi(k) = \frac{\min_i \min_k |X_0(k) - X_i(k)| + \rho \max_i \max_k |X_0(k) - X_i(k)|}{|X_0(k) - X_i(k)| + \rho \max_i \max_k |X_0(k) - X_i(k)|}$$

式中ρ为分辨系数，$\rho \in (0, +\infty)$，ρ越小，分辨能力越大。$\rho \in (0, 1)$，一般$\rho = 0.5$。

（4）灰色关联度计算。本部分关联度计算采取的计算方法是平均值法：

$$\gamma_i = \frac{1}{n}\sum_{k=1}^{n} \xi(k) \quad (k = 1, 2, \cdots, n)$$

（5）关联度排序。对计算得到的关联度进行排序，关联度越大，说明其比较序列与参考序列的变化态势越一致，影响因素越重要。

2. 灰色关联分析法评价步骤

（1）收集商品评价数据，具体样本数据可见表2-12。

（2）确定质量指标，对收集到的评价数据进行分析发现，电商平台质量影响因素可分为商品质量、商品损坏、物流、虚假宣传、平台/卖家服务5个质量指标。

（3）灰色关联分析，根据收集到的3个电商平台商品的评价数据，经过初步统计分类后，对电商平台质量影响因素的频率数据进行数据分析，按照上面计算步骤进行计算。

（4）关联度确定。根据电商平台质量影响因素的具体特点，结合具体的评价标准，确定电商平台质量影响因素的重要度等级，找出关键影响因素，如表 2-14 所示。

表 2-14　重要度等级评价

水平	很重要	重要	比较重要	一般重要	不重要
取值范围	(0.85，1]	(0.75，0.85]	(0.65，0.75]	(0.60，0.65]	[0，0.60]

2.3.3　灰色关联计算与分析

将收集到的 3 个电商平台的原始数据各自无量纲化，选取各序列中商品评价的综合数据组成的序列作为参考序列，记作 a_0，如表 2-15（a）、（b）、（c）所示。

表 2-15（a）　淘宝网质量影响因素无量纲化处理后的数据

影响因素	商品质量	商品损坏	物流	虚假宣传	平台/卖家服务
商品 1	1.115 5	0.000 0	0.525 7	1.281 6	0.320 6
商品 2	1.034 3	0.535 9	0.845 7	1.275 1	0.515 7
商品 3	1.134 6	0.000 0	0.891 4	0.621 4	1.338 0
商品 4	0.715 6	3.464 1	1.737 1	0.822 0	1.852 8
a_0	1.000 0	1.000 0	1.000 0	1.000 0	1.000 0

表 2-15（b）　京东质量影响因素无量纲化处理后的数据

影响因素	商品质量	商品损坏	物流	虚假宣传	平台/卖家服务
商品 5	1.082 4	0.000 0	0.664 6	0.327 4	1.217 4
商品 6	0.730 0	1.287 4	1.883 1	0.849 1	1.151 1
商品 7	1.020 6	1.379 3	1.095 4	1.718 7	0.737 1
商品 8	1.167 0	1.333 3	0.356 9	1.104 9	0.894 4
a_0	1.000 0	1.000 0	1.000 0	1.000 0	1.000 0

表 2-15（c）　苏宁易购质量影响因素无量纲化处理后的数据

影响因素	商品质量	商品损坏	物流	虚假宣传	平台/卖家服务
商品 9	1.104 7	0.196 7	0.216 9	1.008 9	1.051 2

表2-15(c)(续)

影响因素	商品质量	商品损坏	物流	虚假宣传	平台/卖家服务
商品 10	0.948 7	1.683 1	0.819 3	0.913 9	1.024 9
商品 11	0.776 2	1.836 1	1.012 0	1.198 8	1.156 7
商品 12	1.170 4	0.284 2	1.951 8	0.878 3	0.767 2
a_0	1.000 0	1.000 0	1.000 0	1.000 0	1.000 0

计算比较序列和参考序列在商品 1—12 的绝对差值，如表 2-16（a）、（b）、（c）所示。

表 2-16（a） 淘宝网质量影响因素无量纲化绝对差值序列汇总表

影响因素	商品质量	商品损坏	物流	虚假宣传	平台/卖家服务
商品 1	0.115 5	1.000 0	0.474 3	0.281 6	0.679 4
商品 2	0.034 3	0.464 1	0.154 3	0.275 1	0.484 3
商品 3	0.134 6	1.000 0	0.108 6	0.378 6	0.338 0
商品 4	0.284 4	2.464 1	0.737 1	0.178 0	0.825 8
max△	0.284 4	2.464 1	0.737 1	0.378 6	0.338 0
min△	0.034 3	0.464 1	0.108 6	0.178 0	0.825 8

表 2-16（b） 京东质量影响因素无量纲化绝对差值序列汇总表

影响因素	商品质量	商品损坏	物流	虚假宣传	平台/卖家服务
商品 5	0.082 4	1.000 0	0.335 4	0.672 6	0.217 4
商品 6	0.270 0	0.287 4	0.883 1	0.150 9	0.151 1
商品 7	0.020 6	0.379 3	0.095 4	0.718 7	0.262 9
商品 8	0.167 0	0.333 3	0.643 1	0.104 9	0.105 6
max△	0.270 0	1.000 0	0.883 1	0.718 7	0.262 9
min△	0.020 6	0.287 4	0.095 4	0.104 9	0.105 6

表 2-16（c） 苏宁易购质量影响因素无量纲化绝对差值序列汇总表

影响因素	商品质量	商品损坏	物流	虚假宣传	平台/卖家服务
商品 9	0.104 7	0.803 3	0.783 1	0.008 9	0.051 2
商品 10	0.051 3	0.683 1	0.180 7	0.086 1	0.024 9
商品 11	0.223 8	0.836 1	0.012 0	0.198 8	0.156 7
商品 12	0.170 4	0.715 8	0.951 8	0.121 7	0.232 8

表2-16(c)(续)

影响因素	商品质量	商品损坏	物流	虚假宣传	平台/卖家服务
max△	0.223 8	0.836 1	0.951 8	0.198 8	0.232 8
min△	0.051 3	0.683 1	0.012 0	0.008 9	0.024 9

电商平台质量影响因素的灰色关联系数和灰色关联度排序，如表 2-17 (a)、(b)、(c) 所示。

表 2-17 (a)　淘宝网质量影响因素灰色关联系数与关联度排序

影响因素	商品质量	商品损坏	物流	虚假宣传	平台/卖家服务
商品 1	0.939 8	0.567 3	0.742 1	0.836 6	0.662 5
商品 2	1.000 0	0.746 6	0.913 5	0.840 2	0.737 8
商品 3	0.926 6	0.567 3	0.944 6	0.786 2	0.806 6
商品 4	0.835 1	0.342 6	0.643 1	0.898 1	0.615 4
关联度	0.925 4	0.556 0	0.810 8	0.840 3	0.705 6
排序	1	5	3	2	4

表 2-17 (b)　京东质量影响因素灰色关联系数与关联度排序

影响因素	商品质量	商品损坏	物流	虚假宣传	平台/卖家服务
商品 5	0.893 9	0.347 1	0.623 2	0.444 0	0.725 7
商品 6	0.676 1	0.661 2	0.376 4	0.799 8	0.799 5
商品 7	1.000 0	0.592 1	0.874 4	0.427 2	0.682 4
商品 8	0.780 5	0.624 7	0.455 4	0.860 7	0.859 7
关联度	0.837 6	0.445 0	0.582 4	0.632 9	0.613 4
排序	1	5	4	2	3

表 2-17 (c)　苏宁易购质量影响因素灰色关联系数与关联度排序

影响因素	商品质量	商品损坏	物流	虚假宣传	平台/卖家服务
商品 9	0.835 4	0.379 1	0.385 1	1.000 6	0.920 2
商品 10	0.920 0	0.418 4	0.738 7	0.863 2	0.968 7
商品 11	0.693 1	0.369 6	0.994 2	0.718 8	0.766 8
商品 12	0.750 4	0.406 9	0.339 6	0.811 7	0.684 4
关联度	0.799 8	0.393 5	0.614 4	0.848 6	0.835 0
排序	3	5	4	1	2

根据表2-17（a）、（b）、（c）得出的3个电商平台质量影响因素灰色关联度排序，得出三个电商平台5个质量影响因素的重要度等级划分，如表2-18（a）、（b）、（c）所示。

表2-18（a） 淘宝质量影响因素重要度等级排序

重要度等级	一级	二级	三级	四级	五级
水平	很重要	重要	比较重要	一般重要	不重要
取值范围	(0.85,1]	(0.75,0.85]	(0.65,0.75]	(0.60,0.65]	[0,0.60]
影响因素	1	4、3	5	-	2

表2-18（b） 京东质量影响因素重要度等级排序

重要度等级	一级	二级	三级	四级	五级
水平	很重要	重要	比较重要	一般重要	不重要
取值范围	(0.85，1]	(0.75，0.85]	(0.65,0.75]	(0.60,0.65]	[0,0.60]
影响因素	-	1	-	4、5	2、3

表2-18（c） 苏宁易购质量影响因素重要度等级排序

重要度等级	一级	二级	三级	四级	五级
水平	很重要	重要	比较重要	一般重要	不重要
取值范围	(0.85,1]	(0.75,0.85]	(0.65,0.75]	(0.60,0.65]	[0,0.60]
影响因素	-	4、5、1	-	3	2

综合3个表的等级划分可知，商品质量对淘宝网质量的影响最大，虚假宣传、物流对淘宝网质量的影响很大，平台/卖家服务对淘宝网质量的影响比较大，商品损坏对淘宝网质量的影响不大；商品质量对京东质量的影响很大，虚假宣传、平台/卖家服务对京东质量的影响一般，商品损坏、物流对京东质量的影响不大；虚假宣传、卖家服务、商品质量对苏宁易购质量的影响很大，物流对苏宁易购质量的影响一般，商品损坏对苏宁易购质量的影响不大。由此可知，电商平台质量的5个影响因素中，商品质量最为关键，要解决电商平台质量问题首先要解决电商平台的商品质量问题。

2.3.4 电商平台质量关键问题

根据电商平台质量影响因素灰色关联度的计算结果可得，解决电商平台质量问题的关键就是解决电商平台商品质量问题，本节主要以电商平台质量关键问题——商品质量为主要研究对象，根据收集到的三个电商平台的评论，提取电商平台出现商品质量问题的原因，画出因果分析图，找出解决电商平台商品质量问题的相关措施。

2.3.4.1 电商平台商品质量问题现状分析

通过淘宝网、京东、苏宁易购部分顾客的评论，对电商平台商品质量现状进行分析，运用分类法对商品质量出现的问题进行分类统计，最终得出3个电商平台商品质量问题分类如表2-19所示，其中淘宝搜集的是服装商品，京东和苏宁易购搜集的是家电商品。

表2-19 淘宝、京东、苏宁易购商品质量现状分析表

电商平台	质量问题描述
淘宝（服装）	服装面料及内衬质量差
	服装版型及设计问题
	服装做工不好
	服装尺寸不符合正常人体尺寸，穿着舒适感差
	服装散发刺激性气味，味道难闻
	服装配件如毛领、拉链、口袋易坏，质量不过关
京东、苏宁易购（家电）	性能差，不能实现应有功能
	机器运行问题，不能正常关闭或开启
	噪声或者气味大，影响家电的正常使用
	配件质量问题
	易出现故障，短期进行多次更换或维修
	平台出售翻新家电
	安装问题，如冰箱两边门安装不齐、电视对角不正
	家电包材质量不过关
	家电设计问题，不考虑顾客使用感受

2.3.4.2 电商平台商品质量影响因素分析

对3个电商平台的评论进行分析可得3个电商平台的商品质量现状，电商平台商品质量的影响因素应从顾客、电商平台/卖家、政府、商品本身4个方面分析，分析如下：

1. 顾客方面

逆向选择情况严重，顾客在不了解购买商品真实信息的情况下，担心卖家提供虚假信息，为防止自己的利益受到侵害就会趋于选择价格低廉的商品，从而使质量高于平均值的卖家逐渐退出市场，低质量的卖家进入市场，日复一日，质量就会越来越差，低质量的商品将高质量的商品逐渐挤出市场，最后使电商平台商品质量问题更加突出。

2. 电商平台/卖家方面

（1）电商平台本身监管不严

目前，虽然各大电商平台也采取了一系列措施管控商品质量，但各大电商平台之间存在激烈的竞争，为了增强自己的竞争力，允许更多的卖家入驻，各平台在对卖家进行监管时存在睁一只眼闭一只眼的现象，主要包括：卖家入驻审查不严格；商品质量把关不全面，只看有无商品合格报告；评价体系不完善，刷单、好评返现现象仍层出不穷，导致信用评价失真。

（2）卖家诚信意识缺失

电商平台中很多卖家诚信意识不强，为了获取更多的利益，选择去售卖假冒伪劣、质量不合格的商品，导致卖家诚信意识不强的主要原因有以下几点：电商平台准入门槛低，如果出现质量问题，卖家完全可以关闭店铺，换个账号或者在其他平台重新开店；违法成本低，国家没有具体的惩罚措施去惩罚失信卖家；网络虚拟性为违法行为披上了遮羞布，虽然在线上失信，但对其线下生活不会有什么影响。

（3）网络购物中买卖双方信息不对称

在传统的交易市场——实体店购物时，顾客可以看到并且摸到商品来感受商品的质量，但是在电商平台购物时，顾客只能通过图片、视频或者卖家的文字描述了解商品的质量，这也就导致了在网络购物过程中顾客处于劣势。为了追求更高的利益，一些卖家就会采用各种手段去欺骗顾客，具体如：过度美化商品图片、视频；夸大商品功效、质量；以次充好；刷单、好评返现、恶意评价。

3. 政府方面

（1）电商平台相关的法律法规相对滞后

近年来，虽然我国政府已经出台了一系列相关的法律法规，特别是2019年1月1日起施行的《中华人民共和国电子商务法》，但仍然跟不上电子商务的发展。此外，在卖家商品出现质量问题时，相关法律法规没有确定卖家违法行为的准确标准，以及规定到底如何惩罚和具体惩罚措施，从而造成卖家违法成本低，违法行为屡见不鲜，损害顾客的正当利益。

（2）政府监管不力

对于传统的线下交易市场，我国已经形成了一套完备的质量管理体系，但是对于电商平台购物这一新型的交易方式，在监管制度和监管方式上都存在着问题，缺乏相关的监管经验，对于电商平台卖家的违法犯罪行为不能够及时发现并处理。以产品抽查制度为例，在传统市场中，卖家、生产者、经销商等都是实体，商品看得见、摸得着、抽得到，完全可以直接抽查，但在网络市场中，所有东西都是虚拟的，商品通过快递运输，追根溯源很困难，增大了抽查的难度和复杂性，也就不能及时发现商品出现的问题。与此同时，政府各相关部门在执法过程中存在监管职能交叉或留有真空地带的情况，从而导致分工不明确、互相推诿，无法维护顾客利益。

4. 商品方面

（1）商品追根溯源体系不完善

在电子商务市场中，产品的可追溯性是确保商品质量的有效措施，同时还可以促使制造商加强质量管理和诚信管理。如果顾客能够了解他们所购买产品的制造商以及供货商信息，可以增加顾客对卖家的信任，提高销量，增强网购信心。但是，目前我国产品追溯体系还很不完善，供应链供货信息主要掌握在供货方手中，顾客无法及时、准确地获取商品的动态信息，同时线上线下信息不能很好地结合。

（2）商品生产及出厂检验环节不完善

商品生产过程中，生产商不能严格按照相应的质量标准进行生产，甚至有的生产厂家不按照质量标准进行生产，从而导致生产出来的商品出现质量问题。与此同时，生产企业质检部门对出厂检验环节的重视程度不高也会造成出厂产品产生质量问题。

为了更加清晰、直观地看出电商平台商品质量有哪些影响因素，根据上述分析的原因，画出因果分析图，如图 2-5 所示。

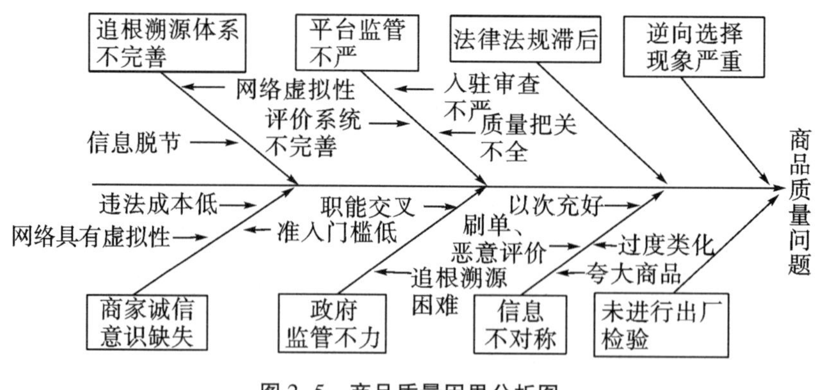

图 2-5　商品质量因果分析图

2.3.4.3 电商平台商品质量问题的解决措施

根据图 2-5，可直观地找出导致电商平台商品产生质量问题的各项质量指标，从而得出对电商平台质量进行管控需做到以下几点：

1. 改善顾客购物观念

呼吁顾客用正规途径购买商品，在购买商品前，提前了解商品的价格，不抱侥幸心理购买低价商品，不给售卖假冒伪劣商品的卖家提供生存空间，同时让那些售卖正品或者高质量商品的卖家拥有发展的空间，改善电商平台购物环境，提高电商平台的商品质量。

2. 完善电商平台相关法律法规，加大对违法违规行为的处罚力度

在认真落实新《中华人民共和国电商法》外，在借鉴外国发达国家相关法律法规的基础上，根据我国现阶段互联网电商大环境，完善适合中国现状的《中华人民共和国顾客保护法》《中华人民共和国电商产品质量法》等法律法规。明确电商平台、卖家、供应商等交易各方的权利与义务，在出现有关违法犯罪行为时，明确违法责任人，加大惩罚力度，在卖家售卖假冒伪劣商品时，对有关各方根据责任占比均处以不同的惩罚措施，杜绝此类现象发生。

3. 建立顾客电商平台的信息共享平台

目前，各大电商平台的质量信息还掌握在政府和质检机构等有关单位手中，若顾客没有一个正规的途径获取到这些信息，买卖双方之间严重的信息不对称现象也就无法得到解决。为了解决这个问题，可以利用大数据信息处理技术整合各单位手中的质量信息，建立信息共享平台，将质量信息发布到这个平台，对存在违法行为的卖家在平台上曝光，顾客就可以及时通过平台了解每个电商平台卖家产品的有关质量信息，让一些售卖假冒伪劣商品的卖家无所藏身，失去生存的空间。

4. 规范电商平台质量管控制度

电商平台为卖家提供了一个售卖产品的场所，但是作为一个第三方平台，电商平台更应该承担起维护顾客权益的责任。首先，卖家入驻平台应进行身份实名认证和资质认证，且需提供个人真实信息，在开店之前缴纳一定数量的保证金，对于某些品类的商品必须提供第三方质检机构的质量检测报告。然后，不定期对卖家售卖商品进行质量抽检，对于有质量不合格产品的商户采取罚款、降低信用评分、披露质量不合格信息等一系列处罚措施，从而增加违法成本，减少违法行为的出现。最后，利用有关技术手段改善在线评价系统，对于有刷单、好评返现类似行为的卖家加以处罚，杜绝此类现象的发生。

5. 建立电商监管平台，加强政府监管力度

除了信息共享平台外，政府还应设立一个专门的电商监管平台，利用大数据云技术，将各大平台的商品相关信息收录进监管平台，对于商品价格、数量等交易信息以及退换货、退款等纠纷信息实行云监管，转被动为主动，对于一些违法行为及时发现并且进行处理。与此同时，在网站上设立违法卖家的公告栏，披露这些违法卖家，防止顾客继续受骗，设立专门的投诉举报通道，使顾客在遇到不良卖家时，有维护自己权益的方法。

6. 完善追根溯源体系

在电商平台卖家进行售卖商品之前，应要求卖家报备商品的供货商以及生产商，并且为每样商品贴上专门的二维码以及条形码，将原料商、生产商、售卖商等卖家的信息录入二维码或者条形码中，扫描即可获得商品生产、制造、售卖卖家的所有信息，从而让追根溯源更加方便。同时，让线上、线下脱节的情况有所改善甚至消失，从源头上解决商品造假、售假行为。

7. 增强卖家诚信意识

卖家是商品出现质量问题的第一责任人，也是唯一直接与顾客接触的一方，只有真正地提高了卖家的诚信意识，电商平台的质量才会有所改善。首先，要提高卖家的准入门槛，所有卖家如果想要开店就必须进行实名认证，如果售卖假冒伪劣产品或者出现其他的一些违法行为，将会计入个人诚信档案，使卖家在线下的生活也会受到影响，增加违法成本；其次，加强诚信经营理念的宣传教育，让卖家意识到售卖假冒伪劣商品的严重性，同时利用新兴媒体对此类行为以及产生的后果进行披露，使卖家亲身感受到不诚信经营行为对社会以及他人造成的伤害，减少不道德行为的产生。

2.3.5 小结

通过收集淘宝、京东、苏宁易购三个电商平台 12 件商品的评论，利用灰色关联分析法，通过计算关联度得出影响电商平台质量的 5 个影响因素的重要性排序，找出电商平台质量管控的关键就是解决电商平台商品的质量问题。之后根据收集到的数据，分析得到淘宝、京东、苏宁易购商品质量现状，提取造成这些商品质量现状的原因，从顾客、电商平台/卖家、政府、商品 5 个方面对原因进行阐述，画出因果分析图，最终得到解决电商平台质量关键问题——商品质量问题的解决方案。

2.4 网络在线评价

2.4.1 引言

在线评价是指顾客在网站上通过自己的亲身购物体验或他人的经历对于某种产品或服务发布一些看法与建议。淘宝网在线评价作为一种新型的网络交流与信息分享模式，在网络购物中发挥着巨大的作用，网商可以根据在线评价对产品进行再更新，并确立有效的营销策略，顾客也可以根据在线评价买到自己所需要的产品。网络评价作为一种在线口碑，可信度高，针对性强，在增强顾客购买力方面有着广告无可比拟的优势，口碑传播正在成为市场决定性的力量，而且口碑带来的顾客远比营销获取的顾客更有价值。与传统口碑仅限于亲戚朋友邻里等小范围内的传播不同，在线口碑一经插上互联网的翅膀便可超越时空限制，让传播范围跨越熟人圈子，使陌生人之间的交流分享成为可能。通过搜索引擎和在线查看评价等手段，顾客可以轻而易举地检索和了解有关产品或服务的评价信息，可以很清楚地看到产品或服务的好坏，顾客与卖家之间的信息不对称性会在很大程度上减少。在线口碑很重要的一种形式就是在线评论，顾客的各种评价出现在各大论坛、贴吧以及很多门户网站上，潜在的顾客可以通过对在线评论的判断做出是否购买某产品的决定，厂商也可以通过在线评论了解顾客使用其产品的反馈意见，从而改进产品，制定更为有效的营销策略。

2.4.2 模型构建与实证分析

2.4.2.1 在线评价影响顾客购买行为模型及假设

本部分主要从淘宝店铺收藏、产品评价数量、评论质量、评论时效、店铺评分 5 大方面分析它们对顾客购买行为的影响。淘宝在线口碑影响顾客购买行为模型，如图 2-6 所示。

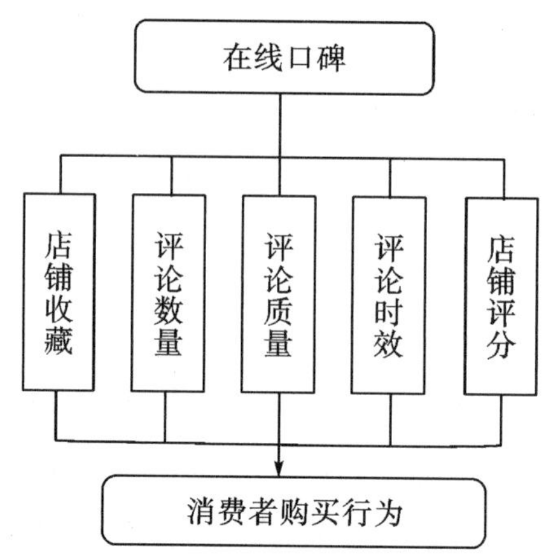

图 2-6　在线口碑影响顾客购买行为模型

模型中的因变量为：顾客购买行为（Purchasing Behavior，PB）；店铺收藏（Favorite Shops，FS）；评论数量（Number of Comments，NC）；评论质量（Quality of Comments，QC）；评论时效（Timeliness of Comments，TC）；店铺评分（Store Ratings，SR）。

从店铺收藏方面来分析，淘宝店铺收藏反映了店铺的人气，人气越高对应的店铺就越受欢迎，所以提出假设一：淘宝店铺收藏数量正向影响顾客购买行为。

从产品评价数量方面来分析，淘宝网购产品的评论数量越多，其对应的关注度就越高，那么该产品被顾客看到并且购买的几率就越高，某一产品的评论数量与该产品的销售量有关。产品评论的数量越多，说明该产品受到的关注度越高，顾客从中获取有用信息的几率就越大，就越有利于顾客了解该产品，对顾客购买行为的影响也就越大，所以提出假设二：评论数量正向影响顾客购买行为。

从评论质量方面来分析，淘宝产品评论质量是指评论内容的真实性、可靠性、内容与其所评价的产品的相关性以及是否为顾客提供有价值的信息。网络市场与传统市场的差异在于，一方面，卖家可能会收买一些伪购买者发布虚假的评论信息，这样的评论毫无价值可言，这种评论不但不会促进顾客产生购买行为，而且会导致顾客做出错误的购买决策，影响顾客的利益；另一方面，评论者受到自身因素的影响，他们关于购买产品方面的专业知识不尽相同，他们发表的评论质量也有高有低，不同质量水平的评论对于后来顾客的购买行为的影响也是不一样的，所以提出假设三：评论质量正向影响顾客购买行为。

从评论时效方面来分析，评论的时效性指评论所包含信息的新旧程度以及是否包含反映了最新与产品的相关信息。如手机产品几乎每年都有更新，一年前的产品评价和最新的一篇关于该产品的评论，两者的时效性有很大的差别，所以提出假设四：评论时效性正向影响顾客购买行为。

从店铺评分分析，淘宝店铺评分在 1 至 5 分，分越高说明顾客给卖家的评价越高，那么顾客的忠诚度越高，所以提出假设五：店铺评分正向影响顾客购买行为。

2.4.2.2　淘宝在线评价影响顾客购买行为的实证

1. 研究对象

选取在校大学生作为研究对象，原因是网络购物中 31 岁以下的顾客占比为 64%，年轻人是淘宝购物的主力，而在校大学生能够代表典型的网购顾客和潜在的顾客。在校大学生的识别和接收能力较强，符合顾客的理性消费行为，能够有效地对淘宝在线评价做出合理评价，所以研究者选取在校大学生作为研究淘宝在线评价对顾客购买行为的影响的对象。

2. 预调研阶段

以调查问卷的方式分析淘宝在线评价对顾客购买行为的影响，根据研究的目的及店铺收藏、评论数量、评论质量、评论时效、店铺评分 5 大指标，将问卷设计分为两个部分：第一部分为顾客基本信息，第二部分为淘宝在线评价影响顾客购买行为的各个因素，设有 13 个选项。

第一部分是顾客基本信息，包括性别、年龄、学历、网龄和月收入等 5 项，第二部分是淘宝在线评价影响顾客购买行为的影响因素，如表 2-20 所示。

表 2-20　在线评价影响顾客购买行为量表

网店信息	评价分类
店铺收藏	FS1：店铺收藏越多，越会吸引我关注产品
	FS2：店铺收藏越多，产品越好
评论数量	NC1：对于该产品发表的评论较多
	NC2：该产品受到的关注较多
评论质量	NC1：对于该产品发表的评论较多
	NC2：该产品受到的关注较多
	NC3：很多人对此产品发表了评论
评论时效	TC1：最新评论能够反映产品最新信息
	TC2：越是最新评论，我越会关注
	TC3：评论发表得比较及时
店铺评分	SR1：店铺评分越高，越吸引我
	SR2：店铺评分能够体现产品质量

共计发放 100 份，除去不完整或者重复问卷，实际回收 89 份，有效率为 89%；在阿里旺旺上共发放电子问卷 50 份，实际回收 35 份，有效率为 70%。

3. 信度分析

采用目前最常用的信度系数 Cronbach 一致性系数值衡量构造的测量指标一致性，若分量表的内部一致性系数在 0.60 以下或者总量表的信度系数在 0.80 以下，应考虑重新修订量表或增删题项。根据问卷数据分别对店铺收藏、评论数量、评论质量、评论时效、店铺评分进行信度分析，效度结果分别为 0.823、0.816、0.921、0.897、0.785。

4. 主成分与因子分析

另外一个重要的指标是效度，指调查问卷是否能够真实测得希望了解的内容，也就是结果与目标的接近程度。效度包括表面效度、内容效度、结构效度等，其中，结构效度可通过因子分析求得。效度总是与测量目标密切相关，对效度的分析以定性为主，定量为辅。Corsh 认为因子分析的样本量不能少于 100，并且需要样本量与变量数的比例应在 5∶1 以上，本部分调查问卷样本量为 124，变量为 13，很明显满足因子分析的要求。对调查问卷的结构效度，通过分析以下的主成分和因子来检验，如表 2-21 所示。

表 2-21　主成分和因子分析表

KMO 和 Bartlett 的检验		
取样足够度的 Kaiser-Meyer-Olkin 度量。		.823
Bartlett 的球形度检验	近似卡方	1 192.809
	df	78
	Sig.	.000

成份矩阵 a

	成分				
	1	2	3	4	5
FS1	.084	-.249	-.109	.917	.050
FS2	.097	-.231	-.057	.929	.010
NC1	.437	.310	.763	.016	-.060
NC2	.407	.358	.733	.122	-.051
NC3	.459	.332	.729	.122	-.040
QC1	-.403	.844	-.148	.148	.022
QC2	-.323	.868	-.211	.127	.044

表2-21(续)

	成分				
	1	2	3	4	5
QC3	-. 375	. 771	-. 229	. 191	. 025
TC1	. 787	. 236	-. 433	-. 029	. 234
TC2	. 789	. 234	-. 439	-. 079	. 267
TC3	. 809	. 106	-. 361	-. 040	. 314
SR1	-. 304	-. 117	. 273	. 033	. 851
SR2	-. 361	-. 076	. 287	-. 054	. 826

5. 相关性分析

相关性分析指分析不同变量之间密切程度的一种常用统计方法。相关系数可描述两个变量之间的线性关系程度和方向，通过相关分析可以从影响某变量的很多变量中判断哪些是显著的、哪些是不显著的。本部分默认调查问卷数据服从正态分布，所以使用 Pearson 相关分析法进行相关性分析，具体分析结果如表 2-22 所示。

表 2-22　相关性分析表

	店铺收藏	评论数量	评论质量	评论时效	店铺评分	购买行为
店铺收藏	1					
评论数量	0. 013	1				
评论质量	-0. 020	0. 458	1			
评论时效	0. 026	0. 540	0. 461	1		
店铺评分	0. 109	-0. 105	-0. 201	0. 019	1	
购买行为	0. 017	0. 510	0. 487	0. 367	-0. 108	1

由表 2-22 可知店铺收藏与店铺评分与购买行为不显著，而评论数量、评论质量和评论时效与购买行为相关性显著，其中，评论时效显著性较低一些。

6. 回归分析

下面采用多元回归分析法，将店铺收藏、评论数量、评论质量、评论时效和店铺评分与购买行为建立线性回归方程，通过检验回归系数 β 的显著性分析确定它们的线性关系。线性回归方程为 $Y=b_0+b_1X_1+b_2X_2+b_3X_3+b_4X_4+b_5X_5+u$，其中 Y 为因变量，指顾客购买行为；X_1、X_2、X_3、X_4、X_5 为解释变量，分别指店铺收藏、评论数量、评论质量、评论时效、店铺评分；b_0 为截距，表示当

X_1，X_2，X_3，X_4，$X_5=0$ 时，Y 的平均值；b_1、b_2、b_3、b_4、b_5 为偏斜率系数、偏回归系数或也称为回归系数；u 为随机扰动项。具体结果如表 2-23 所示。

表 2-23　回归分析表

模型	系数 a			t	Sig.
	非标准化系数		标准系数		
	b	标准 误差	试用版		
（常量）					
性别	-.078	.202	-.037	-.388	.699
年龄	-.156	.186	-.087	-.841	.402
学历	-.070	.288	-.025	-.243	.808
月收入	.058	.213	.026	.271	.787
网龄	.079	.191	.040	.414	.680
店铺收藏	-.023	.099	-.022	-.236	.313
评论数量	.330	.301	.095	4.109	.016
评论质量	.267	.205	-.101	3.822	.021
评论时效	.226	.190	.047	3.493	.041
店铺评分	.067	.103	.063	.532	.219

2.4.2.3　在线评价影响顾客购买行为最终模型与结果分析

根据提出的假设和数据分析最终得出如图 2-7 所示。

图 2-7　淘宝在线评价影响顾客购买行为最终模型

统计与检验结果分析：淘宝店铺收藏对顾客购买行为无显著性正向影响（$\beta=-0.023$，Sig. $=0.313>0.05$），假设 1 不成立；评论数量对顾客购买行为有显著正向影响（$\beta=0.330$，Sig. $=0.016<0.05$），假设 2 成立；评论质量对顾客购买行为有显著正向影响（$\beta=0.267$，Sig. $=0.021<0.05$），假设 3 成立；评论时效对顾客购买行为有显著正向影响（$\beta=0.226$，Sig. $=0.041<0.05$），假设 4 成立；店铺评分对顾客购买行为无显著性正向影响（$\beta=0.067$，Sig. =

0.219>0.05)，假设 5 不成立。

2.4.3 小结

根据以上统计可得出以下结论：淘宝顾客并不关注淘宝店铺的收藏量，而且店铺收藏高并不能代表产品好；淘宝产品评论数量越多，越会吸引顾客购买，而且产品受关注度越高，顾客越青睐；淘宝产品评论质量比较高，而且大都能反映真实的产品信息，这样才能吸引顾客购买；淘宝产品评论及时，并且最新评论能够反映产品最新信息，这样的评论会吸引顾客的关注；淘宝店铺评分与顾客购买行为无关，并不是评分越高产品越好。

同时，本研究也提出如下建议：

第一，重视淘宝在线评价，利用淘宝在线评价有效实施口碑营销。随着网络购物的迅速发展，相比传统口碑，在线口碑的传播速度更快，影响范围更大，影响程度更深，特别是对网上购物网站，这些在线评价极大地影响着顾客的购买行为。所以企业和卖家应该重视在线评价的营销价值。

第二，不必刻意追求店铺收藏量。分析显示，淘宝店铺收藏量并不能够反映出顾客有多么青睐其产品，应鼓励顾客在购买产品之后对产品发表评论。对于评论越多的产品，顾客越会去关注，这样有助于顾客更多地了解产品信息，一旦产品受到关注后就会带来更大的营销效果，所以卖家和企业应该重视对产品质量和服务的提升，为顾客提供一个优越的购物环境与体验。建议顾客发表关于自己真实感受的评论，评论质量的高低对顾客的购买行为有很大的正向影响，所以高质量的评论有助于顾客获取更多更加真实的产品信息。评论的时效性也在正向影响着顾客的购买行为，卖家和企业应该将产品的最新评论信息或最新的追加评论信息提供给广大的顾客。

3 网商群体持续高质量成长环境

3.1 淘宝村发展历程

3.1.1 淘宝村发展阶段

随着电子商务市场由城市扩散向农村，一些农民在以淘宝网为代表的电子商务平台的助力下开始在网上销售产品，并且取得了成功，这种财富的聚拢效应使得许多农民放下田间地头的工作走进了网络交易。在这种背景下，淘宝村群聚现象诞生。农村电商在 2009—2019 年经历了从新事物到新动能再到新常态的转变。淘宝村大多集中在东部沿海地区，呈现裂变式扩散、集群化发展趋势，并带动内陆淘宝村发展，逐渐形成区域规模效应。郭承龙提出农村电商模式的共生结构，将农村电商模式重新划分为寄生模式、对称模式、非对称模式、一体化模式和偏利模式等，并提供寻找农村经济发展新突破的路径，提出开拓大众创业、双通道的网销渠道，深度挖掘农村禀赋的自然价值、多平台运营和内生化资金供给等新路径。徐高春等肯定了淘宝村对经济发展的正面影响，认为淘宝村能够带来更多创业机会，为提升农民幸福指数提供了新路径，并且加速了传统产业的转型。陈亮等从淘宝平台的特点入手，认为淘宝网创业门槛低的特点适合收入偏低、抗风险能力弱、零散时间相对宽裕的农民，以淘宝为代表的平台型电子商务模式是农民创业的天然“优质土壤”，提出淘宝村的数量在中国将继续快速增长，并最终实现淘宝村常态化的设想。

到 2019 年 6 月底，阿里研究院在全国发现了 4 310 个淘宝村、1 118 个淘宝镇。从城市层面来看，淘宝村数量最多的前三个城市为金华市、温州市和菏泽市，第四至第十位依次为台州市、泉州市、宁波市、宿迁市、嘉兴市、杭州市和东莞市。其中，金华市、菏泽市、泉州市、宿迁市、东莞市、邢台市分别是本省淘宝村数量最多的城市。除了浙江义乌、山东曹县在 2018 年已经发展为“超大型淘宝村集群”，浙江永康、浙江温岭、江苏睢宁、浙江慈溪、浙江乐清淘宝村的数量已经超过100个，新晋成为“超大型淘宝村集群”。此外，浙江海宁、浙江瑞安、浙江萧山的淘宝村数量分别达到90个、88个、87个。从已有资料分析可知，淘宝村在发展历程上大多经历了以下两个主要阶段：

第一阶段是依靠农民自发创业，促使淘宝村萌芽和初步成形。在我国广大农村，大多数农民还是以传统农业和外出打工为生计，能形成淘宝村的确是奇迹。大多数淘宝村的形成都是从引进淘宝网店项目开始，由某个或若干个创业能人自主发起，并且产生了模仿迭代效应。电子商务和农村互联网的发展为外出打工青年回家创业提供了基本环境，创业带头人在家乡做网店生意。初始创业者在农村家中充分发挥他们的知识技能、商业头脑，并利用他们的个人经历等主观性因素开淘宝店，虽然带有一定的偶然性，但他们的成功离不开若干客观因素的辅助，也正是这些因素构成了中国多数淘宝村得以形成的初始条件。

今天，大量淘宝村能够形成的一个重要原因是淘宝模式与农民创业的天然契合性。初始创业者成功引进淘宝网店项目后，其良好的业绩会引发村民的关注和模仿，最后扩散到多数家庭。初步扩散后，在熟人社会体系中会引发一传十、十传百的雪球效应，出现网商群体数量快速增长的现象。下面这些条件是促使淘宝村形成不可或缺的条件。一是网络、交通、物流等基础设施和服务。近年来，计算机、互联网、交通设施、物流快递等支撑电商经济的配套性产业以空前的速度向广大县域和镇区蔓延，进而辐射到乡村地区，为淘宝村的兴起奠定了硬件基础；二是农村创业的成本优势，这里所说的“成本”单指创业所需投入的现金成本，相比于在城市租房开网店，在农村家中开淘宝店具有低生活成本和零租金的优势。对于同样一件商品，在农村由于成本较低，所以产品有较大的降价空间，加上家人的支持和帮助也能促使创业成功；三是项目可行性，新项目被引进农村后，要想成功扩散并最终成为村庄经济活动的主体，必须具备两个条件：初始创业者的新项目绩效显著引发其他村民的跟随；新项目的技术难度和资金要求相对较低。

第二阶段是政府、服务商、电商行业协会赋能助其发展。已有淘宝村的实践表明，当淘宝村发展到一定规模时，地方政府便会开始扶持。一方面，随着农村电商的快速发展，网商诉求更多的公共产品和公共服务；另一方面，发展电子商务对促进农民创业、就业和增收，以及农村经济繁荣有着重要价值，地方政府无论是出于追求政绩的动机还是为民服务的职责都会选择扶持。例如，东风村和军埔村，东风村的政府介入发生在中期，军埔村则是在一开始就得到了地方政府的全力扶持。政府赋能对于促进淘宝村加快形成与快速裂变是非常重要的外部条件。政府需要秉持“不越位”和“不缺位”的执政理念，让市场机制起决定性作用，重点加强科学引导和服务能力，及时提高公共产品供给水平并且适应淘宝村的发展需求。

如何依托农村已有的淘宝村或农村电商，进而继续推进信息进村、信息技术与农村公共服务联动，从而服务于乡村振兴与全面建设小康社会这一总体目标，是今后农村电商发展的重点。

3.1.2 淘宝村研究情况

有关淘宝村的研究，阿里研究院、国内外学者已经开展了不少研究[36][37]，“淘宝村”第一次出现在阿里研究院和中国知网网站是在2010年。中国淘宝村集群的现有研究可以分为四类。第一类是将淘宝村视为产业空间集聚现象，从产业集群演化视角考察空间集聚的布局（康春鹏，等[34]，2013；董坤祥，等[35]，2016；朱邦耀，等[36]，2016；徐智邦，等[37]，2017；刁贝娣，等[38]，2017；Qi，et al.[39]，2019）、空间城镇化分布（吴昕晖，等，2015[40]；房冠辛[41]，2016；罗震东，等[42]，2019；Lin[43]，2019）、演化机制及动力（曾亿武，等[53]，2015；刘亚军，储新民[57]，2017；周静，等[48]，2017；崔凯，等[49]，2018）。第二类是将淘宝村视为经济社会网络结构现象，从供应链网络与社会网络视角，考察电子商务供应链、社会关系网络对淘宝村创业集聚的影响（刘杰，等[50]，2011；梁强，等[51][52]，2016；曾亿武，等[53]，2018）。第三类是将淘宝村视为内生农户创新创业动力的现象，从网络创新创业视角，主要研究包括淘宝村包容性创新（浙江大学管理院包容性创新课题组，2015；范轶琳，等[54]，2018）、农户个体间的知识溢出和集体组织的社会创新（Felix，et al.，2014；崔丽丽，等[55]，2014；Cui，et al.[56]，2017），得出农户创业者、政府与网络平台是促进农村创业网络形成的关键要素（刘亚军[57]，2018；Avgerou，et al.[58]，2011）。第四类是将淘宝村视为外生动力赋能现象，从信息技术赋能、政府协会赋能视角，指出淘宝村是农村信息化带动乡村产业化（汪向东[59]，2011）、基于信息沟通技术探讨ICT的社区驱动型农村经济发展模式（Leong，et al.[60]，2016）。此外，中国家庭金融调查与研究中心认为影响淘宝村发展的因素主要分为两大类，分别是基础设施和人文环境。其中，金融服务是基础设施里面重要的一环，是从组织赋能角度探讨地方政府、电子商务协会在淘宝村发展过程中的职能作用（李育林，等[61]，2015；曾亿武，等[62]，2016）。

国外学者有关淘宝村与网商群体的研究成果并不多，他们的研究主要集中在涉农电子商务的领域，如涉农电商应用、电子商务与城镇化等，究其原因是因为经济发达国家或像巴西、印度等经济不发达国家还没有出现类似淘宝村的集聚现象。

3.2 典型淘宝村环境分析

2009 年的淘宝村还只是中国农村电商的“孤寂寒星”，如今的淘宝村已经进入了“满天繁星”阶段。下面主要对选择了三个发展比较成熟的淘宝村进行分析。

3.2.1 家具之乡淘宝村

被称为“中国淘宝第一村”的睢宁东风村、“淘宝第一镇”的沙集镇，已成为农村电商发展的靓丽名片。沙集镇地处江苏省徐州市睢宁县东部，占地面积 66 平方千米，辖 17 个行政村、264 个村民组、1.3 万户、6 万人口，东临宿迁，西靠徐州，南接安徽，北望山东，地理位置优越，靠近淮徐高速公路，交通发达。

2010 年，在杭州举行的第七届全球网商大会上，沙集镇独得“最佳网商沃土奖”。2011 年，时任国务院总理温家宝批示肯定了沙集经验；中国社科院信息化研究中心与阿里研究中心联合发布《“沙集模式”调研报告》，引起各界极大关注；2011 年 5 月，江苏省政府选定沙集镇为全省农村信息化示范基地；2011 年年底，沙集模式入选联合国信息峰会大奖“电子共融与参与”组中国在亚太区的唯一提名奖；2014 年，东风村创造了 26 亿元的销售战绩；睢宁全县网上销售额 43 亿元；2015 年，国务院副总理汪洋在江苏省调研农业农村工作期间，专程来沙集镇调研农村电商发展情况，并指出沙集电子商务发展了近 10 年已经形成了独特的发展模式，收获了在农村发展电子商务的成功经验；2017 年，睢宁县电子商务交易额达 216 亿元，拥有网商 3.2 万户、网店 4.23 万个，带动就业超 20 万人。截至 2018 年，睢宁县已拥有 92 个淘宝村、10 个淘宝镇，再次成为江苏省最大的淘宝村集群，居全国第四名，形成以沙集镇为中心，半径 50 千米的电卖家具生态网，整个电商网销售额近 300 亿元，其中，睢宁的销售额将近 220 亿元，占全网的 70%。这些成绩可喜可贺，但现在更重要的是创新和转型，要在现有的政策机制和市场环境中不断摸索，寻找立足和持续发展之道。

沙集模式是一种以信息化带动工业化、农村产业化，并将家具加工、物流、服务、资金整合成一个有机生态的模式，其核心要素是“农户+网络+公司”，其中，农户不再处于被动地位，而是适应市场。沙集模式经历三个阶段，最初阶段是从无到有的沙集模式 1.0 阶段——自发式生产，睢宁县沙集镇的返乡青年孙寒在好友帮助下，在淘宝网开店创业，销售简易拼装家具，随后，附近村民争相效仿。而后是从弱到强的沙集模式 2.0 阶段——裂变式生产，沙集从事电商行业的网商越来越多，到 2012 年 6 月，沙集镇拥有网店 3 040 家，但这个阶段，沙集镇单个网商的平均体量小，村民互相模仿和网商缺乏专利保护意识，导致同质化竞争挤压利润空间。2.0 模式下的农民网商获取信息渠道狭窄，抵御风险能力弱，资金融资困难。汪向东在《沙集模式 2.0：网商由弱变强》中提到，沙集模式 2.0 能否成功发展，需要具备网商群体、网络平台、支撑体系、政策变量这四个要素。

早期“沙集现象”的特点体现在以下三个方面：

一是规模大。网商数量呈现爆发性、指数型增长。费孝通先生指出农村的熟人社会特征大大缩短淘宝村网商之间互相学习的路径，加之一传十、十传百的速度，使得网商群体逐渐扩大。东风村网店生意从突破零到今天的蓬勃旺盛发展，经历了萌芽、起步、摸索、复制、创新几个阶段。商业模式初步成型，形成了集商品设计、网上销售、网下加工、物流配送于一体的一整套的商业运作模式。自 2008 年起，这种网店经营模式被淘宝村的村民们加速复制，沙集网商呈现爆发式增长的态势。网商产品销售从一开始的家庭式作坊生产书架、花架、鞋架等，到衣柜、茶几、电视柜等柜类，这些产品由于价格便宜、组装简单、种类样式齐全，在网上热销。随着东风村家具的网络名气不断提升，产品也逐渐走向世界。在对沙集镇进行实地调研时发现，街道两旁网商的招工广告随处可见，大多是招聘优秀的客服人员。在睢宁返乡创业已经成为一种时代热潮，有数据显示，面积仅仅 66 平方千米的沙集镇，不仅大量年轻人返乡回流，还新引入了 1.2 万名外来创业者。根据调查，沙集镇农民网销家具的平均利润率为 18%左右，按照当年 3 亿元的销售额算，网商利润将达到 5 000 万元。2017 年的数据显示，沙集电商发达村东风村居民人均纯收入 25 419 元，比全县居民 15 064 元的人均纯收入高出一大截，网销家具带动了大量农民就地转化为雇佣工人。

二是网商来源渠道多。萌芽期也是初创时期，被称为“沙集网商三剑客”的孙寒、夏凯和陈雷在东风村播下了电商的种子。他们最初开设网店，网络销售简易拼装家具，获得成功，并把开店技巧介绍给周围的亲朋和邻居。进入裂变期后，看到“三剑客”的生意越来越红火、赚钱越来越多时，村民们纷纷效仿“三剑客”的“致富经”，请教“三剑客”的村民络绎不绝，也自然而然地成为村民们学习开网店的师傅。村民学会了开店之后，又继续将自己的生意经传授给自己的亲朋、好友、邻居，东风村网店生意迅速在村里遍地开花。初步生态期，淘宝村里面除了专职网商，还有大量的兼职网商。实地调研发现，沙集镇的经营模式包容性极强，随时随地都可以从事网店经营，沙集镇街道两边的实体店铺也经营着自己的家具；一些网店一旦有了订单，他们就到周围的家具厂去提货、打包、发货；还有一些从村子里“走出去”的大学生，在课余时间，每天抽出两小时进行在线接单，一旦接到订单后便迅速转给父母，由父母负责发货。

三是网商年龄趋于年轻化。沙集农民网商以年轻人居多，其中 18~30 岁的网商群体规模最大，约占 73.4%。年轻群体具备互联网应用能力，学习能力强，接受新鲜事物快。不少村民利用在大城市打工积累的经验，发挥农民吃苦耐劳的精神，从无到有，敢闯敢干，在当地开创了网销家具这一全新的领域。这些年轻人还勇于改变与创新，不断开发新产品，同时，他们也乐于分享、虚心学习，推动家家户户的网店生意红红火火。

“沙集现象”是指沙集农民网商自发式产生、裂变式成长、包容性发展的现象。自发式产生是指沙集农民创办网店，开展在线销售及相关加工业，基本是依靠当地农民自组织力量，自发式地萌芽和涌现；裂变式成长是指从 2006 年沙集镇东风村的第一个农民网商出现，经过几年时间发展到全镇 3 000 多家网商，主要靠细胞裂变式的简单复制而获得快速发展；包容性增长是指依托第三方市场化的电子商务平台，一方面，草根农民能够与其他网商一样享受数字经济带来的便捷和商业机会，另一方面，村里的男女老少都可以参与电子商务创业发展。

即将进入第二个 10 年，睢宁再次出发，始终坚持把提升质量、产品研发、建立标准、打造品牌放在发展的首要位置。第六届淘宝村高峰论坛上公布了沙集镇已经进入 3.0 阶段——包容性发展，即形成“睢宁经验”。这一阶段，睢宁电商行业在包装、绿色环保方面注重标准化，在专利方面注重意识培养。

睢宁县结合乡村振兴战略，出台《睢宁县 2018 年度电子商务产业提升六大行动计划》，以高质量发展为出发点，进一步提高站位，统筹规划，踏上了以特色产业全面提档升级带动乡村全面振兴的发展快车道。为实现质量提升，引导电商家具企业申报 ISO9001 质量体系认证，建立电商家具质量检验中心等；为提升电商家具设计研发水平，在沙集镇成立睢宁家具设计研发院，进一步强化“创新驱动发展”战略，以提高电商企业自主创新能力为目的，着力构建以企业为主体、以市场为导向、产学研相结合的电商创新体系；为实现标准引领，积极宣传落实国家家具生产标准，电商家具企业落实家具生产国家标准、行业标准、沙集镇电商协会制定了睢宁县板式家具电商服务标准化项目；为实现品牌驱动，沙集镇电商企业成功申请了著名商标、知名商标、市级名牌产品，打造简约电商家具集群品牌集聚区。

从“沙集现象”到“沙集模式”，短短数年的发展，沙集网商们已经摸索出一条农村电商持续发展的康庄大道。

3.2.2 演出服装之乡淘宝村

3.2.2.1 曹县电商发展概况

曹县隶属于鲁、豫、苏、皖四省交界的山东省菏泽市，地理上位于菏泽市西南部，与河南省接壤。位于曹县县城东南 15 千米处的大集乡，现有人口 4.45 万人，辖 32 个行政村、86 个自然村，全乡总面积 45 平方千米，耕地面积 5 万余亩（1 亩≈666.67 平方米）。地理位置相比较其他发展较好的淘宝村来说是不具有地域优势。曹县大集镇地处黄河冲积平原，与中国北方平原上大部分的乡镇一样，是一个以农业为主的乡镇，这里没有大型厂矿企业，没有集体企业，更谈不上任何的集体经济基础。

大集镇丁楼村共计 300 户、1 107 人，张庄村共计 410 户、1 463 人，两村 90%以上均为农业人口。丁楼村和张庄村一直是大集镇经济排名靠后的村，农民收入主要来自种植业、养殖业、农副产品加工业和外出打工。摄影服饰加工算是大集镇的传统产业。20 世纪 90 年代初，以大集镇丁楼村的丁培玲、丁培玉、任庆慈等为代表的个别村民开始从事影楼布景加工，并逐渐形成规模，随后几年又增加了影楼服饰产品。当时，这些产品的销售都是依靠个人“跑单帮”，背上一大包产品到周边市县的影楼、演出单位和服装市场上门推销，卖完了就回家准备再出门。这样，传统卖货方式不仅费时费力，而且成交量低、销量不稳定，该产业一直处于养家糊口的状态，对村民的经济带动作用不明显。

然而，在 2010 年后，这一状况得到了改善。农村电商改变了鲁西南这个过去经济相对落后、地理位置偏僻的乡镇发展轨迹，大集镇从默默无闻的穷乡僻壤一跃成为全国知名的首批“淘宝村”所在地、农村电商发展的排头兵。

2010 年，大集镇丁楼村村民周爱华在同学的帮助下在网上开了一家自己的店铺，并拿到了丁楼村第一笔演出服饰网商销售订单。随后，纷至沓来的订单让其他村民看到了商机，大家都开始复制这种销售模式。消息不胫而走，激发了邻近张庄村的一些村民开设网店的想法，大集镇很快走进电商时代。在丁楼村和张庄村随处可见这样的标语："打工东奔西跑，不如创业淘宝""足不出户掌握天下商机，键盘轻敲完成四海交易""开网店，做网商，生活快速奔小康"。

一开始是本地的村民注册网店销售不同风格和类型的演出服饰，村民们想办法借亲戚的身份证注册网店，一户人家有多家网店的现象比比皆是。村民们致富引来了外出打工的青壮年回乡创业，这其中也不乏外出求学的大学生、在读的研究生回乡创业，怀揣梦想的城市居民也到曹县丁楼村和张庄村参与创业。据统计，2013 年，大集镇有 2 500 多名外出务工人员、多名毕业大学生返乡创业，他们带回技术、先进理念与原有产业基础迅速融合，大大促进了产品质量的提高和网店经营水平的提升。返乡电商创业一改过去一到农闲时期就打牌、看电视的状态，村民们现在个个守在电脑前当着客服和顾客聊天，大家都有事可做、有钱可赚，幸福水平明显提高，同时，也克服了难以解决的留守儿童、空巢老人等社会问题。

大集镇电子商务发展主要依靠村民的自主能动性和地方创业环境打造，造就了如今大集镇的淘宝村。仔细究其发展成功的原因，可以总结为人才、产品和环境。

大集镇演出服饰的电商发展大多来自村民的自发性，与其他淘宝村初期的发展模式类似，由电商发起人开始上网开店，在邻里、熟人之间口口相传，一家一户逐渐上网开店并取得效果。比如 1989 年出生的任庆方于 2006 年到无锡打工，于 2007 年接触淘宝，也代理过与淘宝相关的一些店铺管理软件。回乡后，他发现家乡在网络销售方面有着很好的基础，就带头开起了淘宝店，丁楼村最初的网店有一半左右是在他的协助下开网店。现今，任庆方自己运营着包括天猫和淘宝在内的多家店铺，像任庆方这样懂淘宝、会营销的人才在大集镇电子商务发展过程中大量涌现，促进了大集镇农村电商的快速发展。

就大集镇电商产品而言，大集镇本身就有服装加工的产业基础，影楼服饰、布景是大集镇土生土长的生产加工基因。有了电商之后，销售量翻番增长，起到了"事半功倍"的效果。

在创业环境方面，镇政府积极帮助网商解决地方电商创业环境问题。随着网商数量、网店增多，网店的销售量增加，对物流、环境、产品生产速度和质量、网商管理能力都有了新要求。这时，需要政府对淘宝村发展进行引导、指导和调控。有着大学本科学历的大集镇党委书记苏永忠便是这个时代的引领者，思路开阔的他在进行消费安全检查时，发现了这种推动农村经济发展的新动力，便联合镇党政领导班子审时度势，提出“电商兴乡”的发展理念，逐步在地区硬件环境、企业发展环境、政策环境等方面为大集镇电商发展创造有利条件，还成立了镇淘宝产业发展领导小组，鼓励村民开网店、做网络销售。大集镇也制定了不少鼓励电子商务经济发展的一系列优惠政策，如对企业首次销售额、纳税超过定金额的，以及在天猫注册开店的，给予一定数额的资金奖励，以促进电商发展；对引进高端管理和设计人才的给予政策优惠及资金奖励。村民们网店做大以后，镇政府免费提供代办注册企业服务，办理时所需的证件和手续均由镇政府出资并派专人办理。针对大集镇相对滞后的交通条件，镇政府想办法建成淘宝服饰辅料大市场，吸引 30 多家相关企业及物流公司入驻，为电商发展提供有力支持；大集镇还对所有淘宝企业进行扎口管理，不经淘宝产业发展领导小组批准，任何单位和个人不得向淘宝企业及网店乱检查、乱收费，由派出所为企业制作“电子商务重点联系企业”标牌，对干扰企业正常生产经营的行为进行重点打击，积极为淘宝企业发展提供优良的外部环境；此外，在资金、厂房用地、用电等方面，镇政府都力所能及地为网商排忧解难，这也促成了 2013 年以后大集镇电子商务的飞速发展。

当然，对于农村电商想要高质量发展仍存在不小的挑战。首先，大集镇的原创产品不多，仍处于复制、模仿阶段。当地大多数网店采取网络分销的形式，供应商基本一样，导致产品雷同现象严重，无法形成差异化竞争；其次，作为非农加工品，加工厂和网店采用家庭式经营方式，生产速度慢，空间狭小，现有模式不适用于工业化发展趋势，对于批量加工品来说，是走定制化路线，还是走规模化路线，或者两者兼有，考验着网商和地方政府的智慧。

面对发展转型升级等问题，当地政府和网商又有什么创新措施，大集镇又将以怎样的姿态面对日新月异的消费市场？为了实现打造“山东淘宝第一村”，实现富民目标，相信几年以后的大集镇能够在双创的道路上熠熠生辉！

3.2.2.2 菏泽市农村电商发展的效益分析

1. 淘宝村及农村电商的经济效益

(1) 淘宝村、淘宝镇实现新突破

淘宝村成为中国农村草根“双创”微缩景观，成为中国农村电商国际化的“符号”。在第六届中国淘宝村高峰论坛上发布了淘宝村镇情况，菏泽市淘宝村镇数量继续位居全国地级市第一位。2018 年，全国共发现 3 202 个淘宝村，其中，山东省有 367 个淘宝村，菏泽市有 267 个淘宝村，占全省的 3/4、全国的1/12；全国共发现363个淘宝镇，其中山东省有48个淘宝镇，菏泽市有35个淘宝镇，占全省的3/4、全国的1/10。为推动电商村镇建设，加强与多平台的合作，增强农村的发展活力，当地积极开展电商品牌优化工程，为重点企业量身定制专属品牌升级方案，发展一批农村电商创新创业示范点、创新创业示范园、特色产业集群。以淘宝村裂变式扩散、集群化发展为代表的菏泽市农村电商呈现蓬勃发展态势，不仅实现了乡村经济面貌的改变，而且是一场农业生产方式、农村生活方式、农民思维方式和价值观念的改革。

（2）跨境电商又上新台阶

菏泽市拥有进出口企业680家，开展跨境电商的企业近400家，其中有270家企业通过阿里巴巴国际站出口，其他企业通过阿里巴巴速卖通、中国化工网交易平台、eBay、亚马逊、环球资源和中国制造等平台从事跨境电商的出口贸易。2017年，跨境电商出口额3.5亿美元，同比增长16.7%，2018年前三季度在外贸出口不振的情况下，跨境电商出口依然保持强劲增长势头，出口2.6亿美元，同比增长14.7%，成为菏泽市出口的主要拉动力。

（3）电商扶贫促脱贫攻坚

电商消贫成为精准扶贫新路径。菏泽既是我国农业人口最多的地级市之一，也是山东省贫困发生率较高的地区。2015年10月，时任中共中央政治局常委、国务院副总理张高丽专程到菏泽市淘宝村调研电商脱贫工作。2016年到2018年，需要脱贫91.4万人，占山东全省的37.7%。2018年以来，菏泽市新增电商企业、网店2万余家，受益贫困群众2.5万人，24个贫困村发展为淘宝村，实现整村脱贫。全市镇村级服务站发展到7 800个，贫困村村级服务站覆盖率达90%以上，受益贫困群众2.5万人，菏泽市共有563个贫困村发展电商，43个贫困村发展为淘宝村，实现整村脱贫，电商扶贫成为精准扶贫的新亮点。在第六届淘宝村高峰论坛上，阿里巴巴集团副总裁、阿里研究院院长高红冰高度评价了菏泽电商扶贫，山东省商务厅向菏泽市拨付专项电商扶贫培训资金。

（4）线上线下融合发展的农村零售模式

菏泽市支持新零售全面发展。积极推动天猫优品、京东便利店、智能无人零售终端等2 000个新零售商业网点落地，推广线上线下销售相结合的无人售货新模式。结合冷链物流、重要产品追溯体系示范工作，通过“线下便利店+线上APP”的O2O模式为消费者打造“3千米”服务圈。

积极推行线上线下有效结合，运用互联网、大数据技术大力发展线上线下零售新模式。目前，菏泽市美的智能无人零售终端——小卖柜进入菏泽居民社区、广场、办公写字楼等多个场景，已在市区布点并投入使用，成为全省唯一的自主运营城市。天猫优品于2018年年初在菏泽开始运营，目前菏泽地区建成多家天猫优品服务站。京东便利店的定位是京东线下版本的创新型智慧门店，目前在市区、镇、村建成多家京东便利店建设了320家；另外，与苏宁集团签订了战略合作协议，下一步还要发展苏宁小店、苏宁易购县镇店；三信、佳和、大福源等传统商贸业也推进零售市场与电子商务的融合发展，促进线上交易与线下交易融合互动，实现升级改造全面开花。

（5）借知名电商平台之力发展农村电商

菏泽市“为村”平台实现村个数、认证村民、关注人数、活跃度、市县拥有数、乡镇总号拥有数六个全国第一，并继续在智慧园区、智慧城市、腾讯云等方面展开合作。菏泽市也与阿里巴巴集团合作，在电子商务、工业智造、社会治理、民生服务等领域开展深入合作，蚂蚁金服针对菏泽市推出普惠金融服务，仅曹县授权金额高达十亿元，还将打造农村电商区域总部；与苏宁集团、慧聪集团签订了战略合作协议。成功举办了第五届中国淘宝村高峰论坛主论坛、2018腾讯为村大会、首届牡丹之都发展论坛、首届山东省电商兴农扶贫大会等。菏泽市在全省乃至全国营造了浓厚的菏泽电子商务发展氛围，提升了菏泽的城市知名度和影响力，树立了菏泽的良好形象。另外，还深化与京东、拼多多、唯品会等平台合作，推进牡丹、山药、芦笋等特色农产品上行，将利用大数据、云计算、人工智能、区块链等新科技打造数字菏泽建设。

2. 淘宝村及农村电商发展的社会效益

通过调查发现，农村电商溢出效应显著。农村电商产业的发展壮大，促进了上下游产业链、配套服务业的快速聚集。在生态服务、创业孵化、公益文化方面延伸出更多触角，改变了乡村面貌，实现了乡村文明，促进了社会和谐。

菏泽市电子商务发展三年（2018—2020年）行动计划等制定了40多个电子商务优惠政策，建成51个电商产业园区，入驻电商及配套服务企业3 600多家，催生出一批像天荣创意家居小镇的新实体经济，评选出多家菏泽市“互联网+品牌”优秀企业，抓提档升级、品牌建设；强化网络基础配套，实施光纤入村，建成了全省第一个、全国第二个“全光网”城市；实施“菜鸟县域智慧物流+”项目和“快递下乡”工程，推进快递公司在乡镇设点布局，市县乡村四级物流配送体系日趋完善；大力推进“全城达”同城快递业务和智能投递终端建设，同城投递实现了当日到达。菏泽市木草柳制品、鄄城人发制品、曹县家具产品被授予国家外贸转型升级基地，也将推动电子商务产业转型升级。

设计、包装、配件、物流、培训等服务业快速兴起，淘宝村出现了适应电商生活规律的夜排档、24 小时营业的超市、淘宝大酒店、酒吧、KTV 等现代服务业。曹县大集镇新增汽车数量占到了全县的1/3，菏泽全市61 个淘宝村刑事案件发生率低于全市的 50%。

农村电商催生了菏泽市农村新实体经济迅速崛起。电商产业园区是推动农村电商实现更高层次、更高水平发展的载体和平台。菏泽市围绕“电商聚集区、创新创业热土、生产制造引擎、宜居宜业家园、产业旅游目的地”发展目标，坚持“政府引导、企业主导、社会参与、市场运作”的原则，创新招商方式和开发模式，大力推进电商园区规划建设。利用腾讯“为村”平台建立县、镇、村农村电子商务综合服务体系，结合农村党建、文明创建、乡村治理等，增强农村发展活力。

菏泽市电商生态体系建设初见成效。一个产业生态体系的建设，往往决定了这个产业的发展质量。菏泽市高质量推进网络、物流、品牌等电子商务生态体系建设，国家级电子商务示范城市、全国冷链物流发展示范市、全国重要产品追溯体系示范市等三个国家级项目在菏泽市密集落地。

3. 淘宝村及农村产品的品牌效益

菏泽农村电商涵盖农村电商、工业电商、服务业电商、跨境电商、总部平台、产业园区、“互联网+品牌”、电商人才、电商生态等多方面。菏泽市更把发展农村电子商务作为加快新旧动能转换的重要抓手，大力培育电商企业、电商村镇、电商园区，促进了电子商务快速发展。农村电商从迷茫质疑到试水破土、从脱盲触网到推广普及、从宣传动员到风生水起，短短几年的时间，呈现集聚裂变式发展，已成星火燎原之势，逐渐成为菏泽市经济社会发展的重要引擎。

开展电商品牌优化工程。借助阿里巴巴、京东等知名电商平台，为重点企业量身定制专属品牌升级方案。引进至少 20 家知名电商服务企业，重点培育30 个菏泽市“互联网+”优势品牌，打造“互联网+品牌”。发展一批农村电商创新创业示范点、创新创业示范园、特色产业集群，打造优质农产品。

自 2018 年《中华人民共和国电子商务法》颁布，菏泽积极响应，通过培训、集中宣讲、媒体宣传等方式广泛宣传电商法，出台系列支持电商发展的政策意见，为全市电子商务健康可持续发展提供有力支撑。

3.2.3 花木之乡淘宝村

自20世纪80年代以来，沭阳县颜集、新河等乡镇农民在政府引导下开始大量种植花木，并确定了“走民路、念花经、发花财、奔小康”发展战略。2000年，颜集镇、新河镇被国家林业局、中国花卉协会命名为首批“中国花木之乡”。总体来说，沭阳花木淘宝村发展经历了如下几个阶段：

第一阶段，花木电商萌芽。

花木产业区从2001年开始渐渐接入ADSL宽带，沭阳县一些农民开始在贴吧、论坛等进行花木推销和图片展示，这是传统花木与电商结合的模式，只有信息发布和信息获取功能，当时对沭阳花木交易的实质性帮助还十分局限。提到沭阳花木，首先想到的必定是颜集镇的花木，在淘宝村的发展过程中充当了领头羊角色。早在2005年，就有颜集镇的花农开始尝试在网上卖花。胡义春就是颜集镇“网上卖花第一人”，自从有了网店，他的经营范围不断扩大，业务量迅速攀升，成为当地花农进入网络市场的领先者。而这一电商行为也使昔日以农为生的村庄不再安静，花农在网络经济大潮中走上了一条崭新的电商创业致富路，但由于初期的农村网络建设、物流等基础设施相对不发达，他从开始网上销售到产生经济效益花了3年时间，直至2008年年底才开始获得较高的收入。

由于农村特殊的乡里乡亲非正规组织关系的存在，村民们开始自发走上电商之路。有的农民以销售自家种植的花卉为主，有的农民则以顾客需求为导向，先接受“订单”再到村子里去收购花木，有的村民则干起了物流服务于当地的农民网商，个别外出打工的农民也回乡开网店销售花木。由于电子商务的进入门槛不高，仅一年时间颜集镇就出现了100家左右的网商。不管是发起者、复制者还是兼营者，他们都具有统一的特点，即受到网络市场的引导和内生动力的驱动，因此，所有的经营行为都是自发自觉的“自下而上”的市场行为，完全按照市场需求运转。

第二阶段，冲破泥土，获得新生。

到2007年，电子商务行业发展也给当地的花木产业带来契机。2007年，沭阳县实现了宽带村村通，花农利用网络积极探索运用淘宝、天猫、1688等第三方电商平台实现网上交易，在偶然获得成功之后，众多花农通过互帮、互带、互传，吸引着越来越多的亲朋好友陆续加入电商创业的行列中。尽管这段时期，电商创业者的规模还未达到较大的级别，但是这是一个正确的开始。经过6年的发展，70%以上的花农成为网商、物流商。在距高源下村不到3千米的新河镇，近年来新出现了新河花卉市场专门为淘宝卖家供货，是一个完全由淘宝交易催生的原生花木集市，销售各种绿植盆栽产品，种类超过 400 种，市场内销售的花木大多是从南方运过来的绿植，再加上本地生产的大量花卉苗木。该市场以零售的形式供应给数以千计的淘宝卖家，再通过淘宝卖家在网络上销售。许多卖家接到订单以后才去花卉市场取货，实现了“零库存”，而且快递费用一般采取月结的形式，先赊账，后销账，流动所需要的资金基本靠亲友之间的借贷就可以满足，降低了创业风险，也极大激发了村民们的开店欲望。花卉批发市场的存在大大满足了市场需求，帮助农民网商进一步适应电子商务“多品种、小批量”的销售方式。

第三阶段，飞速发展。

2009 年到 2013 年，仅仅用了 4 年的时间，颜集镇便拥有了 3 200 多家网店。在 2013 年首届“淘宝村”高峰论坛上，沭阳县颜集镇喜获首批“淘宝村”荣誉称号，这标志着沭阳县电子商务进入了新阶段；2014 年，周圈村和堰下村入围第二批淘宝村；2015 年，新河镇、庙头镇、颜集镇共 22 个村入围第三批中国淘宝村，并且三个乡镇入围中国淘宝镇，沭阳县成为全国最大的农产品淘宝村集群。沭阳县荣获“国家电子商务进农村综合示范县”称号，沭阳已有的 22 个淘宝村平均每村拥有的网商规模、网店数量和交易总额呈现连年快速增长的态势。在阿里研究院发布的《农产品电子商务白皮书》中，沭阳连续两年在阿里零售平台农产品交易额的县域排名中稳居前三位。

此外，颜集镇还积极地把快递公司引到镇内村内，方便花农开展网络销售，该镇已入驻物流快递公司 22 家。顺丰、韵达等物流公司的进驻极大地改善了当地的物流条件。

沭阳已形成了一个拥有较大电商发展规模、优质产业基础、完善电商生态、良好发展前景、扎实基层网商基础的特色花木产业集群。

观察以上三个阶段可以发现，传统的农业交易中，主要采用面对面交易模式，多为一手交钱一手交货的现货交易，正转向网上销售。当电子商务成为花农和顾客的纽带以后，既减少了农产品流通的中间环节，提高了交易效率，降低了花木流通成本，提高了花农网商的利润空间；同时，也极大地避免了生产者与顾客间的信息不对称，也使花农网商能够通过顾客对产品的评价随时了解顾客需求变化，及时掌握消费市场变化。

正如郭红东教授对“沭阳现象”的高度概括和提炼，“沭阳模式”是一种以特色农业产业为依托，以保持农村原有机理和风貌为前提，由广大农民通过电子商务创业创新实现农业产业升级，并在政府的合理引导下形成农村电商生态体系，促进人与土地和谐发展，实现“农民富、农业强、农村美”的“互联网+三农”县域电商发展模式。如今，沭阳花木产业已经从流通领域延伸到整个花木产业链的全过程，不久的将来，我们期待看到一个以花木网上需求为驱动力、以花木高质量种植为核心、以地方电商高质量公共服务为载体的沭阳新产业集群。

3.3 淘宝村网商集群成长因素

3.3.1 引言

集群是淘宝村成长过程中的一个显著特征，并随着淘宝村的发展和成熟不断扩散。淘宝村集群发展无论对于网商自身还是农村经济的发展都颇具意义。随着农村电商运作模式的不断深入推进，淘宝村的外部辐射范围也逐渐扩大，村内的创业氛围愈发浓厚，网商逐步向企业化、品牌化方向发展。成片的区域性发展与本土化形成的颇具规模的淘宝村集群促使越来越多的村里人返乡就业，带动地方产业转型。

从2013年开始，阿里研究院每年组织举办“中国淘宝村高峰论坛”，同时对外发布该年度的《中国淘宝村研究报告》(以下简称《报告》)。《报告》指出，淘宝村的形成原因主要包括电子商务加速向农村渗透、第三方电商平台降低了农民网络创业门槛、农村的社会属性更适合网商群体发展、农村基础设施持续改进和电商带头人的关键作用。

关于淘宝村的研究可追溯到中国社会科学院信息化研究中心主任汪向东教授在2010年对江苏省徐州市睢宁县沙集镇东风村的研究。汪向东教授团队对沙集模式的研究，采取深入跟踪调研和剖析典型案例的方法，对以沙集为代表的以草根农民自发形成、以农户家庭经营为特色的沙集模式的产生与成长进行跟踪研究，对此类涉农电子商务的成绩、面临的问题，以及未来发展的路径和策略选择提出建议。淘宝村本质上属于产业集群的一种，国外学者采用阶段发展视角研究产业集群的成长过程，总结提炼出产业集群的成长模式。其中，与淘宝村发展历程较为吻合的是Bruso提出的“两阶段”成长模型，根据他对意大利集群的研究，集群的出现大都是自发形成的，他将无政府干预的自发成长阶段称为第一阶段，当集群成长到一定规模，政府或行业协会开始干预集群的成长，向集群提供多种多样的社会化服务，此为第二阶段。

3.3.2 研究假设及方法

产业集群理论对于研究淘宝村集群具有重要的借鉴意义，基于产业集群理论本节提出四个假设分析淘宝村网商集群性成长的动因，并进一步论证分析。下面选取被认定的江苏淘宝村为样本案例，对每个村两个具有代表性的淘宝网店进行电子问卷调查。通过问卷调查、数据分析等方式验证剖析了四个假设，并对淘宝村网商集群成长给出了针对性建议。

3.3.2.1 研究假设

基于产业集群理论及淘宝村网商集群自身特点，本部分从外部经济、网商带头人、社会网络、政府行为方面提出假设，探讨淘宝村网商集群成长的动力因素，具体假设及理论依据如下：

假设 1：外部经济的技术进步、专业化分工、劳动力共享、知识溢出对淘宝村网商集群形成具有不同程度的推动作用。

外部经济。马歇尔认为外部经济形成产业集群，王恩才提出集群内企业间的专业化知识、技术、劳动力市场和信息共享以及有效传递、流动和扩散导致了外部经济的产生。在农村电商产业集群形成和成长的过程中，外部经济具有十分明显的作用，主要表现为：第一，技术进步。我国农村地区的技术进步促进了农村传统产业的升级转型，电子商务在为农村提供宽广的网络消费渠道的同时，也为农户提供了简便而低成本的推广平台。第二，专业化分工。产业聚集效应使得集群内部形成包含上、中、下游的完整产业价值链，从而降低运作成本，提高生产效率。第三，劳动力共享。农村地区具有丰富的劳动力资源，用工成本相对较低，劳动者素质相对以前也有大幅提升，这为网商集群的形成与成长提供了重要保障。第四，知识溢出。弗里曼认为促进集群成长的最根本动力是集群内部的知识溢出，它不仅带来集群创新，还能提高生产率。知识溢出效应能够使操作技术、供求信息及经营管理经验等电子商务知识借助农村社会网络外溢，促使网商集聚逐步形成。

假设 2：网商带头人群体扩大与商业模式辐射与创新对淘宝村网商集群形成具有不同程度的推动作用。

网商带头人。网商带头人对于网商集群成长起着至关重要的作用，可以说是网商集群由低级走向高级的根本动因。农村电商产业集群形成与演进过程，往往伴随着个体农户创新行为引来其他农户效仿的过程。第一，创业群体扩大。当优秀的网商带头人成功时，他周围的农户便会追随和效仿，从而出现更多的创业者。创业者在获得了新的模式启发和思路借鉴后便可以减少进入风险，创业者群体也随之不断扩大。第二，商业模式辐射与创新。由于网商带头人的示范效应，村民们开始对电子商务这一新鲜事物给予更多关注、模仿与衍生创新，同时，电子商务的运作流程以及盈利方式等模式也不断辐射出去，从而产生一系列模仿者、配套服务企业。

假设 3：社会网络血缘关系、亲缘关系与服务机构使淘宝村网商集群高度融合，形成更具竞争优势的社会网络。

从本质上来说，产业集群是一种社会网络组织形态。农村产业集群的社会网络，相比于其他类型的产业集群更加具有竞争优势，理由是在农村网商集群内的农户更加愿意相互进行信息和市场共享，甚至合作开发新产品和技术。在我国的广大农村地区，血缘关系、亲缘关系与服务机构这三大块构成了社会网络的主要部分，以电子商务商业模式应用为核心，农村网商自发形成了独具传统农村特色的产业链和价值链，并构成了产供销一体化的有机群体。

假设 4：政府赋能的基础设施建设、配套产业规划以及创业扶持推动网商集群持续成长。

政府行为可概括为三个方面：第一，基础设施建设。农村电商的实施离不开基础设施。第二，配套产业规划。电子商务商业模式能够促进农村传统商业模式变革，电子商务的实施还需要政府从全局角度进行统筹规划，完善相关配套的产业计划去整合传统供应链、运输链、信息链、服务链资源。第三，创业扶持。绝大多数农民的经济实力微薄，而他们在进行网上创业以及规模经营时需要资金等支持，政府应创造条件帮助农民以及相关农村网商企业解决创业难题。

3.3.2.2 研究方法

案例研究法是参考市场发展的实际状况，以典型、真实发生的农村电商案例为素材，通过观察、分析、解剖得出结论。案例研究不仅会对研究现象进行准确、详细地描述，而且还会深入探讨现象背后的原因，它既回答“为什么”和“怎么样”问题，也有助于把握事件的来龙去脉。案例研究可以使用一个案例，也可以使用多个案例。单个案例研究可以用作确认或挑战一个理论，可完整地分析某个单独案例，具有个别性；多案例研究包括两个分析阶段——案例内分析和交叉案例分析，在前者的基础上进行归纳，得出更精准的描述和更有说服力的解释。根据上面的理论，本部分使用多案例分析，即选择 24 个淘宝村，以每村 2 个企业作为研究对象，该案例已形成了南通川姜家纺、徐州沙集家具、宿迁沭阳花木、扬州毛绒玩具等具有一定市场影响力的农村网商集群。

本部分主要采用的收集方式为：首先是采取文件的形式（来自阿里研究院的相关淘宝村文件）；其次是发放问卷调查，进行数据收集。笔者在淘宝上按照主销产品搜集得到 24 个淘宝村对应的淘宝网店铺，并发放问卷。

根据上面四个假设采用国际通行的李克特尺度对问题进行评价（1. 非常同意；2. 同意；3. 无所谓；4. 不同意；5. 非常不同意）。具体调查与问题的对应关系如表 3-1 所示。

表 3-1　具体调查项目与假设的对应关系

项目	具体项目	假设理论观点支持
外部经济	技术进步 专业化分工 劳动力共享 知识溢出	马歇尔、 王恩才
网商带头人	创业家群体扩大 商业模式辐射与创新	马歇尔、 王恩才
社会网络	血缘关系 亲缘关系 服务机构	王恩才
政府行为	基础设施建设 配套产业规划 创业扶持	王恩才

在分析资料之前，需要确定好分析策略，即先了解要分析什么、为什么要分析。具体所使用的分析策略有两种：其一，依赖理论命题。案例研究一开始以确定好的假设作为基础，围绕假设进行分析、判断，并得出相应结论；其二，发展个案描述。建立一个描述架构进行案例研究，这个策略没有理论命题的策略好，但是当理论命题不存在时可以用此替代。下面主要使用第一种方法，结合调查问卷所得的数据对研究假设进行理论验证，看假设是否成立。

3.3.3　集群成长案例分析

3.3.3.1　问卷调查分析

1. 外部经济对淘宝村网商集群形成的推动作用调查分析

本部分主要设置四个题目进行调查分析：技术进步对淘宝村网商集群形成具有很大的推动作用；专业化分工对淘宝村网商集群形成具有很大的推动作

用；劳动力共享对淘宝村网商集群形成具有很大的推动作用；知识溢出对淘宝村网商集群形成具有很大的推动作用。因为选择“非常同意”和“同意”两个选项的态度是积极、肯定的，所以本部分认为当平均得分大于 3 分时可以得出具有推动作用的结论。通过对有效问卷的分析，得出外部经济对淘宝村网商集群形成具有不同程度的推动作用。根据调查结果可知，外部经济对淘宝村网商集群形成具有不同程度的推动作用，具体是专业化分工的分值最低，是 3.12，知识溢出的平均值最高，是 4.07。知识溢出在农村电商中的表现为网店操作的技术、供求信息发布与获取方法、经营管理经验等电子商务知识通过农村社会网络外溢扩散，进而引来其他农户与农业企业纷纷模仿或创新变革，产业集聚逐步形成。知识溢出对淘宝村网商集群的形成具有很大的推动作用。较低的劳动力成本、大规模生产、细化的分工往往能形成较强的市场竞争力，这和传统工业领域产业集群的原理相似。

2. 网商带头人对淘宝村网商集群形成具有的推动作用

本部分主要调查分析网商带头人对淘宝村网商集群形成具有的推动作用，创业群体扩大商业模式辐射与创新对淘宝村网商集群形成具有推动作用。根据调查结果可知，商业模式辐射与创新对淘宝村网商集群形成的推动作用最明显，数值达到 4.08，而创业家群体扩大的数值是 3.78，对淘宝村网商集群形成的推动作用相对较小。先期崛起的淘宝村因为其创造了巨大的财富效应，对临近村庄产生或多或少的影响。以江苏省徐州市唯宁县沙集镇东风村为例，因为拥有淘宝村称号，它的影响力愈发强大，成为苏北地区乃至全国的农村电子商务典范，周边村庄纷纷模仿和跟进，辐射和示范效应得到充分发挥。

3. 社会网络使淘宝村网商集群高度融合更具竞争优势

社会网络使淘宝村网商集群高度融合更具竞争优势这一假设通过血缘关系、亲缘关系以及服务机构三个题目调查。根据调查结果可知，社会知网络的血缘关系均值最大，分值为 4.18，亲缘关系紧随其后，而服务机构包括信息服务业、物流业、金融业等产业的交叉融合的分值仅为 3.62。在淘宝村网商看来，血缘关系和亲缘关系是网商之间相互信任、相互依赖、相互合作的关键。

4. 政府赋能推动产业集群持续成长调查分析

对政府行为推动产业集群持续成长的调查主要通过基础设施建设、配套产业规划以及创业扶持三个题目。根据调查结果可知，政府行为中对淘宝村网商集群的推动作用较大的是基础设施建设，数值是 4.01、配套产业规划的数值是 4.06、创业扶持推动程度最低，数值是 3.31。近年来，淘宝村发展愈发受到国家的重视，2014 年，两会期间出现了与淘宝村相关的提案，其观点有淘宝村正在经历从点到面的跨越，成为一股不可忽视的农村新经济浪潮，淘宝村的兴起对于发展农村电商具有借鉴意义，国家应该积极出台相关政策推动淘宝村更好更快地发展。

5. 淘宝村网商集群形成的驱动因素总体分析

根据上面 4 个方面外部经济、网商带头人、社会网络以及政府行为的调查数据，可以看出这些因素不同程度地对淘宝村集群的形成具有驱动性。通过以上各要素数据以及总体数据分析，可以看出外部经济、网商带头人、社会网络以及政府行为都对淘宝村网商集群的形成和成长具有推动作用，故本部分的 4 个假设成立。

3.3.3.2　不同驱动因素在集群各阶段的成长

1. 萌芽阶段

地理优势和网商带头人双驱动。2005 年以来，我国农村电商发展迎来历史机遇。首先，为推动新农村建设，国家出台了一系列信息化政策与措施，我国农村信息化基础设施水平有了较大提高；其次，网络市场对特色农产品、特色农业的需求大幅提升，农村电商的商机凸现；最后，淘宝第三方电子商务服务商有了长足发展，使农户实施电子商务有了可能，我国部分农村少数企业或个人在此背景下开始尝试网络销售模式取得了一定成功。在少数企业的示范效应带动下，周边农户或农村企业开始复制电子商务销售模式，成长到一定规模后就形成了产业集群的雏形。但是，在这一阶段，网商数量少，且领军企业品牌尚未形成或品牌影响力有限，网商集群产业价值链也未形成，下面对堰下村与东风村淘宝农户电商集群情况做分析，如表 3-2 所示。

表 3-2　初创阶段基本状况

项目	堰下村	东风村
环境条件	优质的自然条件——花木之乡	亟需进行产业升级改造的废旧塑料加工产业
网商带头人	2006 年仕某在网上卖花	2007 年孙寒开始仿制宜家家具
电商特征	自发	自发性的，没有组织性
产品特征	依托原产业花木基础	模仿，仿制
经营模式	农户网商—淘宝平台—农产品—物流	农户网商—淘宝平台—家庭作坊—物流

农村网商集群萌芽期在时间上大体为 2005 年至 2009 年。这一阶段，地理优势与网商带头人双轮驱动直接促使农村网商集群雏形形成。地理优势是农村网商集群形成的基础，传统特色自然资源与产业资源为农村电商提供了优质、有竞争力的产品，便利的交通运输条件解决了农村电商物流的配送问题。网商

带头人是农村网商集群形成的决定性因素，他们吸引着其他企业和农户进行模仿与创新，最终形成网商集群。从江苏堰下村与东风村淘宝村网商集群情况来看，网商带头人作用不容忽视。

2. 成长阶段

外部经济、政府赋能、社会网络这三方面共同推动农村网商集群化。在农村网商集群雏形形成以后，由于网商带头人的盈利效应，从事电商的农户与企业数量急剧增加，地方产业供应链逐步形成，集群步入成长阶段。与萌芽阶段依托地理优势、网商带头人形成的流入效应不同，外部经济、政府赋能、社会网络在成长期的拉动作用促进网商集群快速发展，外部经济作用促进网商集群内经济主体分工与合作以提高运作效率。作为产业的引导者，政府为农村电商的实践提供了基础设施保障，为农户创业提供了资金支持，为农村电商提供了人才输送，成为网商集群成长的主导力量。农村社会网络很强的“根植性”为电商集群发展提供了重要保障。下面以江苏堰下村与东风村淘宝农户网商为例进行分析，如下表 3-3 所示。

表 3-3　成长阶段基本状况

项目	堰下村	东风村
政府政策	政府支持扩大花木栽培用地	政府提供资金支持农户
电商特征	有组织，但是没有形成系统化的产业体系	电商产业体系逐渐形成，电商产业特色显著
产品特征	根据网络需求，扩大花木品种	边仿制，边创新品牌
经营模式	农户网商—淘宝平台—农产品—物流	农户网商—淘宝平台—家庭作坊—运输

农村电商产业集群成长期大体为 2009 年至 2011 年，江苏堰下村与东风村淘宝农户电商发展的状况相似。

3. 成熟阶段

多方合力推动农村电商产业集群走向成熟。产业集群内，各电商主体持续创业创新，农产品及服务网上营销与配送模式逐渐走向标准化，产业价值链体系配套不断完整，相关电商农户彼此既竞争又合作，集群对区域经济影响的作用显著。江苏堰下村与东风村淘宝农户电商成熟期状况如表 3-4 所示。

表 3-4 成熟阶段基本状况

项目	堰下村	东风村
外部条件	依赖传统花木产业，线上线下销售结合，形成产品与服务、品牌、销售模式多样化格局。	以网上需求为导向，发展成家具加工、网店销售、快递、木材供应等产业链
网商带头人	一些花农栽种面积大，品种多	自创家具品牌已形成小型企业
政府政策	提供优惠政策，鼓励种植花木，提供技术培训与知识扩展途径，成立村农民电商协会、花木协会	筹建集仓储、快递、摄影等电商产业体系，建立电商协会
电商特征	有组织，并逐渐形成系统化的销售与服务体系	电商产业逐渐形成，电商产业特色显著
产品特征	花木品种齐全，形成四季花木栽培与销售	形成地方家具品牌，并且持续创新
经营模式	农户电商—电商平台—农产品—物流运输	农户电商—电商平台—家庭作坊或小型企业—物流运输
社会网络	血缘、亲缘、地缘关系的社会网络继续发挥作用，但由于同质化，市场竞争激烈，导致社会网络稳定性下降	

农村网商集群成长期为 2009 年至 2011 年，农村网商集群相对成熟期为 2012 年以后，由于政府赋能、外部经济、社会网络、网商带头人等多方合力推动，集群规模经济效益逐渐显现出来，具体表现在网商数量爆发式增长、销售收入实现突破、从业人员规模大等方面。与此同时，该阶段集群的风险也随之增加，具体表现为随着网商集群规模的扩大，外部经济、社会网络的作用逐渐变得不明显，电商农户间的无序竞争、盲目模仿抑制集群的持续成长，物流配送与诚信问题也制约着网商集群的进一步发展。从江苏堰下村与东风村淘宝农户网商集群来看，各地政府均制定了一系列政策，尤其是政府主导下的行业协会发挥了积极作用。

3.3.4 小结

经过上述分析，可以得出四个假设是成立的，即淘宝村网商集群成长分别受到外部经济、网商带头人、社会网络以及政府赋能的影响，且在网商集群成长的各个阶段的动力主导作用也各不相同。针对上文得出的结论以及网商集群的现状，本部分对淘宝村网商集群成长提出如下建议：

1. 政府给予资金、技术双支持

政府在呼吁万众创业、全民创新之时，还需从资金、技术两方面为农村网商提供支持和帮助。政府一方面应为推动农村电商的发展提供有力的资金保障，为不同创业需求的网商提供不同类别的信贷产品、优惠政策；另一方面还要通过定期开展一系列技术培训来帮助淘宝村网商提升运营、销售等专业技术，促使淘宝村网商集群向专业化、品牌化发展。

2. 合理促进知识溢出

知识溢出是外部经济促使网商集群成长的最重要动因，知识溢出可以带来知识再造，其过程还可带来竞争效应、激励效应等，从而促进淘宝村经济发展。然而，只有当网商创新成本在“外溢”后得到有效“补偿”时，知识“外溢”才能推动外部经济增进。一方面，政府要积极出台政策以保护好网商的知识产权；另一方面，市场机制可通过集群内各相关方利益边界的明晰化来使上述“补偿”得以合理实现，从而推进淘宝村网商集群持续创新创业。

3. 完善配套设施，加强相关基础建设

地方基础设施建设和配套产业规划都是十分关键的因素，政府应该积极加强基础设施建设，进一步完善配套产业规划。政府应优化交通设施，积极实施国道、省道的农村公路升级改造等，健全城乡物流网络体系，尤其是在经济落后、设施不完备的农村还有很大的改善空间。

3.4 淘宝村集群成长经验

3.4.1 引言

众所周知，经过十多年发展，淘宝村集群成长已经呈现由农户、地方政府、第三方服务商、平台方等多主体共同参与，并通过一系列电商活动完成网络零售过程，具有市场竞争、产业链融合、社会性等特点，面对远没有饱和的农村电商，如何能够从“先发”淘宝村案例中找到答案，对于“后来者”农村农户开展农村电商活动显得尤为重要。当前，已有的电商集聚或淘宝村集聚研究大多是从空间布局的角度来分析电商发展格局，对于“后发”农村电商集聚发展的探索明显不足。因此，以中国东部沿海和中西部部分典型淘宝村为案例，分析农村电商集聚式演化成长的机理，为“后来者”农户网商成长、“后发”农村电商集聚式形成提供理论支持及可借鉴经验。本部分案例研究资料主要来源于阿里研究院网站、公开出版的淘宝村发行物、网络新闻报道以及笔者走访调研资料等。

3.4.2 淘宝村集群成长机理

基于产业集群相关理论及中国淘宝村案例，本部分主要对淘宝村十多年来快速发展演化所形成的集群现象进行分析。

3.4.2.1 影响因素

（1）外部经济的技术进步、专业化分工、劳动力共享、知识溢出对淘宝村集群形成具有不同程度的推动作用。中国淘宝村的分布区域凸显了外部经济性对淘宝村集群形成的推动作用。中国淘宝村分布数量与我国东、中、西部的经济发展强弱具有明显的相关关系。基于外部经济理论分析，东部地区在技术进步、专业化分工、劳动力共享、知识溢出等方面比内陆地区具有一定区位优势，比如东部沿海地区的网店运营技能、各类人员的专业化分工、网络经营管理经验等知识溢出已经对东部淘宝村网商集群的形成具有很大的推动作用。

（2）创业带头人及其乡村的血缘关系、亲缘关系及地缘关系对淘宝村集群形成具有不同程度的推动作用。在中国淘宝村形成的初期，电商创业带头人对淘宝村集群形成具有重要的引领作用，并通过周边农户网商群体模仿形成了规模效应。以江苏沭阳淘宝村为例，淘宝村里出现了一批创业典型，如返乡“淘宝维纳斯”残疾大学生李敏、淘宝创业达人周卫、返乡创业大学生张亚飞、70多岁的开店“网红”单玉佩、淘宝路上的追梦人宋常海、淘宝店的“花魁”毛善辉等。在沭阳县新河镇周圈村，60%以上的农户通过网络进行交易，2016年全村拥有网店860多家，年交易额在2亿元以上，带动就业3 000多人；在颜集镇沙湾村，2016年全村908户，其中476户通过网络平台开设网店600多家，销售额突破1亿元，带动2 600人就业。对于农村社会网络，正如费孝通先生的农村“差序格局”理论所说，在我国广大农村地区，血缘关系、亲缘关系及地缘关系构成了农村社会关系网络，当电子商务通过创业带头人传播到农村，农村电商依靠独特的农村社会网络关系，通过简单复制，演化出无数个淘宝村。

（3）基础设施建设、配套产业规划以及创业扶持对淘宝村集群的持续成长具有不同的推动作用。政府行为推动产业集群的持续成长，主要通过在淘宝村所在乡村或乡镇铺设光纤、改造道路与仓储、建设电商园区、定期开展电商课堂等，从电商配套产业规划、基础设施建设、创业培训及资金贷款等方面进行扶持。近年来，淘宝村发展愈发受到地方政府的重视，县域经济的各类配套不断完善，淘宝村正在经历从点到面的跨越，由一个淘宝村带动周边的村庄从事电商活动，形成了今天的淘宝镇集聚现象。

3.4.2.2　基本属性

目前，已经成长起来的中国淘宝村呈现出一些基本属性，主要包括自组织野蛮成长、他组织支持的快速成长、生态转型发展与网货质量提升等。

（1）自组织野蛮成长形成的淘宝村集群，农户自发创业是关键。当互联网接入农村，尤其是在2005年前后，随着淘宝平台的兴起，返乡大学生或农户自发地尝试开设淘宝店，并淘到了电商第一桶金，吸引了左邻右舍开始开店，并获得了丰厚收入，也激发了周边更多的农户加入开店大潮中，之后，几年的时间就形成了淘宝村雏形。

（2）他组织支持的快速成长形成的淘宝村集群，他组织赋能是核心，是推动农户网商群体集群区域扩张的主要动力之一。当一个乡村的众多农户集聚在一起开展电子商务活动，随之而来面临的突出问题就是硬件设施和软件服务跟不上电商发展的新需求，如淘宝村的网络通信设施、道路物流服务设施、仓储场地规划、网店美工、运营培训、小额贷款、网络诚信等均成为农村电商发展的瓶颈。面对这些共性问题，迫切需要地方政府为农户网商群体提供公共服务支持，为农户网商群体持续成长提供公共服务资源，推动淘宝村健康有序发展。通过他组织支持成长起来的淘宝村实现了自我强化，不断复制扩张。

（3）生态转型发展与网货质量品牌提升是趋势，网货质量与品牌打造成为电商发展的新阶段。很多农户网商已经从夫妻店（父子店）的单打独斗方式发展成类似公司型、品牌型的经营模式，早期发展起来的淘宝村也基本具备了电商培训、营销推广、摄影美工、代运营、快递等第三方服务功能，电商分工逐渐精细化。如今比较成熟的淘宝村已经形成了农户网商、地方政府、协会组织、服务商共同治理的良好局面，农户电商依靠市场自主创业、政府与协会提供公共服务、第三方服务商提供专业服务。同时，通过平台管控规范化，多方协同发力形成网货加工、电商销售、物流配送、政策支持的全产业链运行模式，促进地方传统产业链升级。地方政府在产业发展、农副产品质量监管等方面也要不断加强力度，确保网货质量，打造区域性品牌，实现一、二、三产业、淘宝村与美丽乡村建设的协同发展。尤其是近几年来，各地以产业融合促进商业发展、消防“三合一”大检查、美丽乡村建设等对农村淘宝村经营生态转型发展、淘宝村协同发展、打造产业生态体系具有很好的促进作用。

3.4.2.3　成长模式

基于上述三个基本特征，结合我国各地淘宝村集聚现状，根据《2017年度农村电商发展报告》、阿里巴巴《中国淘宝村》、不同学者针对农村电商集聚发展案例开展的研究成果，对我国农村电商集聚成长的沙集模式、北山模式、沭阳模式、清河模式、遂昌模式、博兴模式、临安模式、曹县模式、通榆模式、武功模式、成县模式、桐庐模式及军埔模式等淘宝村集群在驱动主体、产业基础、品牌与生态方面的差异性进行比较分析，如表 3-5 所示。

表 3-5 农村电商集聚式成长模式

模式及描述	驱动主体		产业基础		品牌与生态	
	草根创业	政府搭台	无产业	特色产业	品牌	生态
沙集模式：草根创业向企业转型，产业链空间大，家具带动配套产业转型，建立品牌与生态	√		√		√	√
北山模式：在龙头企业“北山狼”的带动下，以“北山狼”品牌为依托，在政府推动下初步形成规模。	√		√		√	
沭阳模式：以花木产业为依托，由农户创业实现产业升级，在政府支持下形成电商生态体系。	√		√		√	√
清河模式：依托传统优势产业，通过“专业市场+电子商务”走出一条县域电商发展之路。	√			√	√	
遂昌模式：以“网店协会+网商+服务商”服务平台为驱动的农产品电商模式。		√		√		
博兴模式：返乡产创业利用电商平台从事草柳编和老粗布交易，形成以点带面的发展形势。	√			√	√	
临安模式：以农人带动，从事农产品销售，形成“一品一带一生态”农村电商发展特征。	√			√	√	√
曹县模式：早期草根创业已形成“网店+工厂+服务”模式，推进农村产业发展。	√			√	√	√
通榆模式：政府搭台，企业唱戏，统 品牌方式，开展农产品电商，拓宽销售渠道。		√		√	√	
武功模式：提出“买西北、卖全国”战略，政府与协会协调把握运营中心、物流体系、扶持机制。		√	√			
成县模式：电商作为“一把手”工程，集中全县人力、物力，集中打造一个产品，由点到面扩张。		√		√		
桐庐模式：由政府主导，以企业为主体，立足生态，系统推进，出台政策，寻找资源，搭建平台等。		√		√		√
军埔模式：是一种市场行为，部分外出打工的年轻人回来创业，地方政府顺势而为、因地制宜。	√			√		√

中国淘宝村集聚演化具有明显的差异性特点。从驱动主体视角分析，在淘宝村形成初期存在两种模式：一种是草根创业自发形成，另一种是政府推动被动形成。对于第一种模式，淘宝村集聚是由草根农户创业、周边农户效仿自发形成的，呈现快速复制的特点，创业“先行者”在农村淘宝集群的形成过程中发挥着关键作用，是淘宝村从无到有的重要基因。第二种模式，主要依靠地方政府主动搭台调动各方资源，聘请电商运营公司，提供配套产业规划，以推动县域电商发展。政府通过建立一系列促进电商发展的体制机制，引导更多的农户、传统企业加入电商发展大潮中。

从产业基础视角分析，如今发展较好的淘宝村都具有良好的地方基础作为支撑，如沭阳模式有花木种植产业，清河模式有传统纺织产业，临安模式有山核桃等农产品等。由此可见，拥有扎实的地方产业基础是淘宝村持续发展的重要产业基础。

从品牌与生态系统视角分析，部分淘宝村已经形成了很好的区域性品牌，如沙集模式的“板式家具”地域品牌、曹县模式的“演出服装”地域品牌、北山模式的“北山狼”品牌等；部分淘宝村在农户网商、地方政府及服务商等多方助力下，通过产业融合、乡村建设等措施，不断完善淘宝村生态。

3.4.3 淘宝村集聚式发展的“三力模型”

根据集群演化成长模式和淘宝镇调研案例，在阿里研究院总结淘宝村贡献的中国经验时中的草根创业、平台赋能与政府有为三要素的基础上，本部分给出农村电商集群演化成长的“三力”模型：草根创业力、数字赋能力与政府引导力。

3.4.3.1 草根创业力——创业带头人

电商先行者对淘宝村形成起到了创新和示范作用，带动了农村出现了一群有梦想、敢实践的农户、返乡大学生及退伍军人等，他们在发展农村电商的过程中起到了重要的带头作用。2017 年，阿里研究院特别组织了首届淘宝村优秀带头人和淘宝村杰出推动者评选活动，从 91 名候选人中选出了 10 位淘宝村带头人：常保如、陈晓隆、贾培晓、蒋家明、李敏、吕振鸿、任庆生、孙寒、许冰峰、张青，他们分别来自山东、浙江、江苏、广东、湖北等省，部分带头人创业事迹如表 3-6 所示。

表 3-6 “先发”淘宝村优秀电商带头人和杰出推动者

模式	创业带头人或推动者	草根创业力
沙集模式	孙寒	江苏省睢宁县东风村电商带头人，发起成立电商协会，著名“沙集三剑客”之一，农村电商最早一批创业者，辐射带动沙集镇、睢宁县网商创业就业。截至 2016 年，沙集镇共有网店近 1.6 万家、从业人员 3.5 万人。
北山模式	吕振鸿	浙江省缙云县北山村电商带头人，带动全村人让北山村的户外用品从无到有，年销售额达数亿元。于 2008 年创立“北山狼”户外品牌，形成“农村+网络+企业+政府”农村电商发展模式。
沭阳模式	李敏	江苏省沭阳县春生村电商带头人、直播达人。身残志坚，不仅自己创业，还积极参与推动本村电商发展。
清河模式	刘玉国	河北省清河县电子商务领军人，“淘宝大王”，清河县“农民做电商”第一人。
博兴模式	贾培晓	山东省博兴县湾头村电商带头人，带动湾头村实现年网上交易额 4 亿余元，上千位村民创业。成立山东省第一家农村电商服务机构和博兴县草柳编电子商务协会，持续推动当地农村电商发展。
临安模式	张青	浙江省杭州市临安区白牛村电商带头人，早期返乡电商创业者之一，白牛村代言人。率先返乡创业，组织村民培训游学。
曹县模式	常保如、任庆生	常保如，山东省鄄城家斜李村电商带头人，将宫灯销往国外，帮村民脱贫解忧，传授电商经验。 任庆生，山东省曹县丁楼村电商带头人、村支书，带动村民电商脱贫致富，2009 年开始电商创业，带动丁楼村 280 多户开淘宝网店，带动 22 户贫困户、67 人脱贫致富。
军埔模式	许冰峰	广东省揭阳市军埔村电商带头人，军埔村早期电商创业“十二罗汉”之一。带动 1 000 多人创业，向世界介绍军埔村经验。

3.4.3.2 数字赋能力——大数据+云计算+平台

数据作为新经济背景下的生产资源，已经成为赋能农户网商的新能源。淘宝村与大市场链接在一起，特色产品销往全国甚至全球。以阿里平台为例，平台数据通过大数据技术计算能够产生很多新的商业价值，以顾客群体数据为基础的顾客喜好和需求画像有助于赋能和服务于农户网商，使农户网商基于顾客行为和特征数据、产品和渠道数据等开展网络营销管理、运营决策、网货策略改进、精准营销及供应链优化等。另外，在淘宝平台上，大多数农户网商已经学会利用生意参谋、阿里指数等一系列数据产品提升运营效率和获取顾客。据悉，95%以上的成交量高的淘宝店铺使用生意参谋，生意参谋数据产品平台累计服务卖家数超过2 000万个，月活跃卖家数超过600万个。

3.4.3.3 政府引导力——合理引导与有效作为

对于“先发”淘宝村集聚演化成长到一定规模后，农户网商自身是无法解决土地、设施、资金、技术等公共服务问题，这时地方政府在“电商兴农”过程中要做到不缺位。地方政府要积极为农户网商创造各类电商环境，如建立淘宝大学教学基地，面向社会免费开展电子商务初级班、提升班、精英班等培训，形成草根创业的浓厚氛围，发挥地方政府的引导作用。目前，有的淘宝村设立了”支部+电商”的富民产业措施，让党员电商发挥引领作用，带动农民增收致富，淘宝村逐步成为地方电商经济发展的新引擎。对于政府驱动搭台形成的“后发”淘宝村，在发展地方电商经济、盘活地方电商产业、培养地方电商人才等方面，地方政府需要运用行政力量，集中地方优势资源，打造具有产业特色的淘宝村集群模式，表3-7列举了“后发”淘宝村的政府行为部分案例。

表3-7 “后发”淘宝村的政府行为

模式	政府引导力
遂昌模式	由团县委、县工商局、县经贸局等多家机构共同发起，以帮扶网商成长、整合供应商资源、规范服务市场和价格为目标而成立的遂昌网店协会。
通榆模式	县政府将农村电商作为“一把手工程”，组建电子商务发展领导小组提供政策支持，成立电子商务发展中心，设立专项基金，出台扶持电商创业政策支持电商发展。
武功模式	提出电子商务“买西北、卖全国”战略规划，政府与协会携手打造西北农村电商人才培训基地、西北农产品电商企业聚集地、西部农副特产品物流集散地等。
成县模式	县委书记带领四大班子，依托行政推动，走出一条以县域电商生态建设为主要内容，以草根创业为主要特征，以脱贫减贫为主要目的的电商道路。
桐庐模式	政府主导打造电商全生态，一把手亲自带头，立足“政府主导、生态理念、两线并举、合力推动”，带动全民创业，形成示范效应。

3.4.4 淘宝村集聚式成长的可复制经验

今天，农户网商进入电商领域可能面临的挑战主要包括四个方面：一是网络市场流量红利降低。电子商务经过十多年的发展，“先来者”已经在电商平台上抢占先机，在顾客群、网络流量、网络口碑、网络技术、营销经验、网店品牌等方面处于优势地位，甚至部分网商已经足够强大，年销售量达到几十亿；二是网货充足，价格战激烈。如今的电商平台卖家云集，价格战将成为当前或未来一段时期电子商务的常态。对于“后来者”通过价格战在短期增加流量，非常浪费钱，不是一般的小卖家能够承担得起的价格战；三是电商运营门槛提升。“先来者”在内容、平台、场景、工具等方面，以及在战略、数字化、内容生态运营、特色卖家营销等方面不断成长，掌握了淘宝直播、微淘、短视频、淘宝群、内容化店铺、客服号等精细化运营模式。作为一个新加入的农户网商，还需要从开店、运营、供应链等基础工作方面进行培训；四是地方基础设施和服务相对滞后。对于广大农村，尤其是交通不便利的贫困偏远山区，道路交通设施与网络基础设施建设相对滞后，物流成本高，体系不健全，信息化技术水平低，在线融资系统缺失，资源投入缺乏，电商人才稀缺，这些问题增加了“后来者”农户网商的创业难度。

基于“后来者”农户网商面临的上述困境，下面提出“后发”电商农户可复制性的初步经验：

3.4.4.1 扎根地方特色产业基础，发展绿色优质网货，推动一、二、三产业融合发展

从沭阳淘宝村案例来分析，农户网商快速发展的重要基础是夯实当地的第一产业传统花木种植业，把过去传统的线下渠道与线上渠道相结合，扩大花木市场的广度、深度。面对电子商务营销的竞争日趋激烈，“后发”淘宝村想在市场中站稳脚跟，优质的货源是开展市场竞争的基础。如今，不少网商在网络平台上快速成长，交易规模从几百万元到几十亿元都有，正是特色产品为顾客带来的独特价值，使淘宝得以细分为数千个市场和受众人群。因此，建议“后来者”农户网商需要扎实推进当地特色产业，尤其是中西部地区的天然、野生的农产品所具有的绿色环保和地域特色产业方面扎实推进。在此基础上，通过适当开发农副产品等第二产业，通过电商平台把特色农产品、副产品销售到全国或全球，实现“后来者”农户网商网货特色化、服务差异化，实现小众农副产品的“长尾效应”，打造地域性农村网货区域品牌。

3.4.4.2 依靠地方政府大力推进农村电商落地，注重“自上而下扶持”与“自下而上创业”结合

淘宝村集群成长是多方面因素综合作用的结果，过去的成功经验说明充分发挥农户网商创新创业主动性，再加上政府提供有效的公共服务是行之有效的方案。目前，农村电商发展的主体要素，可分为“自下而上”的农户网商和“自上而下”的地方政府等，其中，“自下而上”的农户网商是推动地方电商发展的原动力，是保持农村电商可持续发展的关键所在。通过对淘宝村、淘宝镇案例的分析，“自下而上”的筹集资金、开设网店、线上营销、筹备货源、

线下发货等家庭作坊式的电商模式比较适合电子商务发展初期、竞争不激烈的萌芽阶段，这种模式并不适合“后发”农村电商集聚式形成。当前，对于“后来者”农户网商从事电子商务，该如何促进电商创业？笔者的观点是在“后发”农村电商集聚式形成阶段，地方政府依靠本地特色产业基础，打造电商氛围，集中优势力量高频率地协助农户网商推广本地特色网货。在此基础上，搭建地方电商平台，补足农村电商成长硬件短板，缩短“后来者”的追赶周期，主要通过促进通信设施提速、快递物流商引入、美工设计、网店装修、包装加工等配套建设，引入各类营销工具，培养本地电商人才，带动地方农户电商意识及技能提升，形成地方特色产业集聚发力，保证在执行政策的过程中做到“不缺位”“不越位”。

3.4.4.3 重点培养乡土人才，依靠本地新农人开展农村创新创业

通过分析已发展起来的淘宝村、淘宝镇，可知各地基本都面临过电子商务人才缺乏的困境。为破解这一难题，除了依靠农村网商带头人的言传身教之外，地方政府支持的电商人才培训与实训也是解决乡土人才瓶颈的重要抓手，需要与淘宝大学、各类科研院校等多方联合开设计算机、市场销售、网络应用等专业课程，邀请电商实战专家传授网络创业经验，加大对返乡创业人员周期性、分层次的培训和扶持。农村农业发展过程中面临的突出问题—人才困乏已经成为农村发展的重要瓶颈。农村人力资源相对有限，外地电子商务人才引进也较困难，即使引进来也难以留住，这已成为今天农村电商发展面临的最大问题。2018 年，中央一号文件指出，实施乡村振兴必须破解人才瓶颈制约，造就更多的乡土人才。截至 2017 年年底，农业农村部发布数据显示，全国返乡下乡创业人员达 700 万人，分布在电子商务、休闲农业和乡村旅游等领域。从现有的淘宝村案例分析，农村电商发展的主力军依然是返乡大学生、本地农户、退伍军人等新农人，因此，加大对新农人的培训力度成为造就一批留得住的乡土人才的必由之路。如今，从事电商运营的最基础要求是具备一定的网络理论、电商运营技能等基础性知识，因此对于“后来者”来说，开展电商人才培训、提升业务技能成为发展农村电商的人才基础工程。

3.4.4.4 精准定位电商细分市场，打造“小而美”区域性品牌

区域性品牌是地域性和本地特色产业有机结合，具有公用性、价值性和传承性，属于集体品牌范畴，如今电商平台上出现了不少区域性品牌产品，有的被命名为“淘品牌”，这些区域性品牌为“后来者”农户网商精准定位本地特色网货或者小众产品提供了参考。作为“后来者”的农户网商群体一般自身资金实力、经营水平、品牌宣传等方面的能力偏弱，如何开拓“属于自己的

一亩三分地”是必须对面的现实问题。首先，以地方特色产业为基础，从产品定位、质量控制、产业链管理等方面抓实优势产品质量和特色产业发展质量，最大限度实现地方生态发展与社会效益最大化；其次，打造“小而美”的区域性品牌，不能单单依靠农户网商个体的推广、宣传，更需要地方政府在区域性品牌塑造方面下功夫。要利用互联网平台、官方媒体、自媒体等多种渠道，借助专业营销团队宣传地方特色产品和产业，成立专业协会为家乡代言；再次，动员商务贸易部门、市场监督部门、创业指导部门、全体农户电商等围绕区域性品牌开展电子商务品牌活动，充分利用数字经济、网红经济、体验经济等新经济模式，推动农村电商集聚式发展；最后，按照质量兴农、绿色兴农、品牌强农的理念，成立农户电商诚信联盟，加强行业自律，引导农户电商诚信经营，打击破坏区域性品牌的不法行为。

3.4.5 小结

农户网商创业、农村电商集群是近年来我国农村地区网络经济发展的新现象。东部沿海农村地区的淘宝村、淘宝镇集聚发展，为中、西部农村地区开展电子商务活动提供了可供复制的样本。中、西部地区具有得天独厚的自然条件、优质的农副产品等，能够提供众多特色网货，更适合通过电子商务把本地特色产品销售到全国或者全球各地。为了降低农户网商群体创业的成本和风险，作为“后来者”的农户网商更需要借助地方政府的力量提供公共服务，缩短与“先来者”在电商运营软、硬件方面的差距。从发展趋势上分析中、西部地区的“后来者”农户网商、“后发”农村电商集聚具有重要的意义。

4 网商群体持续高质量成长策略

网商群体持续成长问题事关农村电商健康发展，如何促进网商群体在网络零售大潮中不断成长壮大，采取什么样的经营策略至关重要。下面从营销策略、运营策略、社交电商对网购的影响、服务质量提升策略等方面进行探讨。

4.1 网络营销策略

4.1.1 引言

网商卖家或企业要想取得竞争优势，开展网络营销势在必行。随着电子商务与互联网技术的发展，网络营销成为网络经济中最具潜力、更具有广泛适用性的策略，其对传统企业营销的组织形式、管理模式、经营方式和营销观念等方面提出了新挑战。店家应该对传统营销方式和策略进行完善和改进，在激烈的市场竞争中合理运用网络营销，从而提高企业经济效益。本部分的目的是通过对当前网络营销现状、问题与优势进行分析，探讨网商卖家或企业如何开展网络营销。

4.1.2 网络营销

根据美国营销学会给出的定义，营销是一项为顾客创造价值、沟通价值和传递价值，并通过管理顾客关系实现组织和相关利益者利益的职能。网络营销是以互联网为媒体，以新的方式、方法和理念实施线上线下营销活动，更有效地创造价值、沟通价值和传递价值，以实现企业营销收益。网络营销是传统营销在网络环境下的发展与创新，相对于传统营销，网络营销的确存在许多优势。因此，互联网的飞速发展使得企业纷纷将目光转向网络，利用互联网探索全新的营销方法，通过网络营销提高自身企业竞争力。可见，网络营销与传统营销在顾客、成本、过程以及限制因素等方面存在区别，如表 4-1 所示。

表 4-1　网络营销与传统营销比较

	网络营销	传统营销
顾客	基于互联网，以年轻人为主	使有购买力的人成为顾客
成本	早期成本低，目前门槛提升	各方面花费更多
灵活性	有网络便存在网络营销	传播效率不高
即时性	实时与顾客进行在线交流	具有延时性，缺乏互动性
宣传方式	互联网媒体传播	宣传方式较单一
限制因素	传播范围广，无时空限制	受到时间、空间约束

开展网络营销已经成为营销发展的必然趋势，但是不同店家的网络营销各不相同。对于中小店家来说，受到资金、技术、人才、品牌等因素制约，所能采取的网络营销策略也不同于大型企业，表 4-2 给出了中小店家与大型企业网络的营销比较。

表 4-2　中小店家与大型企业网络营销比较

	大型企业	中小店家
资金	拥有雄厚资金实力，拥有企业网站	缺少资金，投入少
技术	技术成熟，拥有开展网络营销的技术支持	无技术能力，借助平台营销工具
人才	拥有懂网络技术、懂营销的专业人才	缺乏专业人才，夫妻店居多
品牌	提升质量，打造品牌	营销被忽视，缺少品牌影响力

通过与大型企业的比较分析，能更了解中小店家开展网络营销存在的劣势，进而采取合适店家自身发展的网络营销方法。通过对网络营销的比较分析，了解到店家在开展网络营销的过程中还存在以下问题。第一，缺少推广。传统网络营销往往通过熟人、朋友介绍，或者利用媒体做广告等方式进行产品宣传推广，而在开展网络营销活动时，由于缺乏对网络营销推广方式的了解，使得产品不能很好地被顾客所熟识。第二，信誉问题。困扰网络营销的一大难题是在交易过程中如何获得对方的信任，并达成交易。作为顾客，在购买商品时通常会选择比较知名或有良好信誉的店家，而作为中小店家，需要通过 24 小时在线，对顾客的提问及时回答并快速解决问题，增强责任心，做到一对一服务，不断提升服务质量。

4.1.3 网络营销策略

4.1.3.1 网络营销策略简述

1. 网店装修、产品展示策略

网店装修要求整体布局规划精细、风格统一、装修色彩靓丽，让顾客一进网店就能看到商品分类，并第一时间找到自己需要的商品，产生强烈的购买欲望。第一，店铺招牌。招牌要有强烈的视觉冲击感，要有网店品牌名称、Logo、店铺名称、广告语、图片等，要新颖、易传播、便于记忆，要有一句能吸引顾客的广告语；告诉买家你在卖什么，通过招牌，告诉您的买家店铺风格及定位。第二，橱窗区。店铺活动推广、促销推广、新品发布等要让顾客在进入网店的第一眼就能通过橱窗公告栏了解到主要销售的商品、店铺的促销活动、优惠信息、特价商品等。第三，分类区。货架摆放、客服陈列、活动预告、新品上市、产品分类、店铺收藏等尽量放在显著位置，让整个分类区的风格在视觉上统一。第四，单品描述。单品的正面图、细节图、搭配效果图（平面或者街拍、棚拍）、包装、吊牌等要清晰，尽量多角度展示局部细节特性、包装、资质证明、品质等，增强顾客信任度。

2. 在线服务策略

随着市场的发展和竞争的加剧，顾客变得越来越挑剔，任何对产品的抱怨都会给企业带来严重的后果，能否为顾客提供满意、完善的服务往往成为企业成功与否的关键。因此，企业间的竞争不再局限于产品的竞争，而更注重于服务的竞争。无论是售前、售中还是售后，服务都影响着这笔交易的成功。店家具体做法是：首先，必须做到及时答复顾客的咨询，不让顾客等待时间过长。其次，对于顾客的提问要耐心地给予解答，告诉顾客如何测量自己服饰的尺码等。最后，对于顾客给予的好建议要吸收借鉴，对有价值的批评要进行自我反省与改正，并给顾客一个满意的交代。

3. 网络营销价格策略

目前，采用低价定价是网络零售的一种策略。通过互联网，在具体营销过程中对市场上的产品及其供应商信息进行搜集分析，通过对比，在保证一定质量的情况下，为了使顾客多购买本企业的产品，可以采用数量折扣策略，采用拍卖定价策略。此外，通过降低成本，促使产品定价比同类产品低，从而增强产品宣传，并提高市场占有率。在低价策略方面，可以将一些原有的积压产品或是一些新产品通过这种方式向顾客推广。

4.1.3.2 网络营销方式

1. 搜索引擎营销

搜索引擎作为一种网络营销工具，被广泛应用。在搜索结果中，排名靠前有助于增加顾客点击率，并将浏览者转化为顾客的营销目标。可以采用两种搜索引擎营销方式，一种是付费搜索引擎广告营销，另一种是免费搜索引擎推广营销。对于第一种方法，可以在搜索引擎上登记注册，通过支付广告费使自己的产品信息在搜索结果中排名靠前，免费搜索引擎推广营销可以通过搜索引擎关键词优化、设计恰当的关键词组合等方法实现产品推广。

2. 网络口碑营销

网络是一种互动媒体，连通全球。在互联网上，人们之间的关系网络已没有空间限制，互联网越来越显示出巨大优势。互联网口碑传播速度要比现实中快得多、范围广得多，企业应该充分利用互联网传播特点，重视发挥互联网口碑营销的优势。电商平台中存在着大量对卖家或产品的评价信息，顾客可随时查看、点评，当这些评价信息积累到一定程度后，自然而然地形成了网络口碑。

3. 大数据营销

在没有借助互联网的情况下，寻找潜在顾客的信息一般比较困难，需要花费很多的人力、物力、财力，而在网络营销环境中，往往是顾客无意识地加入网站大数据中。顾客的筛选与挖掘需要依据网络大数据。网络大数据营销的独特价值主要表现在三个方面：动态更新、顾客主动加入、改善顾客关系。网络大数据营销具有数据量大、易于修改、能实现动态数据更新、便于远程维护等多种优点，还可以实现顾客资料的自我更新。网络数据库的动态更新功能不仅节约了大量的时间和资金，同时也更加精确地实现了营销定位，从而有助于改善营销效果。

4. 博客、微博、微信营销

博客、论坛、微信促进了网络营销的发展，了解博客、微博和微信营销的区别与联系有助于开展网络营销。据统计，49%的网民会浏览他人博客社交媒体，它已成为一种不可忽视的传播力量，它的最大好处就是能够通过口碑营销在网络上营造企业和产品形象。在微博营销方面，全面了解微博营销的趋势和运营机制，掌握企业微博营销的工作流程和操作技巧，写出“高含金量”的微博文案非常重要，学会如何策划社群活动带动品牌曝光和产品销售、如何管理粉丝挖掘营销价值、如何建立高效运营团队并执行工作、如何利用社交平台开展营销的策略和实战技巧。

5. 网络直播营销

直播营销是一种营销形式上的重要创新，非常能体现网商的特色。当下，网络直播营销除了自身的广告效应外，直播内容多来源于真实场景，直播能够实现与买家的实时互动。直播视频不仅能够满足顾客的视觉感受，还能和买家进行在线沟通交流，这种互动的真实性和立体性也是直播的优势。在这个碎片化、去中心化的时代，直播这种带有仪式感的播出形式，能够带动买家情绪，达到情感共鸣，对产品营销起到推波助澜的作用。

6. 短视频

2018 年以来，抖音、快手等泛娱乐类的短视频平台持续爆发式增长，成为店家开展网络营销的新手段。随着淘宝、微博、微信小程序等带有电商或社交属性的大流量平台的加入，快手直播短视频电商小程序、上线抖音购物车短视频平台等电商化流量变现更加明确，“短视频+电商”模式正逐步成为店家营销的优选形式。

4.1.4 小结

互联网的迅速发展改变了传统销售模式和营销观念，有效的网络营销对于增强网商市场竞争力起着越来越重要的作用。通过对网络营销的现状、网络营销与传统营销的比较、店家开展网络营销存在的问题及优势等进行分析，对网络营销策略进行探讨，有助于店家在网络营销环境运用网络营销策略提高其市场竞争力。

4.2 线上线下融合运营策略

4.2.1 引言

社区化服务的线上线下（Online to Offline，O2O）模式备受关注，一度成为大众媒体的舆论导向，不论是基于既有电商网站的线上扩张，还是线下业态的 O2O 升级，企业都在积极探寻运营方案，以实现服务快速响应和业务模式的新突破。针对该问题，本部分选取一家转型 O2O 模式的企业作为研究对象，运用企业实际的运营管理方法、消费群体数据以及业务信息进行分析，重点剖析 O2O 模式下企业如何进行线上平台协同运作，以高效地完成线上线下的运营。

4.2.2 O2O 模式下线下环境分析

外部环境因素决定企业的运营方向和策略，任何一家企业的运营都是基于内外部环境，针对性地选择运营策略，O2O 模式下的企业运营是基于线上线下市场的运营管理，首先对本地化市场进行社会环境分析。

根据该电商企业的运营环境状况，探讨 O2O 模式自建平台企业的社会环境。在实际企业运营中外部环境扫描对于开展针对性运营具有导向作用。企业通过外部环境的前期市场调研，主要对进口生鲜消费人群、本地市场的竞争对手以及大型水果批发市场进行市场分析。进口生鲜市场隐藏着巨大商机，且尚未完全开发。企业将产品定位为高端进口生鲜，将人群定位为中产阶层，以此辐射其家庭、工作和生活交际圈。运用优先问题矩阵识别社会与任务环境中可能的发展趋势，评估趋势实际发生的可能性（由低到高排列），判断每个发展趋势对企业可能产生的影响（由低到高排列），从而完成企业运营的关键环节部署，并将竞争企业划分为优先级最高、一般和较低三类。优先级最高的有鲜果惠、众彩批发市场、天天果园等非本地市场竞争者；一般优先级的有德基 BHG、金鹰超市；较低优先级的有水果鲜切店、单一品类果园商。

本地化 O2O 产品服务中，本地顾客的消费特性固定存在，顾客的地区属性决定市场特征，企业能否抓住本地消费特征是市场占有率的关键考量。在双向运营过程中，产品与服务体验影响着企业的潜在机会，及时的双向信息交互影响着顾客体验。综上所述，在 O2O 模式下的外部环境扫描中，众多的因素指向消费群体对企业、线上产品与服务价格和质量的感知与关注。因此，针对 O2O 模式下消费群体的网络互动社区管理尤为重要。

4.2.3 线上网络互动社区运营

运营环境扫描分析了既定市场环境以及消费群体，把研究服务作为第一要义。越来越多的企业将消费群体的运营提升到战略管理层级，在粉丝经济的浪潮中获得消费群体认可。所以 O2O 模式下的消费群体特征分析和群体管理是网络互动社区运营管理的重点。

4.2.3.1 消费群体特征分析

互联网时代消费群体是基于网络信息完成产品服务检索、对比以及购买。马斯洛的需求层次理论的生理需求、安全需求、社会需求、归属需求、尊重需求，也从管理理论角度阐述了各群体的层级需求。我国互联网普及率高，网民规模达基数大，年轻手机网民众多，年轻人会选择便于他们社交与表达、学习、娱乐的媒体，更多地将媒体看作身份构成要素、人际关系调节工具以及社交资本。可见，满足年轻人创造价值、身份、自我表达等心理要素是互动社区运营的内核。将年轻消费群体的社交心理需求作为战略核心点构建线上线下互动社区，充分满足其价值、身份以及表达的内在需求，深度挖掘群体特征信息。

在对消费群体特征分析中采用线下消费群体问卷调查、电话回访以及线上已有消费群体信息分析三种方式进行调研，得出以下结论，并绘制表 4-3、表 4-4。

表 4-3　消费群体消费特征汇总表

消费群体	购买力	关注点	互动程度	需求层次	购买渠道
老年群体	强	线下品质、价值	线下活跃	生理、安全	线下
中年群体	强	线上推送、价值	线上活跃	自我实现	线上
年轻群体	较弱	线上活动、互动	线上活跃	社会、尊重	线上

表 4-4　消费群体一月内线上信息汇总表

消费群体	总计购买次数（次）	线上成交次数（次）	线上留言次数（次）
老年群体	1 242	203	68
中年群体	3 782	3 323	6 043
年轻群体	648	623	6 421

可见，网络消费主力为中年群体，年龄定位于 30~50 岁。中年群体社交媒体的应用程度较高，线上的互动响应能力较强，对线上果品的推广信息较为关注。他们经济能力强、购买力强、对生活质量要求高，对水果品质的要求高于价格。该群体作为互联网时代的中坚力量，无论是对新概念的接触还是对新科技的运用，他们都是最为关键的受众群体。

由实际调研的线上消费数据可知，线上信息交互占成交量的份额较大，消费群体对线上互动呈现较高的参与热情，接着继续对这一发现根据线上互动信息进行统计分析。

官方微博每日的推送对不同消费群体的独立访客（Unique Visitor，UV）与访问量（Page View，PV）以及后台留言具有不同的引导作用。以健康分享为主导，对产品营养成分、特色、产地、价值进行信息推送，UV、PV 以及后台留言主体为中年群体，且呈现较高的购买力；而以品牌树立为导向的新品试吃、活动优惠信息推送中，UV、PV 以及互动频率较高的为年轻群体，且此时的购买力、参与度高于中年群体。此外，还存在大量的跟随群体，他们与企业的互动较少，购买力较低，但参与线上互动，更多关注消费群体的信息反馈和信息交互。主力消费群体一般会消费三次及以上，通过售前产品咨询、售后体验反馈，较多地与企业直接互动，而跟随群体消费频次一般在两次及以下，会在主力消费群体间互动，针对品牌、口碑、价格和体验进行咨询。综上分析得出，企业主力消费群体的线上消费特征明显，且对线上信息交互关注度较高。互动社区的信息交互以及针对性运营对成交量有直接的导向作用，对于顾客响应以及挖掘潜在消费群体具有积极效应。

4.2.3.2 网络互动社区运营管理

在上述消费群体特征分析的基础上，还需要结合特征因素进行针对性部署，充分挖掘消费群体的购买意愿，发现潜在消费群体。在网络互动社区运营管理中，需结合消费群体特征因素、线上交互内容、群体等完成如图4-1所示的网络互动社区运营框架。

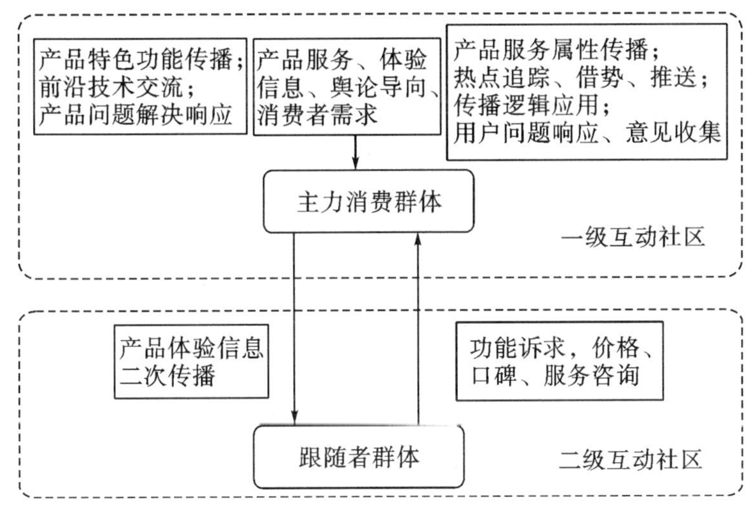

图4-1 网络互动社区运营框架

图4-1中，社区级别划分以群体消费频次为依据，处于一级社区基于多次消费体验的主力消费群体必然能够引发相关产品服务的话题，吸引处于二级互动社区中处于观望和偶尔尝试的跟随群体。一级互动社区能够更好地培养出产品服务的顾客传播者，不断向二级社区渗透，发展中坚力量，将跟随群体转变为主力消费群体。

（1）网络互动社区的运营部署和层级关系分析

有效的互动社区资源协调和互动分配有助于促进顾客关系的良性循环，企业要结合日常话题进行针对性互动，调动消费群体的参与积极性并且满足其社交心理需求，表达卖家对顾客的重视与尊重，完成消费群体间的关系维护。通过网络互动、社区部署进行产品服务功能传播、技术拆解分享以及广告推送，营造社区交互氛围。不论是一级互动社区还是二级互动社区，企业需要在产品最新特性、核心功能以及技术拆解等价值信息的推介和解答上做到专业，让顾客感受到尊重，这是获得产品消费心理归属认同的关键。主力消费群体在互动社区中能充分感受自身价值、身份认同以及表达自由，极大满足社交内在心理需求，完成产品服务信息的顺阶传递。

在二级互动社区讨论中，每一位主力顾客俨然是二级互动社区的意见领袖，能够就产品服务问题引出针对性议题并带动二级社区讨论热潮，吸收更多跟随群体。而基于传播逻辑的引爆点、传播节点、传播形式三要素，需抓住当前热点话题快速完成信息的搜索以及素材收集，将资源以及素材第一时间进行整合，基于结构和场景构思完成产品服务价值的串联、借势，并引发话题互动，拓宽运营渠道。从顾客的视角推荐产品服务，完成顾客使用场景到兴趣点的引导，快速定位并解决顾客提出的问题，甚至对产品自身提出思考，让顾客形成对其价值的肯定，形成较强的顾客黏性，完成关键体验问题的收集与归纳，并将其汇集到一级社区进行反馈和深入探讨，使产品服务的改进优化，实现顾客到卖家闭环反馈，反馈顾客的兴趣与关注点。

企业运营决定着互动社区消费群体的黏性。媒体运营涉及多方面内容，从数据、心理博弈、热点借势、媒体资源利用、媒介合作、话题引爆等方面，承载了这个时代更多的公关、广告职能等。比如观察他们的喜怒哀乐、兴趣点，并对消费特征进行反复验证，做到快速响应，在互动社区内与顾客打成一片，将自己塑造成不追逐趋势、坚持产品服务价值并能够引导消费的意见领袖的形象。

（2）网络互动社区情境下企业运营措施

针对以上消费群体特征以及互动社区框架分析进行方案构建，具体如下：

（1）完善产品服务线上响应机制。企业对线上交易平台以及媒介传播渠道进行开发和注册，设立网络运营部，指派或聘用专人作为技术支持，在自由门户网站以及意见区引发话题热议，结合产品服务特色和当下热点完成软文推送，针对产品服务相应技术进行剖析。

（2）多渠道互动社区的开发和运营策略。安排官微、媒体策划进行网络互动社区建设运营，将线上消费群体互动社区建设分为官方网站、官方微信、官方微博、官方 APP、官方微店，基于各社区消费群体互动完成信任关系塑造和最终线上引流，并在信任关系和后台数据分析的基础上完成官媒的日常推送和产品推广，不同消费群体的运营方式如表 4-5 所示。

表 4-5　不同消费群体的运营方式

群体	推送针对	互动频次	导向因素
中年消费群体	产品营养成分、特色、产地、价值	线上高频率	分享
老年消费群体	水果疗效和保健作用	线下高频率	关怀
年轻消费群体	新品试吃、活动优惠	线上高频率	吸引

不论在一级网络社区还是二级社区，需要充分满足所有消费群体的社交心理需求。结合中年消费群体特征采取线上软文推送，针对其职场特征以及特定周围环境，以健康分享为主导，对产品营养成分、特色、产地、价值进行推荐。与此同时，完成线上持续互动，满足社交心理需求，并大量搜集其消费特性，完成分析反馈工作；对于老年消费群体采用线下关怀导向的运营方式进行社区推广，以水果疗效和保健作用为导向因素完成果品推荐；对年轻消费群体运营以树立品牌为导向和新品试吃、活动优惠为吸引因素，以热点互动为主要方式，旨在培养年轻群体的未来购买习惯和购买黏性，充分尊重消费群体提出的意见，肯定其意见价值，尊重其顾客身份，以热情的态度和专业的服务素养积极主动地沟通。

除了以上定性描述，在深入互动社区运营分析过程中需要进行定量分析，如粉丝转化率、每日顾客增加量等。假设每日的增加量为 P，如果用 P/UV，则得出的转化率存在较大的偏差，因为存在市场部线下推广的不基于浏览意愿的增量，导致 UV 被认为缩小，直接导致信息不准确。因此，通过与既定消费数据对比，以某月线下市场的消费群体增量为统计基数，该月上旬增量为 $N1$，中旬增量为 $N2$，下旬增量为 $N3$，对应权数为 a、b、c，采用加权移动平均法，综合测算出市场部线下递推效应的消费群体每日增量 K（假设每旬均为 10 日）为（$a*N1+b*N2+c*N3$）/10，可得微博端的增粉率为公式为 $ROI=（P-K）/UV$。在定性与定量的双维度分析中找到有效的运营措施。

（3）运营措施效果分析

以本地策划的一场大型水果品鉴会为例，分析微博互动社区建设的效果。微博端除了在自由门户评论区引发热议评论和大量转发外，更需要在二级社区话题组引发参与讨论热潮。微博运营每日完成所有评论的回复以及私信的咨询并对关键问题进行收集，便于后期对活动进行改进。本次新浪微博借势较之于互动社区运营部署之前，微博端粉丝活跃人数以及增量数据出现了较大增长。

活动初期，官微抓住契机联手新浪以及本地自媒体娱乐公众号联合发起线上邀请函，此举完成活动预热，并在一、二级互动社区引起相关量讨论。线下品鉴会举办时至夏季，结合高温吐槽热点话题，微博运营主题以清凉为主题，以免费品鉴为热点，引发关于夏季水果盛宴的传播与参与热潮。在一级社区向所有当月购买频次超过 10 次的主力消费群体发出邀请并附赠相应名额，旨在对二级社区进行再次推广渗透。

图 4-2 给出了运营前后微博端的 *UV* 与 *PV* 同上月对比的结果。

在整个网络互动社区运营中，对于互动社区的运营需要通过各种职能活动合理分配、协调相关资源，在线的数据分析、信息的及时性对于产品服务调整和消费群体互动以及市场响应具有重要作用。

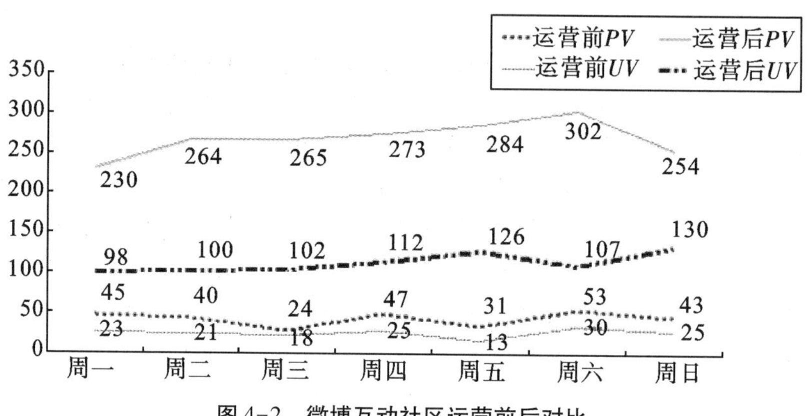

图 4-2　微博互动社区运营前后对比

4.2.4　小结

O2O 模式下消费群体的网络互动社区运营是关键。顾客的互动热情以及信息反馈是产品服务品牌认知和优化升级的推动因素。以需求层次为导向的消费群体特征分析，为消费群体的划分以及细化提供关键参考。应以网络互动社区的群体经济模式运营，快速完成消费群体聚集、产品服务的推广与改进。

4.3　电商服务质量提升策略

4.3.1　引言

在电商时代，网络购物服务具有在线性、无形性、实时性、易逝性等特征，网络零售交易流程环环相扣，服务质量贯穿于每个子流程，任何一个子流程的服务质量缺陷都可能导致顾客不满。本部分从顾客需求视角分析网络零售业的关键服务质量指标，研究如何有针对性地对这些指标进行改进与优化提高网络销售服务业的整体水平。在研究方法上以 QFD 质量功能展开为基础，融合层次分析法和 Kano 模型等方法确定顾客需求的相对重要性、网络零售的关键流程以及可重点改进的服务质量指标等。

4.3.2 电商服务质量指标分析

国内第三方电商维权平台——中国电子商务投诉与维权公共服务平台公布的大数据统计显示，虚假促销、发货问题、被取消订单、提供虚假物流信息、售假、货不对板、商品质量问题、客服问题、信息泄露以及退换货问题入选“2016 十大热点电商投诉焦点”，L 品牌在天猫旗舰店被顾客投诉的信息与大数据分析结果基本一致。下面以 L 品牌网络旗舰店服务质量为例开展分析。

4.3.2.1 顾客需求分析

网络零售顾客需求获取。顾客需求获取主要采用以下两个渠道：一方面是通过在线收集信息方法，登录天猫商城搜索 L 品牌旗舰店，收集店铺中几款主打商品的交易评价；另一方面是通过加入旺旺群收集顾客投诉与顾客抱怨信息，阿里旺旺是一款网上商务沟通软件。

网络零售顾客需求整合。收集到交易评价和顾客投诉信息后需要对这些原始顾客需求进行整合处理，运用质量功能展开。采用“亲和图”法对顾客需求信息进行层次化归类处理。首先定性收集某问题的相关资料，将顾客需求信息中一些口语化的表达书面化；然后，考虑到以上需求信息存在重复性和类似性，根据各条信息之间的亲和度进行归类处理，转化成 QFD 能够识别的形式，并形成系统的有条理的顾客需求列表。以服务质量的五维度作为二级指标构建质量指标体系，整理并归类后得到顾客需求三级指标体系，如表 4-6 所示。

表 4-6 顾客需求三级指标体系

一级指标	二级指标	三级指标
顾客需求	可靠性需求	保证商品质量
		履行服务承诺
		订单信息可追踪
		货源可查询
	响应性需求	便于获取商品信息
		咨询客服方便高效
		便于下单和付款
		便于取消订单
		便于退换货
		便于退款
		便于取货
	安全性需求	保证财产安全
		保证个人信息安全
	移情性需求	服务态度好
		提供个性化服务
	有形性需求	网页简洁美观
		快递包装完好

4.3.2.2 顾客需求重要度确定

运用层次分析法设计问卷，根据问卷调查获取顾客需求的重要度信息，构建相关矩阵并进行一致性检验，可得各项需求的基本重要度，具体计算过程不再重复。计算出一级指标下的可靠性需求、响应性需求、安全性需求、移情性需求和有形性需求的各自权重，且一级需求的判断矩阵 CR<0.01 可通过一致性检验。根据各项三级指标权重与其对应二级指标权重的乘积，即可得到各项三级指标在整个指标体系中的基本重要度，如表 4-7 所示。

表 4-7 顾客需求指标基本重要度

顾客需求	可靠性需求	响应性需求	安全性需求	移情性需求	有形性需求	
	0.266 2	0.196 7	0.342 5	0.087 1	0.107 5	基本重要程度
保证商品质量	0.445 5					0.119
履行服务承诺	0.233 1					0.062
订单信息可追踪	0.203 3					0.054
货源可查询	0.118 2					0.031
便于获取商品信息		0.173 1				0.034
便于咨询客服		0.218 6				0.043
便于下单		0.138 6				0.027
便于取消订单		0.099 2				0.020
便于付款		0.119 2				0.023
便于取货		0.113 3				0.022
便于退换货		0.138 1				0.027
保证财产安全			0.761 0			0.261
保证个人信息安全			0.239 0			0.082
服务态度好				0.765 7		0.067
提供个性化服务				0.234 3		0.020
网页简洁美观					0.578 7	0.062
快递包装完好					0.421 3	0.045

4.3.2.3 基于卡诺模型的重要度调整系数

根据卡诺模型提出的兴奋型需求、基本型需求、期望型需求、反向需求和无关需求五类顾客需求，使用 Kano 问卷形式对大学生进行调查，将不同分值赋予不同类型的质量特性，将兴奋质量 A 设为“5”，将期望质量 O 设为“3”，将基本质量 M 设为“1”，将无关质量 I 设为“0”，将反向质量 R 设为“-3”，将问题质量 Q 设为“0”。统计所有问卷中将第 i 项顾客需求列为兴奋型质量、期望型质量、基本型质量、无关质量、反向质量、问题质量的个数 n，对应各项质量特性所代表的分值，得到第 i 个需求的绝对重要度 AI_i，如式（4-1）所示，然后用式（4-2）进行归一化处理，进而得到基于卡诺模型的重要度调整系数，如表 4-8 所示。

$$AI_i = n_A \times A + n_O \times O + n_M \times M + n_I \times I + n_R \times R + n_Q \times Q \quad (4-1)$$

$$RI_i = \frac{AI_i}{\sum_{i=1}^{N} AI_i} \quad (4-2)$$

表 4-8 顾客需求重要度调整系数

	A	O	M	R	Q	I	AI	RI
保证商品质量	9	116	76	6	3	4	382	0.042
履行服务承诺	9	113	77	4	2	12	384	0.042
订单信息可追踪	28	68	77	2	2	38	448	0.049
货源可查询	63	47	33	2	3	68	458	0.051
便于获取商品信息	43	82	64	0	2	24	482	0.054
便于咨询客服	32	96	69	2	2	12	457	0.051
便于下单	23	96	69	0	2	21	425	0.047
便于取消订单	30	87	71	3	2	22	445	0.049
便于付款	30	78	77	0	3	26	456	0.051
便于取货	37	115	47	2	1	13	440	0.049
便于退换货	28	105	55	5	4	5	382	0.045
保证财产安全	5	108	91	3	3	7	401	0.044
保证个人信息安全	11	98	97	3	2	6	439	0.049
服务态度好	30	121	48	2	0	27	565	0.047
提供个性化服务	114	42	5	2	2	48	627	0.070
网页简洁美观	83	82	24	3	2	26	566	0.063
快递包装完好	90	67	22	5	0	29	585	0.065

4.3.3 电商服务质量屋构建及改进

4.3.3.1 卖家服务质量分析

本部分通过业内人员评估 L 品牌各项顾客需求的实际满足情况，并结合市场竞争状况提出未来一段时间内服务质量的提高率，进而得出各项需求的相对重要度。

1. 市场竞争性评估

以 1~10 分别代表各项顾客需求的满足情况，通过在线咨询方式让 L 品牌售前和售后客服人员对本产品各项指标情况打分，并针对每项顾客需求提出较为切实可行的目标分值，用目标分值除以当前实际分值就可以得到每一项顾客需求的质量水平提高率。

2. 顾客需求的重要度调整系数

各项需求的基本重要度、卡诺模型重要度调整系数和质量提高率都已经求出，通过求出三者的乘积，即可得到顾客需求的绝对重要度，做统一化处理后得到相对重要度，如表 4-9 所示。

表 4-9 顾客需求的服务质量分析

顾客需求	基本重要度	卡诺调整系数	实际质量	目标质量	质量提高率	绝对重要度	相对重要度
保证商品质量	0.119	0.042	7.41	9	1.215	0.006	0.109
履行服务承诺	0.062	0.042	8.56	9.5	1.110	0.003	0.048
订单信息可追踪	0.054	0.049	8.40	9	1.071	0.003	0.052
货源可查询	0.031	0.051	7.25	9	1.241	0.002	0.035
便于获取商品信息	0.034	0.054	7.88	9	1.421	0.002	0.029
咨询客服方便高效	0.043	0.051	8.92	9.5	1.065	0.002	0.028
便于下单和付款	0.027	0.047	8.24	9	1.080	0.001	0.019
便于取消订单	0.020	0.049	7.68	9.5	1.213	0.001	0.017
便于退换货	0.023	0.051	8.72	9.5	1.076	0.001	0.020
便于退款	0.022	0.049	8.67	9.5	1.168	0.001	0.015
便于取货	0.027	0.045	8.22	9	1.020	0.001	0.021
保证财产安全	0.261	0.044	8.21	9.3	1.138	0.013	0.228
保证个人信息安全	0.082	0.049	8.02	9.1	1.138	0.004	0.069
服务态度好	0.067	0.047	8.15	9.5	1.178	0.003	0.048
提供个性化服务	0.020	0.070	7.36	9	1.223	0.003	0.055
网页简洁美观	0.062	0.063	8.20	9	1.098	0.002	0.047
快递包装完好	0.045	0.065	8.58	9	1.049	0.005	0.078

4.3.3.2 网络零售子流程服务质量屋构建

狭义的网络零售流程包括售前、售中和售后三部分。顾客在天猫商城购买商品的流程为：注册或登录账户——→浏览与挑选商品——→拍下订单——→支付货款——→确认收货——→评价及售后。基于该网络零售流程，使用独立配点法计算顾客需求与网络流程之间的相关关系，对强相关、中相关、弱相关和不相关分别赋予5、3、1、0四个数值，由此构建网络零售子流程服务质量屋，其中顾客需求作为质量屋的左墙，网络零售各项子流程作为质量屋的天花板构建相关矩阵，求出各项网络零售子流程的重要度，第j项网络零售子流程的重要度如式（4-3）所示：

$$EIC_j = \sum_{i=1}^{m} (CIR_i \times R_{ij}) \quad j = 1,2,\cdots,n \tag{4-3}$$

其中，$R_{ij}(i=1, 2, \cdots, m; j=1, 2, \cdots, n)$表示第$i$项顾客需求与第$j$项网络零售子流程之间相关程度的分值，$CIR_i$表示各项需求的相对重要度。得出各项网络零售子流程的重要度后，按重要度分值将其进行排序，即得到重点改进的关键网络零售子流程，如表4-10所示。

表4-10　网络零售子流程服务质量屋

顾客需求子流程	相对重要度	展示	沟通	协商	下单	支付	配送	售后服务
保证商品质量	0.109	3.823	2.934	2.759	0.000	0.000	2.967	3.318
履行服务承诺	0.048	0.000	0.000	0.000	0.000	0.000	0.000	5.000
订单信息可追踪	0.052	0.000	0.000	0.000	0.000	0.000	5.000	0.000
货源可查询	0.035	3.252	0.000	0.000	0.000	0.000	0.000	0.000
便于获取商品信息	0.029	3.724	1.968	0.000	0.000	0.000	0.000	0.000
便于咨询客服	0.028	5.000	3.376	0.000	0.000	0.000	0.000	0.000
便于下单	0.019	0.000	0.000	0.000	3.734	2.943	0.000	0.000
便干取消订单	0.017	0.000	0.000	0.000	0.000	3.433	0.000	0.000
便于付款	0.020	0.000	0.000	0.000	0.000	3.691	0.000	0.000
便于取货	0.015	0.000	0.000	0.000	0.000	0.000	3.321	0.000
便于退换货	0.021	0.000	0.000	0.000	0.000	0.000	0.000	5.000
保证财产安全	0.228	0.000	0.000	0.000	0.000	3.262	3.640	0.000
保证个人信息安全	0.069	0.000	0.000	0.000	2.728	0.000	0.000	0.000
服务态度好	0.048	0.000	3.128	0.000	0.000	0.000	0.000	5.000
提供个性化服务	0.055	0.000	0.000	0.000	0.000	0.000	0.000	3.225
网页简洁美观	0.047	3.226	0.000	0.000	0.000	0.000	0.000	0.000
快递包装完好	0.078	0.000	0.000	0.000	0.000	0.000	5.000	0.000
子流程重要度		0.152	0.097	0.087	0.145	0.164	0.141	0.212

4.3.3.3　网络零售服务质量指标质量屋构建

由于研究对象是L品牌网络旗舰店的服务质量，必须基于顾客需求和网络零售子流程得到合理、有效的服务质量指标，这是L品牌切实可行的质量改进与提升要素，以前文收集和整理到的顾客需求信息为基础，构建基于L品牌网络旗舰店的服务质量指标。将服务质量指标与网络零售子流程对应，可得到基于网络零售服务质量的三级指标体系，如表4-11所示。

表4-11　网络零售服务质量三级指标体系

一级指标	二级指标	三级指标
网络零售服务质量	展示子流程质量	品牌信誉度 SQ_1
		分类清晰便于搜索 SQ_2
		商品种类丰富齐全 SQ_3
		商品描述与实物相符 SQ_4
		交易评价真实可信 SQ_5
		信息更新及时 SQ_6
	沟通子流程质量	通信工具方便快捷 SQ_7
		客服回复及时 SQ_8
		客服能有效解决问题 SQ_9
		服务态度好 SQ_{10}
	协商子流程质量	提供含优惠在内的个性化服务 SQ_{11}
	下单子流程质量	下单操作方便快捷 SQ_{12}
		取消订单操作方便快捷 SQ_{13}
		订单信息准确有效 SQ_{14}
	支付子流程质量	支付流程方便快捷 SQ_{15}
		支付方式多样 SQ_{16}
		交易过程中保障财产安全 SQ_{17}
	配送子流程质量	发货及时 SQ_{18}
		运送途中不损坏商品 SQ_{19}
		物流信息及时更新 SQ_{20}
		取货方便 SQ_{21}
	售后服务子流程质量	退换货流程方便快捷 SQ_{22}
		退款机制合理快捷 SQ_{23}
		售后进行顾客满意度调查 SQ_{24}

使用配点法进行调查分析，使用几何平均法对样本信息进行整理，通过与网络零售子流程建立相关关系矩阵，可以得到各项服务质量指标的相对重要度。按相对重要度对指标进行排序得到要重点研究的关键服务质量指标，这里就不再对子流程重要度进行分析，其中，第 j 项网络零售服务质量指标的重要

度如式（4-4）所示：

$$SIQ_j = \sum_{i=1}^{m}(EIC_i \times R_{ij}) \quad j=1,\ 2,\ \cdots,\ n \tag{4-4}$$

其中 $R_{ij}(i=1,\ 2,\ \cdots,\ m;\ j=1,\ 2,\ \cdots,\ n)$ 表示第 i 项顾客网络零售子流程与第 j 项网络零售服务质量指标之间相关程度的分值，EIC_i 表示各项子流程的相对重要度，得出各项网络零售服务质量指标的重要度后，按重要度分值将其进行排序，如表 4-12 所示。

表 4-12　网络零售服务质量指标重要度排序

重要度排序	服务质量指标	指标重要度
1	服务态度好 SQ_{10}	1.739 0
2	客服回复及时 SQ_8	1.368 2
3	提供含优惠在内的个性化服务 SQ_{11}	1.200 9
4	退款机制合理快捷 SQ_{23}	1.062 5
5	客服能有效解决问题 SQ_9	1.002 1
6	退换货流程方便快捷 SQ_{22}	1.000 9
7	售后进行顾客满意度调查 SQ_{24}	0.808 7
8	交易过程中保障财产安全 SQ_{17}	0.780 4
9	通信工具方便快捷 SQ_7	0.768 2
10	商品种类丰富齐全 SQ_3	0.754 8
11	商品描述与实物相符 SQ_4	0.709 7
12	信息更新及时 SQ_6	0.709 6
13	发货及时 SQ_{18}	0.705 1
14	运送途中不损坏商品 SQ_{19}	0.705 0
15	取货方便 SQ_{21}	0.705 0
16	分类清晰便于搜索 SQ_2	0.689 5
17	交易评价真实可信 SQ_5	0.664 2
18	支付方式多样 SQ_{16}	0.656 3
19	支付流程方便快捷 SQ_{15}	0.655 8
20	订单信息准确有效 SQ_{14}	0.595 1
21	下单操作方便快捷 SQ_{12}	0.574 2
22	取消订单操作方便快捷 SQ_{13}	0.522 1
23	物流信息及时更新 SQ_{20}	0.507 8
24	品牌信誉度 SQ_1	0.499 2

综合考虑各项指标的重要度和改进空间，将综合排名靠前的几项指标作为关键进行重点改进。

4.3.4　小结

本部分探讨了网络零售服务质量，其中指标中的服务态度好、客服回复及时、提供含优惠在内的个性化服务等几项指标对服务质量影响较大。故选取前12项指标作为关键服务质量指标进一步分析，其中服务态度好、客服回复及时、客服能有效解决问题和售后进行顾客满意度调查在客服部工作职责之内；交易过程中保障财产安全是一项重要的指标，天猫现有的支付系统安全性尚有保证；重要度排在第3位的指标是提供含优惠在内的个性化服务，也应该引起企业重视；退款机制合理快捷、退换货流程方便快捷和通信工具方便快捷三项指标均属于天猫平台的制度管理范畴，L品牌网络旗舰店目前无法做出较大突破；商品种类丰富齐全、商品描述与实物相符和信息更新及时属于产品部的工作范畴。综上所述，L品牌网络旗舰店需要重点改进和优化的服务质量可以概括为：客服服务效率、个性化服务、产品多元化和产品信息质量。

结合我国网络零售行业发展现状，根据质量屋展开模型得出关键服务质量指标，针对L品牌提出以下四点建议：

（1）提升客服服务效率。客服人员响应速度较慢，顾客等待时间较长。一些顾客抱怨显示，L品牌网络旗舰店的客服人员不如天猫商城其他卖家反应快，尤其是在促销活动期间，咨询服务更是濒临瘫痪。改进对策如下：①客服及时回复。顾客在选购商品时，客服极少主动地给顾客提供帮助，而是等顾客有问题主动咨询时才与顾客联系，这种做法降低了顾客购物体验。当然，客服过于主动地为顾客提供帮助也会招致反感，因此客服部需要寻求一个平衡点，并且在聊天形式和内容上进行创新。②服务态度好。企业要明确对客服的定位，客服应当具备一定的服务宗旨，并以实际行动落实，同时企业也应提供良好的工作氛围，并采取绩效激励的方式促进客服人员改善服务态度。③有效解决问题的能力。顾客服务需要一定技能和良好的心理素质，加强客服人员的培训，使培训活动常态化。

（2）提供个性化服务。这里的服务不仅包括已有的，还包括未知的服务创新。L品牌网络旗舰店服务模式单一，无法满足不同顾客的差异性需求。企业应站在顾客的角度思考，预判顾客需求并尽可能满足其需求。通常来说，顾客也不知道自己需要什么样的服务，因此客服人员要做到自主探测和聆听顾客想法、意见，提升服务质量。例如，一些天猫店铺会根据顾客的消费次数或金额划分顾客等级，不同等级的顾客享有不同力度的福利与折扣，以此增加顾客二次购买的几率。天猫平台也会根据顾客的信用等级对信用度高的顾客提供未收到退货即可提前退款等服务。

（3）产品多元化。产品多元化主要依靠 L 品牌以自主运营、收购或合资的形式进行。考虑到 L 品牌网络旗舰店的消费主力军是 18～25 岁的年轻女性，卖家应顺应市场变化，结合顾客基本信息及以往消费记录分析市场流行趋势和顾客需求偏好，提供有针对性、有特色的商品，使顾客的多元需求得到满足，提供量身定制服务。同时，对潜在顾客进行问卷调查以了解市场需求，及时调整销售策略，更好地实现产品多元化。

（4）产品信息质量。电商大数据表明，虚假促销、虚假物流信息、售假、货不对板等问题位居前列，顾客抱怨显示 L 品牌网络旗舰店也存在商品描述与实物不符等情况。卖家应从商品信息出发全面展示相关信息，做到及时更新商品和服务信息，避免产生不必要的误会导致店铺信誉等级降低，同时参照同行业标杆店铺发现自身不足，不断提升处理信息的水平。此外，要加强对网站的信息管理，实现对商品信息进行有效分类和排版，提高顾客视觉上的青睐度，增强顾客的信任感。

4.4 社交媒体影响下的在线购物策略

4.4.1 引言

互联网信息技术与社交媒体的迅速发展不仅改变着人们获取信息的方式，并且促进了社会化媒体的不断发展，人们可以通过博客、论坛、社区、微博获取、创造与传播信息。现在，越来越多的企业利用社交网络这一工具开展业务。微博成为企业无法忽略的新兴营销渠道，尤其在社交媒体与电商网站逐渐融合的时期，电商企业如何通过微博开展营销活动扩大企业品牌影响力，并且为企业增加有效的顾客购买率，已成为前沿热点话题。对于电商企业来说，要探讨哪些因素影响企业的微博营销，这些因素各自占有多大的权重，它们如何影响顾客在电商网站上的消费。这些问题都需要从理论角度进行探讨。

对于网络营销研究，目前已有很多关于微博营销的研究，其中不乏一些比较成熟的理论成果。Fumito[64]用系统动力学方法对 AISAS 模型进行仿真，找出 AISAS 模型在 5 个阶段的关键影响要素，第一次系统地对互联网时代 AISAS 模型的企业营销活动提供了战略和决策建议。Bernard Jansen[65] 等人分析了 Twitter 上顾客发表的 15 万条情绪和意见，通过分析这些信息的结构以及发表信息相关顾客的网络，发现 Twitter 中存在着许多口碑传播和病毒性营销，而这些内容在一定程度上决定微博这一社会化媒体社区的整体情感趋向；他们认为微博是进行口碑营销或病毒营销的良好平台，企业可以利用微博的相关特性与其现有或潜在顾客展开深入沟通，影响他们的品牌选择。另外，建议通过微博来监测相关的市场信息、动态和趋势，并适时在微博上发布各种打折促销的信息。郝晓玲收集企业官方微博的数据，参照主成分分析法，归纳整理出企业微博营销的主要影响因子，并建立微博影响力指数的计算方法。姚茜[66]等以微博影响力大小的关注、搜索与标签、转发三大因素为切入点，通过战术与战略两方面定位微博营销，找出发挥微博价值最有效的途径，对微博价值进行定性评估。金永生等利用 AISAS 模型研究企业微博营销的影响力与粉丝数量之间的关系，通过全方面收集企业相关数据，利用相关分析和回归分析进行实证，并且对企业之间不同的相关系数、常数做出案例对比研究，建立针对不同企业的微博营销效果和粉丝数量的回归模型。

4.4.2 在线购买影响因素选取

4.4.2.1 AESAR 模型

在目前微博营销的研究领域中，赵爱琴[68]等借鉴了 Murdough 的研究框架，结合国内企业微博运营现状提出微博营销效果的评估模型 AESAR，将微博营销对顾客产生的影响划分为五个阶段：注意（Awareness）—参与（Engagement）—态度（Sentiment）—行动（Action）—保留（Retention）。以吸引顾客注意、与顾客互动、转化顾客行为和实现顾客保留这五点作为衡量微博营销的关键评估指标，如图 4-3 所示。

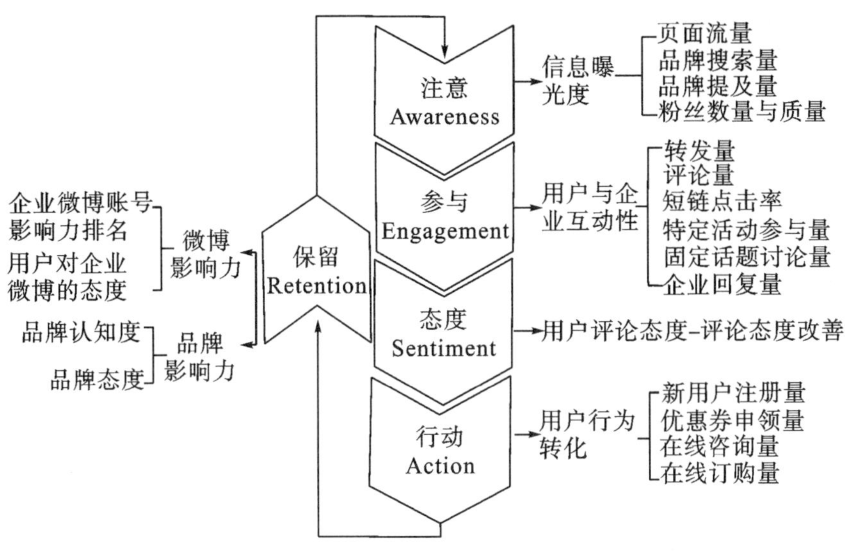

图 4-3　微博营销的 AESAR 模式

（1）注意阶段。注意阶段是指企业依靠自身品牌知名度、影响力、意见领袖或者名人效应等因素，聚集顾客对企业微博关注和感兴趣的过程。电商企业可以通过微博向粉丝发布动态和各类活动等推广信息，以吸引顾客对品牌与网站的更多关注，因此，微博信息的曝光度能够体现注意阶段的营销效果。权衡信息曝光度的关键评估指标包括微博阅读量、品牌搜索量与提及量、有效粉丝数量等。

（2）参与阶段。参与阶段是指企业利用微博互动鼓励粉丝主动参与官方微博活动中，也鼓励粉丝之间形成良好互动。在第一步的注意阶段聚集粉丝之后，再利用微博与粉丝建立持续的互动关系，吸引粉丝参与、评论、转发、点赞等，如适时发起话题讨论、有奖转发活动、优惠券促销等互动形式。衡量粉丝与电商企业互动性的关键评估指标包括转发量、评论量、短链点击率、特定活动参与量及话题讨论量、企业回复量等。

（3）态度阶段。态度阶段是指企业与粉丝双向沟通过程中及时发现消极顾客的态度与情绪表现，通过对信息的正确处理改善并引导粉丝态度的过程。在这个阶段，企业对舆情的监督、风险预防和危机公关均需做出及时反应，使粉丝的问题或疑虑得到有效解决，因此把电商企业对评论态度的积极回应作为态度阶段的关键评估指标。

（4）行动阶段。行动阶段是指企业有效转化微博顾客购买行为的过程。企业微博营销有效转化客户购买的效果可以通过企业微博带来的新顾客量、新订单量及营业收入来体现。评价顾客行为转化的关键评估指标包括新顾客注册量、企业在促销微博中的优惠券申领量、由微博平台带来的在线咨询量与在线订购量等。

（5）保留阶段。保留阶段是指企业利用微博平台的一系列营销活动和自身企业形象、品牌建立之后，通过微博长期运营培养微博顾客对品牌的信任度、好感度和企业子微博账号的关注粘性，从而保留有效顾客，因此品牌影响力能够体现保留阶段的营销效果。衡量品牌影响力的关键指标有顾客对品牌的认知度和品牌态度等。

4.4.2.2 微博对网民在线购买影响的因素选取

结合 AESAR 模型与电子商务网站特性，本部分认为微博对网民在线购买的影响主要由以下几个方面的因素共同决定：①企业发布的含网站链接的微博条数；②电商企业的品牌提及数与搜索数；③企业发布的含网站链接的微博点击量与分享量；④所选取微博的评论量；⑤所选取微博的点赞量；⑥微博的有效粉丝数。其中①②决定微博影响力的活跃度，官博所发布的含有网页链接的博文可以直接吸引网民点击浏览，增加电商网站的网页流量，从而增强营销效果；③④⑤决定微博影响力中的传播力；⑥决定微博影响力中真实的覆盖度。尽管企业微博营销影响力效果与企业粉丝数量呈正相关，但由于新浪微博中名人微博运营策略形成粉丝数量越多越好的理论，一定程度上误导了企业微博营销的舆论环境，导致不少公关企业通过技术手段谋利。而微博粉丝中的明星、达人等意见领袖的话题参与及微博转发都会增强顾客对产品以及网站的信任，也能增加企业的潜在顾客，从而提高网站的购买力。

本部分研究微博对顾客在线购买的影响，为了量化顾客的在线购买，用企业的营业收入、活跃顾客量、订单数作为评估指标。

4.4.2.3 微博对顾客在线购买影响因素分析

（1）样本选取

选择 9 家上市电商企业官方微博 2013 年 10 月至 2015 年 3 月的微博与财务数据，分别为当当网、亚马逊网、京东商城、苏宁易购、唯品会、聚美优品、携程网、去哪儿网和天猫商城。研究使用的财务数据主要来自同花顺财经网站和新浪财经网站的数据；研究使用的微博数据，采用八爪鱼数据采集器采集，这里以季度为单位。

（2）影响因素的相关性分析

经计算可知，企业营业收入与活跃顾客数和订单量有强烈的正相关关系，且在 0.01 的水平上显著，分别为 0.902 和 0.976。活跃顾客数与微博短链的点击量和微博短链的分享量有强烈的正相关关系，且在 0.01 的水平上显著，分别为 0.835 和 0.687。企业的订单量与微博短链的点击量、微博短链的分享量和企业品牌在微博中的提及度有强烈的正相关关系，且在 0.01 的水平上显著，分别为 0.893、0.815 和 0.749。因此，本部分认为：微博中电商网页短链的点击量与网民在线购买有强烈的正相关关系，对网民在线购买有着直接、显著的贡献。

根据新浪微博发布的 2013 至 2015 年的电商发展报告，选取 9 家电商企业中短链点击量排名稳居前十名的天猫、卓越亚马逊和当当 3 家电商，分别分析短链的点击量与微博影响因素之间的关系。经计算可知，天猫商城微博中短链的点击量与短链的分享量和微博的点赞量之间有正相关关系，在 0.05 的水平上显著，相关系数分别为 0.602 和 0.561。同理可得，卓越亚马逊微博中短链的点击量与短链的分享量和微博的评论量之间有正相关关系，在 0.01 的水平上显著，相关系数分别为 0.583 和 0.729。当当网微博中短链的点击量与短链的分享量、微博的评论量有正相关关系，分别在 0.01 和 0.05 的水平上显著，相关系数为 0.877 和 0.739。因此，本部分认为从微博营销上具有代表性电商企业的微博影响因素的相关性分析，微博中网页链接的点击量与含短链微博的分享量、评论量和点赞量有较强的正相关性。

4.4.3 在线购买影响模型构建

4.4.3.1 研究假设

根据对选取电商企业的微博对网民在线购买影响的相关性分析，做出以下假设：

H1：企业的营业收入与企业微博中网站链接的点击量呈正相关。

H2：企业的活跃顾客数与企业微博中网站链接的点击量呈正相关。

H3：企业的订单数与企业微博中网站链接的点击量呈正相关。

H4：企业微博中网站链接的点击量与链接的分享量、评论数、点赞量呈正相关。

4.4.3.2 模型构建

1. 变量定义

变量的定义如表 4-13 所示。

表 4-13　变量代码表

变量名称	变量代码	变量描述
销售收入	SI	企业每季度销售收入（营业收入）
活跃顾客数	P	对网站的浏览频率较高，且能够为企业带来价值
订单数	O	企业的订单数量
链接点击量	C	企业发布的微博中含有本企业网站链接被点击的数量
短链分享量	S	企业发布的微博中含有本企业网站链接被分享的数量
博文数	N	企业所发布的含有网页链接的微博数量
评论数	J	企业所发布的含有网页链接的微博的评论数量
点赞数	K	企业所发布的含有网页链接的微博的点赞数量

（1）因变量

在研究微博营销对于顾客购买的影响中，选取企业的销售收入替代顾客的购买力，本部分研究的是顾客在线购买的影响，所以选取电商网站财务报表中每一季度的净营业收入即销售收入作为因变量。

（2）自变量

在上述两个模型中，短链的点击量被直接作为评估微博营销效果的显性指标，然而在评价微博影响力模型时，微博自身还存在很多因素影响点击量——企业发布的含网站链接的微博条数、企业发布的含网站链接的微博分享量、所选取微博的评论量和点赞量以及微博的有效粉丝数。

在所挖掘的原始样本中，短链的点击率与分享率均来自于微博官方发布的电商微报告，通过乘以本部分研究时点的有效粉丝数，得到有效点击量与分享量。其中，有效粉丝数由时点粉丝数乘以知微网站传播途径分析中得到的该企业有效粉丝比例获得，其公式为：企业有效微博粉丝数=企业时点微博粉丝数×有效粉丝比例、短链点击量=短链点击率×企业有效粉丝数、短链分享量=短链分享率×企业有效粉丝数。

（3）控制变量

上述模型中加入了上一期的营业收入作为控制变量。

2. 模型构建

根据对 5 家电商企业的因素相关性分析，构建如下模型：

$$SI_t = \beta_1 SI_t - 1 + \beta_2 C_t + \varepsilon_1$$

$$O_t = \beta_3 C_t + \beta_{01} + \varepsilon_2$$

$$P_t = \beta_4 C_t + \beta_{02} + \varepsilon_3$$

$$C_t = \alpha_1 S_t + \alpha_2 J_t + \alpha 3K_t + \varepsilon_4$$

上述模型中：β_x 与 α_x 表示回归系数，$x=1, 2, 3, \cdots, 5$；t 表示当期数，以季度为单位，$t-1$ 表示上一期；εx 为随机误差项。

3. 模型的回归分析

模型（1）的回归分析，其计算结果如表 4-14、表 4-15、表 4-16 所示。

表 4-14　模型（1）拟合度

Model	R	R Square[b]	Adjusted R Square	Std. Error of the Estimate
1	0.804[a]	0.647	0.617	33 971.917 4

表 4-15　模型（1）方差分析

Sum of Squares	Df	Mean Square	F	Sig.
50 689 488 576.733	2	25 344 744 288.366	21.961	0.000[c]
27 698 188 092.327	24	1 154 091 170.514		
78 387 676 669.060[d]	26			

从表 4-14、表 4-15 可知，模型（1）调整前的 R^2 为 0.647，模型拟合较好，调整后的 R^2 为 0.617，表明 R^2 受自变量个数与样本规模之比的影响比较小，选取样本数量比较适当。在方程拟合检验中，F 值为 21.961，sig. <0.01，表明方程通过显著性检验。

表 4-16　模型（1）相关性分析

Model		Unstandardized Coefficients		Standardized Coefficients	t	Sig.
		B	Std. Error	Beta		
1	上一期营业收入	773	.132	.752	5.835	
	短链点击量	357.892	363.007	.127	.986	

从表 4-16 可知，sig. <0.05，表明电商企业当期的营业收入与当期的短链点击量之间存在弱的正相关关系，相关系数为 0.127；sig. <0.01 期的营业收入与上一期的营业收入存在强的正相关关系，相关系数为 0.752。因此，得出以下回归直线方程如下：

$$SI_t = 0.752SI_{t-1} + 0.127Ct$$

模型（2）的回归分析，其计算结果为表 4-17、表 4-18、表 4-19 所示。

表 4-17　模型（2）的拟合度分析

Model	R	R Square	Adjusted R Square	Std. Error of the Estimate
1	.893[a]	.798	.783	38.476

注：Predictors（Constant）为短链点击量。

表 4-18　模型（2）的方差分析

Model		Sum of Squares	df	Mean Square	F	Sig.
1	Regression	76 177.809	1	76 177.809	51.457	.000[b]
	Residual	19 245.260	13	1 480.405		
	Total	95 423.069	14			

注：Dependent Variable 为订单数；Predictors（Constant）为短链点击量。

从表 4-17、表 4-18 可知，模型（2）调整前的 R^2 为 0.798，模型拟合较好，调整后的 R^2 为 0.783，表明 R^2 受自变量个数与样本规模之比的影响比较小，选取样本数量比较适当。在方程拟合检验中，F 值为 51.457，sig. <0.01，表明方程通过显著性检验。

表 4-19　模型（2）的回归分析

Model		Unstandardized Coefficients		Standardized Coefficients	t	Sig.
		B	Std. Error	Beta		
1	(Constant)	-18.067	16.288		-1.109	.287
	短链点击量	9.397	1.310	.893	7.173	.000

注：Dependent Variable 为订单数。

从表 4-19 可知，短链点击量的 sig. <0.01，表明电商企业当期的订单数与当期的短链点击量之间存在相关关系，相关系数为 0.893；常数项 sig. > 0.05，不通过显著性检测，因此，得出以下回归直线方程如下：

$$O_t = 0.893C_t + \varepsilon$$

模型（3）的回归分析的计算结果如表 4-20、表 4-21、表 4-22 所示。

表 4-20　模型（3）的拟合度分析

Model	R	R Square	Adjusted R Square	Std. Error of the Estimate
1	.835[a]	.698	.675	18.499

注：Predictors（Constant）为短链点击量。

表 4-21　模型（3）的方差分析

Model		Sum of Squares	df	Mean Square	F	Sig.
1	Regression	10 283.606	1	10 283.606	30.052	.000[b]
	Residual	4 448.892	13	342.222		
	Total	14 733.497	14			

注：Dependent Variable 为活跃顾客；Predictors（Constant）为短链点击量。

表 4-22　模型（3）的回归分析

Model		Unstandardized Coefficients		Standardized Coefficients	t	Sig.
		B	Std. Error	Beta		
1	(Constant)	-6.709	7.831		-.857	.407
	短链点击量	3.453	.630	.835	5.482	.000

注：Dependent Variable 为活跃顾客。

同模型（1）、（2）分析过程一样，得出企业活跃顾客数与微博短链点击量之间的相关系数为 0.835，构建模型为：

$$P_t = 0.835C_t + \varepsilon$$

模型（4）的回归分析的计算结果如表 4-23、表 4-24、表 4-25 所示。

表 4-23　模型（4）的拟合度分析

Model	R	R Square	Adjusted R Square	Std. Error of the Estimate
1	.868[a]	.754	.741	7.050 198

注：Predictors（Constant）为点赞、评论、短链分享量。

表 4-24　模型（4）的方差分析

Model		Sum of Squares	df	Mean Square	F	Sig.
1	Regression	8 661.462	3	2 887.154	58.085	.000[b]
	Residual	2 833.202	57	49.705		
	Total	11 493.664	60			

注：Dependent Variable 为短链点击量；Predictors（Constant）为点赞、评论、短链分享量。

表 4-25　模型（4）的回归分析

Model		Unstandardized Coefficients		Standardized Coefficients	t	Sig.
		B	Std. Error	Beta		
1	(Constant)	3.910	1.160		3.232	.000
	短链分享量	.413	.056	.657	7.438	.000
	评论	1.215E-006	.000	.125	1.894	.063
	点赞	.000	.000	.254	2.885	.006

a. Dependent Variable：短链点击量

从表 4-23 至表 4-25 可知，模型（4）调整前的 R^2 为 0.754，模型拟合较好，调整后的 R^2 为 0.741，表明 R^2 受自变量个数与样本规模之比的影响比较小，选取样本数量比较适当。在方程拟合检验中，F 值为 58.085，sig. <0.01，表明方程通过显著性检验。微博中企业网页链接的点击量与分享量之间具有正相关性，相关系数为 0.657，在 0.01 的水平上显著；微博中企业网页链接的点击量与点赞量之间具有正相关性，相关系数为 0.254，在 0.01 的水平上显著；微博中企业网页链接的点击量与评论量之间具有正相关性，相关系数为 0.125，但是未通过显著性检验。因此，模型（4）的方程为：

$$C_t = 0.657S_t + 0.125J_t + 0.254K_t + \varepsilon$$

4.4.4　结果分析

4.4.4.1　关于点击量与含短链的微博评论量之间正的弱相关性

微博评论是粉丝表达其情感倾向进行的评价，评论数量作为一个量化指标，并没有将粉丝对个人观点进行文本分析，情感极性极不明显。与点击量不同，点赞反映了粉丝积极的评论态度，所以短链的点击量与点赞量具有较为明显的正相关关系。然而，因为它们之间存在着相关性，所以微博评论作为评价企业微博影响力的因素依然十分重要。因此，提出如下建议：企业应该多聆听粉丝心声，及时查看评论，了解粉丝动态，尽可能在微博下对粉丝的评论进行回复，拉近与粉丝之间的距离；企业微博应该做好分工，做到术业有专攻，致力于目标群体的互动与营销；企业要及时通过微博做好危机公关，参与互动，掌握舆论动向，对于粉丝评论采取真诚的态度，主动承担责任。

4.4.4.2　关于有效粉丝数

尽管亚马逊和当当网每个季度测量的平均转发、评论、点赞量均大于京东商城，但是对于短链点击量的贡献度并不明显，究其原因可能是有效粉丝数的影响。因此，提出如下建议：企业可以采取名人效应为自己的微博造势，增加有效粉丝数，提升企业知名度，增强微博的二级传播力，以此增加有效点击量；企业应当关注微博达人的动态，加强与知名博主和媒体官博的联系，在微博平台中，他们作为传播的意见领袖，可以对公众的态度和认知产生巨大的影响，带来更广泛的传播；企业可以让高层CEO参与微博营销中，CEO作为公众人物，有一定知名度和公信力，可以作为企业的网络形象代言人，还可以增强粉丝对于企业的信任感，对于提高企业知名度具有正面影响。

4.4.4.3 关于短链点击量与分享量之间的强正相关关系

为了增加企业微博的转发量，可以从发布的微博时间、频率、微博内容与粉丝互动等方面分析，提出以下几点建议：经"站长之家"关于微博顾客互动的研究发现，周三、周四企业与粉丝互动最集中，顾客进入一周的稳定期，对于微博的反馈积极性有明显的提高。周末互动情况比较分散，夜间互动更强，微博顾客在14点、19点和21点至凌晨2点互动性较高；工作日上午10至11点顾客最为活跃。因此为了增加微博的转发量，企业可以选择在以上顾客最为活跃的时间点发布微博，积极与粉丝互动。

企业微博发布的信息要尽可能生动，多增加动画与表情，企业微博应选择不同个性的人用比较活泼的语言进行微博更新，从而加强顾客对企业的认知和好感，形成自身的企业独特性。企业发布微博要注重与粉丝的互动，可以利用热门话题与粉丝展开讨论，维持微博人气，吸引更多的潜在粉丝。

4.4.5 小结

本部分旨在探究社交媒体对网民在线购物的影响，结合新浪微博发布的微博影响力评估模型，从AESAR模型中选取微博营销影响因子，构造微博对网民在线购买影响的模型。通过对当当网、京东商城、亚马逊等9家电子商务官方微博数据的挖掘与建模分析，探讨微博中网页链接的点击量、微博的分享量、评论数和点赞量对网民在电商网站购买影响的相关系数，分析得出微博中网页链接的点击量直接对电商网站做出直接贡献，而微博影响因素中的微博分享量和点赞量很大程度上影响网民对链接的点击；而微博评论数对于短链点击也有一定的相关性，但是仍需要对微博评论做出语义分析，以进一步得出最终结论。本部分通过一系列回归分析，对电商企业如何从微博营销中获得更大效益提供参考，同时也为其他行业如何进行微博营销提供了参考依据。

本部分探讨仍有一些不足，在微博营销效果影响因素中，变量较少，由于受数据采集条件限制，上游很多因素未被纳入考虑，在企业微博搜索量与提及度数据部分缺失上未能做出补充，主要是以具有代表性的电商微博为例，试图论证整个电商微博营销效果模型，这里选择的是微博成熟期数据，并不能代表整个周期，很多理论可能不适用于微博营销的各个时期，也不能应用到所有企业中去。在以后的研究中，需要将更多的因素纳入模型中，在时间段的选择上也更加全面地建立拟合度更高的模型，以便更全面地研究微博等社交媒体的营销效果。

5 网商群体持续高质量成长演化

5.1 基于动态能力的网商群体成长路径

5.1.1 引言

当前，针对淘宝村农户网商群体研究的核心方法主要以案例分析为主。例如，以江苏沙集、浙江义乌商品城为例，基于动态能力理论，通过动态能力这一切入点分析淘宝村不同能力网商群体成长特征，探讨不同外部环境下网商的动态能力。论证动态能力对淘宝村网商群体持续成长的作用，探索淘宝村网商群体的路径选择并提出相应对策，能够更好地解释淘宝村网商群体在各发展阶段所遇到的内外部问题和瓶颈。

5.1.2 网商群体成长的基础能力

结合学者们对商业群体成长路径给出的解释，笔者认为网商群体持续成长路径选择是指网商群体在一段时间内通过自身能力提升，更好地适应外部动态环境，找到更加切合自身实际发展状况的成长路径，从而实现网商群体持续成长的选择过程。动态能力就是网商群体基于其所处的内外部环境分析和识别其所遇到的风险和机会，对自身能力进行调整。就网商成长过程而言，动态能力对网商群体成长的影响体现在其成长的全部阶段。此外，在网商群体成长过程中如何取得竞争优势、规避市场风险、发现机遇均取决于网商自身的动态能力。根据已有文献可知，网商群体持续成长的基础能力有以下四点。

5.1.2.1 产业基础的推动能力

淘宝村网商群体成长不是“无本之木，无源之水”，并不是靠几个奇思妙想就能发展起来，它需要一定的资金、场地、设备、人力资源和物流交通环境等作为其发展的依托和起点。产业基础推动能力是指在网商群体在发展过程中淘宝村原有的产业基础推动网商成长发展的能力。网商根据市场需求进行产品生产加工需要一定的产业基础作支撑，依托淘宝村现有的设施设备、场地人才和物流系统等。若原产业基础强，淘宝村发展则会事半功倍，如灶美村的藤铁工艺产业基础，湾头村、顾家村的草柳编工艺产业均体现了这一特点。

5.1.2.2 熟人社会的带动能力

熟人社会的带动能力是指村落中先行开展淘宝交易的网商对村落中其他人的带动作用，体现为先富带动后富，先创业带动后发展，信息先接触者带动后接触者等。正如费孝通在《乡土中国》中指出的，农村社会是一个熟人社会，他们互通有无、互相带动、互相扶持的观念往往比城市中强，这就造成了当一个村落中诞生一个善于经营的淘宝店网商时，他的生财秘籍就会在农村这种面对面社会中迅速扩散。正是这种社群意识，拥有一个“敢于吃螃蟹的人”作为带头人十分重要。结合实例来看，大集镇网络销售第一人任庆方，沙集镇东风村的孙寒、陈雷等对淘宝村网商的早期成长起到了至关重要的推进作用。因此，熟人社会的带动能力在淘宝村网商群体持续成长过程中扮演了领路人角色。

5.1.2.3 政府有为的支持能力

政府有为的支持能力是指网商群体能够获得行业或国家政策或平台外部条件的支持能力。由于淘宝村网商群体身处农村，乡村振兴、数字乡村受到前所未有的重视，各类扶持政策对网商群体成长具有良好的推动作用。李克强、张高丽、汪洋等都先后对淘宝村进行了实地考察，充分说明国家对于农村电商经济的重视。

网商群体自身具有规模小、作坊式生产的特点，容易迷失发展方向，所以网商群体必须要获取外部支持，这样可以避免网商群体面临风险和压力，以推动农村经济发展。就淘宝村网商发展历程来看，发现其背后几乎必然存在着以政府为主导、电商平台为辅的推动力量。当地政府对网商群体发展的鼓励推动和实际行动的支持几乎体现在淘宝村发展的各个阶段，如当地物流体系、生产用地、培训系统及发展方向等。究其原因，淘宝村网商群体发展的本质是整个区域产业集群发展，需要各个方面基础的统筹规划。

5.1.2.4 自身资源的整合能力

由于淘宝村相对城市各种资源较为缺乏，这种情况对于网商群体本身就是一种挑战，网商群体如何利用、整合现有资源非常重要。淘宝村交通、网络、各种基础设备等还不完善。如果网商想要适应这种快速变化就必须利用各种方法和渠道协调整合内外部资源，更好地适应新环境，培养自身经营能力和市场竞争力。

5.1.3 基于基础能力的路径选择

5.1.3.1 网商分类模型

这里把动态理论理解为由网商群体基础能力和外部环境两个要素构成，基于这两个要素，把动态理论分为环境动态复杂性和网商群体基础能力两个维度。以网商群体环境动态复杂性为纵轴，分为高和低两个等级，以网商群体的基础能力为横轴，分为强和弱两个等级，据此可以形成由四个区域组成的网商群体动态能力矩阵，如图 5-1 所示。

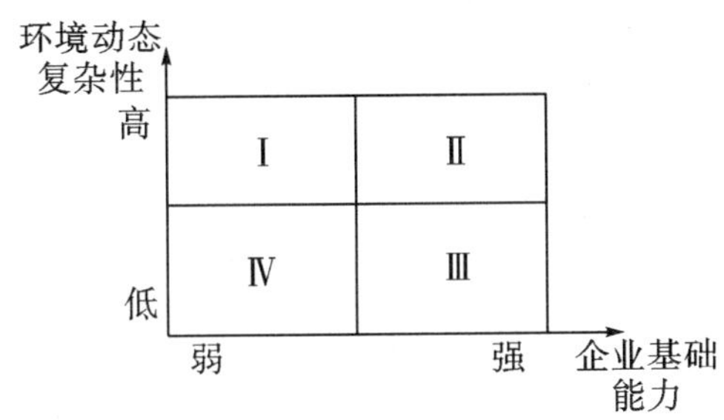

图 5-1 动态能力矩阵

根据网商群体动态能力矩阵模型，将网商群体分布划分成四种类型：

第一种，位于Ⅰ区域的网商群体。该网商群体的特点体现为其所在的外部环境动态性较为复杂，自身基础能力偏弱，资金技术人才等基础比较欠缺，所以该类群体实现持续成长的难度较大，在市场竞争中处于劣势地位。

第二种，位于Ⅱ区域的网商群体。该网商群体自身的基础能力较强，但是其所处的外部环境较为复杂。对丁这类网商群体来说，其优势是具备 定的生产加工和网络营销能力，但由于外部环境较为复杂，其基础能力易受到制约，其发展受到阻碍。

第三种，位于Ⅳ区域的网商群体。该网商群体的特点是处于一个外部环境动态复杂性较低的环境，但是这类网商群体的自身基础能力薄弱，若不能把外部资源充足优势转化为自身成长优势，也就不能及时抓住外部动态环境优势带来的机遇。

第四种，位于Ⅲ区域的网商群体。该网商群体处在比较优势的位置，其不仅具备很强的动态能力，而且处于一个比较好的外部环境之中。

5.1.3.2 基于分类模型的路径选择

结合网商群体所面临的实际环境，通过对网商群体动态能力分析与动态能力矩阵构建，针对这四种不同类型的网商群体进行分析，提出与网商群体相适应的持续、高质量的成长路径。

（1）抱团型联盟成长路径

抱团型联盟成长路径适合矩阵模型Ⅰ区域中的基础成长型网商群体。位于Ⅰ区域的网商群体自身能力较弱，又没有较好的成长环境作支撑，发展处于困难阶段。此时，网商群体可依据搭伙形式，与其他网商形成资源互补、信息交互，再寻求政府支持与扶持是比较适合的成长方式，以整体优势克服个体缺陷，可见，通过网商群体对资源合理配置，通过网商群体抱团式成长是其发展初期的一种常态。此时，网商群体通过联盟方式把淘宝村现有资源进行有效整合、利用，使其在发展中聚集资源以获得一定的优势和利润，打造网商群体良好的生存环境。这种方式有利于促进联盟内部信息流通，把握市场走向，推动网商群体持续成长。

网商群体建立网商资源内部分享交流机制能够激发农户网商创业，提高资源信息的共享程度。随着国务院《关于积极推进互联网+行动指导意见》《国务院关于支持农民工等人员返乡创业的意见》、商务部和农业部《关于加快发展农村电子商务的意见》的推出，共建内部资源共享机制对于其持续成长来说是一个理想选择，充分利用政府资源持续改善自身能力并优化自身环境。

（2）市场导向型成长路径

适合矩阵模型中Ⅱ区域网商群体成长选择。这类网商群体具有相对较强的基础能力，但是缺少动态环境优势。一般来说，这类网商群体应该时刻注意动态变化的市场状况，紧随市场变化开展生产加工以此获得利润，并持续提升自身的基础能力。此种情况下，需要网商更加关注网络交易市场上的实时需求变化，提升网络营销能力成为网商群体持续成长的主要推动力。加强与高校、淘宝大学等机构的交流与培训，学习网络营销技能，促使网商群体重视优化现有营销理念和网络营销手法，着眼渠道经济及网红经济等相关市场机会及电商产业链。

（3）基础提升型成长路径

适合矩阵模型中Ⅲ区域型网商群体的成长选择。这类网商群体均处于一个相对乐观的营商环境，但这类网商群体自身能力相对较弱，应该加强网商群体内部基础能力的提升，如提高网商生产能力，加强建设相关产业设施设备，将技术和新概念进行产品化，增强市场竞争优势。网商群体需要一个有利于生产的组织结构，其发展环境决定网商群体内外部资源的配置方向，基于能力，考虑将资源集中在其优势方面会促进其持续发展。

（4）战略导向型成长路径

适合矩阵模型中Ⅳ区域网商群体成长选择。这类网商群体各个方面能力较强，环境条件也相对理想，这类网商群体在市场中已经处于竞争优势地位。但互联网市场发展日新月异，往往一个成长的风口就会诞生和淘汰一批企业，所以说这类网商群体更应注重持续成长。对于已经处在优势地位的网商群体来说，应注重知识和信息的学习和获取，通过对现状和自身能力的分析找到未来需求和市场拐点，甚至找到风口从而一举成为行业领先企业，制定长期战略推动网商持续发展。这类网商群体不仅要找到合适的发展战略，也要注意保持自身动态能力持续提升，产品、服务质量持续升级。

5.1.3.3 成长能力评价指标体系设计

下面基于外部环境复杂度和网商基础能力构建评价体系。基于指标系统化、代表性，构建评价指标体系。根据评价指标体系的设计原则和方法，结合网商群体动态能力的意义和特征，将网商群体的动态能力按照网商群体外部环境动态复杂性和网商群体基础能力两个方面进行构建。

1. 外部环境动态复杂性指标体系构建

网商群体外部环境动态复杂性由四个要素构成，包含 4 个一级指标和 12 个二级指标，如表 5-1 所示。

表 5-1 网商外部复杂性指标

目标	一级指标	二级指标
外部环境复杂性指标	经济环境（B_1）	村镇产业产值变化率（C_{11}）
		净利润变化率（C_{12}）
		出口额变化率（C_{13}）
	政策环境（B_2）	财政政策（C_{21}）
		知识产权政策（C_{22}）
		支农政策（C_{23}）
	产业环境（B_3）	产业结构变化速度（C_{31}）
		产业的生命周期（C_{32}）
	社会环境（B_4）	顾客偏好的复杂性（C_{41}）
		所在区域失业率（C_{42}）

2. 网商群体基础能力指标体系

网商群体基础能力指标体系由网商群体的四项基础能力构建，包含 4 个一级指标和 12 个二级指标，如表 5-2 所示。

表 5-2 网商群体基础能力指标评价指标

目标	一级指标	二级指标
网商群体基础能力评价指标	产业基础的推动能力（B_1）	产业的年产值（C_{11}）
		产业的竞争地位（C_{12}）
		产业开拓市场的能力（C_{13}）
		产业创造价值的能力（C_{14}）
	自身资源整合的能力（B_2）	组织协调的能力（C_{21}）
		政策战略的响应能力（C_{22}）
		资源整合能力（C_{23}）
		信息沟通能力（C_{24}）
	熟人社会的推动能力（B_3）	先行企业家的素质（C_{31}）
		经商文化（C_{32}）
	社会的支持能力（B_4）	政策支持（C_{41}）
		电商平台的支持（C_{42}）

5.1.4 小结

本部分基于动态能力理论探讨网商群体持续成长所需的四种基本能力：产业基础推动能力、熟人社会推动能力、社会环境支持能力和自身资源整合能力。按照外部环境复杂度和自身基础能力两个维度对网商群体进行分类，将其分为Ⅰ、Ⅱ、Ⅲ、Ⅳ四类群体，并对其中各个类型网商发展做出了路径规划，提出抱团型联盟、市场导向型、基础提升型和战略导向型的成长路径。在此基础上，构建网商群体持续成长的评价指标体系。本部分对网商群体持续发展路径选择和持续发展本身具有一定的指导意义和实践意义。

5.2 基于成长阶段的网商群体成长演化

5.2.1 引言

随着网商群体的不断扩大，网络零售领域的竞争越发激烈，单纯依靠“一根网线一台电脑开网店”的时代已经过去。需要采取怎样的策略才能保证网商在激烈的竞争中生存并进一步持续成长？为了探讨这些问题，本部分利用系统动力学理论对网商群体持续成长进行分析，建立量化模型，模拟不同条件下网商群体的持续成长情况，为网商群体持续成长提供策略。

对于网商成长发展路径问题，王昕宇给出了浮现孕育、立足生存、步入崛起、拓展集聚的演进路径；王明等通过多个淘宝村案例总结我国农民网商形成和发展演进机理。2017 年，阿里研究院发布了网商发展研究报告系列回顾报告，对网商群体成长过程做了梳理和展望，报告指出，农村电商发展需要推进网络建设、物流配套、金融支持、人才培训和优化治安环境等。

5.2.2 网商群体成长演化阶段

王倩具体分析了淘宝村的成长过程，将淘宝村的成长路径分为四个阶段，即萌芽、扩散、抱团合作以及规模化阶段，并对四个阶段的驱动因素进行分析。总的来说：萌芽阶段是指网商还未形成群体，只有个别相互独立的网商阶段；扩散阶段是指在先行网商成功的示范效应带动下，其他一些村民纷纷加入网商大军，形成网商群体的阶段；抱团合作阶段是指网商群体的规模发展到了一定程度以后，网商群体之间开始进行分工合作，形成一系列产业链的阶段；规模化阶段是指网商群体在成长过程中遇到了瓶颈，需要对网商群体进行整合从而形成一个规范的体系，以达到持续成长目标的阶段。

萌芽阶段。淘宝村规模还很小，通常是由某些或是某个创业能人引进淘宝网店项目，从一两个网店发展起来，东风村与军埔村就是其中的代表。这些创业者利用自己的商业头脑与网商知识，凭借农村仓储成本、人工成本低优势使自己的产品在市场中逐渐占据一席之地，取得显著成效。萌芽阶段虽然农村房租成本、人力便宜，但基础设施还很不完善，网商发展存在一定难度。

扩散阶段。最初创业带头人开展电商项目取得盈利，信息在村庄中扩散速度较快，引发了其他村民模仿。当时这个阶段的淘宝网是一个低门槛、以中小企业和个人创业者为主的网络创业平台，具有店家规模小、创业成本低，技术难度低等特点，比较适合抗风险能力弱、收入较低的农民，这两个因素导致许多村民开始模仿成功者的经营模式，进驻淘宝销售同质化产品。这部分模仿者又会带动更多村民加入，在雪球效应的作用下最终使淘宝村加速开网店。

抱团合作。刚开始，淘宝店数量较少，相互间的协同性较低，信息共享程度不高，而随着网商数量的增多。在这一阶段，网商通过分工协作解决内部无序竞争问题，发展衍生行业，并形成相对完整的产业链。这种抱团合作的方式，一方面，可以避免淘宝村内部产品同质化对利润的负面影响，增强淘宝村整体竞争力；另一方面，能够巩固市场地位，吸引相关配套设施投入建设，这些相关设施的完善有利于淘宝村进一步发展，淘宝村规模进一步扩大也会促使相关服务商对淘宝村增加投入，增强外部投入与网商数量之间的反馈作用，使淘宝村得到更快的发展。

规模化阶段。在经过萌芽、扩散、抱团合作三个阶段后，淘宝村发展已经较为完善。淘宝村规模的迅速扩大暴露出很多问题，如图片盗用、同质化竞争、缺乏创新等问题，这需要对淘宝村进行升级转型。淘宝出台的加大图片盗用处罚力度、改变商品排序依据等规则，对经营能力、知识水平相对较低的网商来说是不小的挑战，过去靠盗用图片、刷单提高销量的模式已经不再有效。网商发展的新阶段要求网店加大对淘宝店的投入，这种情况暂时导致营业成本上升，压缩了网商的利润空间。同时，不断增长的淘宝村数量也使得竞争愈发激烈，价格优势已不再显著，创新成为时代的新要求，走自主品牌道路成为其中的选项，许多发展较好的网商可以注册自己的品牌，通过提升知名度获取竞争优势，这也是未来淘宝村集群的发展方向。

5.2.3 基于成长阶段的动力分析

5.2.3.1 网商群体成长动力建模

1. 建模思路

运用系统动力学方法分析淘宝村内部网商数量的变化情况，用系统动力学的因果关系图和流图描述淘宝村内部网商数量，把淘宝村网商的成长转换成相应的信息进行模拟，并通过所提出的模型做仿真分析，直观地展现淘宝村内部网商数量的变化情况，分析对网商数量产生影响的因素，借此分析网商群体的持续成长情况，提出促进网商群体持续成长的建议。

首先，确定系统边界。通过对各种资料的分析，从淘宝村网商发展演化入手，找出影响淘宝村网商持续成长的因素，并通过分析各个因素相互之间的关系确定因果关系图。

其次，确定系统变量。通过对各变量之间的相互作用关系分析，运用系统动力学将变量分别确定为状态变量、速率变量、辅助变量和常量等，并通过 Vensim 绘制指标间的关系为因果关系图和存量流量图。

再次，建立方程。利用 Vensim 公式编辑器为模型的每个变量确定数学方程式。

最后，调试检验。方程式输入完毕后即对整个模型进行调试检验，将运行得到的模拟数据与所能得到的真实数据进行比较。若检验得到的数据与真实数据误差很大，则证明模型可靠度不够，对模型参数进行修改后再次运行，直到模拟结果与真实值基本吻合才能表明模型具有可信度。利用可信的模型进行分析，将淘宝村网商数量增长状况用图表现出来，对结果进行分析并提出相应策略。

2. 建模设定

为了便于分析，将本模型的仿真步长设定为一年。将模型仿真时间界定为2009—2018年，因为中国最早的一批淘宝村出现在2009年，2009年之后针对淘宝村的研究趋于深入，可以从各种文献中提炼出一部分数据。淘宝村形成后会吸引外部网商及相应的服务商进入，使淘宝村人口增加，但如果将外来者数量及其相关因素作为变量加入，模型会过于复杂，难以量化，因此设定淘宝村人口为固定数目。假设淘宝村网店普遍由1人经营。

5.2.3.2 模型仿真

运用系统动力学方法描绘每一阶段网商群体持续成长的因果关系图，具体如下。

1. 萌芽阶段

淘宝村萌芽是从某个或某几个创业能人引入淘宝网店项目开始，根据淘宝村引进淘宝项目之前是否拥有传统产业，淘宝村驱动因素根据其本身特点分为下列两种情况讨论，如图5-2所示。

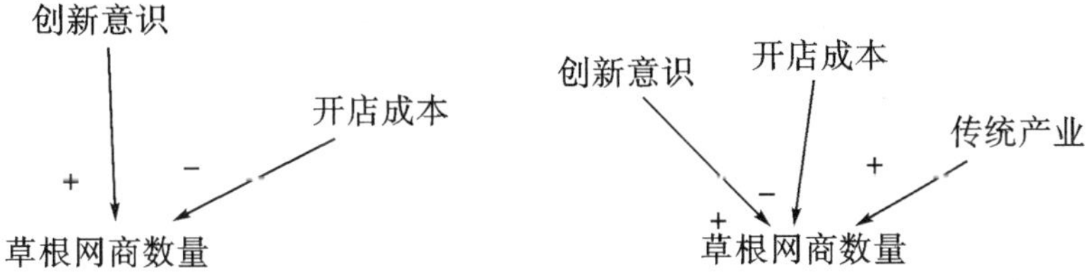

图5-2 萌芽阶段成长因果图

对于不存在传统产业支持的淘宝村而言，创业能人的创新意识与较低的开店成本是促进淘宝村雏形形成的动力因素，而对于拥有传统产业的淘宝村而言，传统产业会促使创业能人选择电商销售渠道。

2. 扩散阶段

扩散阶段的主要驱动因素是社会网络，包含以下反馈：网商数量增加会导致潜在网商交际圈中的网商比例增加，而比例增加会诱使潜在网商选择模仿他人进入产业，使网商数量增加；网商数量→同质化产品数量→产品价格→人均收入→网商减少量→网商数量。

由于淘宝村网商销售出现了同质化产品现象，在人均产品生产量不变的情况下，网商数量的增加会导致同质化产品数量上升，数量上升会导致价格下跌，从而使人均收入减少，网商数量下降，其反馈为：网商数量→同质化产品数量→产品价格→人均销售量→人均收入→网商减少量→网商数量。网商数量增加，同质化产品数量增加，产品价格下跌，造成人均销售量的回升。在不考虑价格的情况下会增加人均收入，使网商减少量降低，网商数量回升。

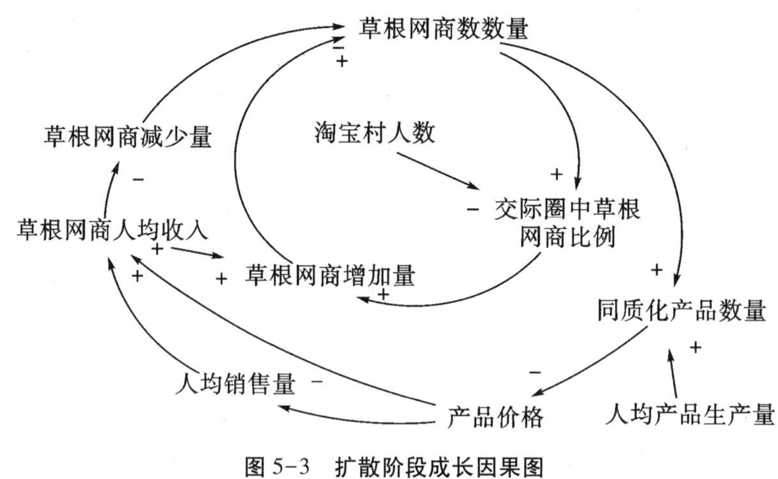

图 5-3　扩散阶段成长因果图

3. 抱团合作阶段

图 5-4 为抱团合作阶段网商群体持续成长因果图，抱团合作阶段的因果图与扩散阶段相比，增加了以下反馈回路：网商数量→物流需求→物流企业收益→物流企业对淘宝村物流投入→淘宝村物流建设→物流成本→网商数量增加量→网商数量；网商数量增加后会增加对物流的需求，物流企业收益增加，物流企业发现这一商机从而增加对淘宝村物流建设的投入，使物流成本下降，成本的下降带来网商数量的增加；网商数量→网络需求→互联网企业收益→互联网企业对淘宝村网络投入→淘宝村网络建设→网络成本→网商增加量→网商数量。网商数量增加后会增加对网络的需求，需要对淘宝村网络建设进行投入，使网络成本下降，成本下降带来网商数量的增加。

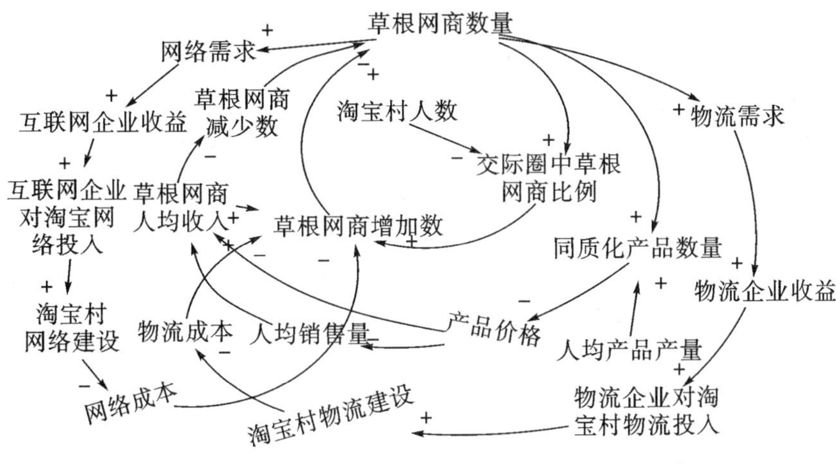

图 5-4　抱团合作阶段成长因果图

4. 规模化阶段

图 5-5 是规模化阶段网商群体持续成长因果图。在规模化阶段，创新成为网商持续成长的动力，网商开始注重品牌建设，本阶段的因果图新增了以下反馈回路：网商人均收入→品牌打造投入→品牌形成→同质化产品数量→产品价格→网商人均收入提升后网商加大对品牌建设的投入。该阶段促使网商品牌形成，品牌形成降低产品同质化影响，产品同质化程度下降后价格回升，最后带来收入增加。

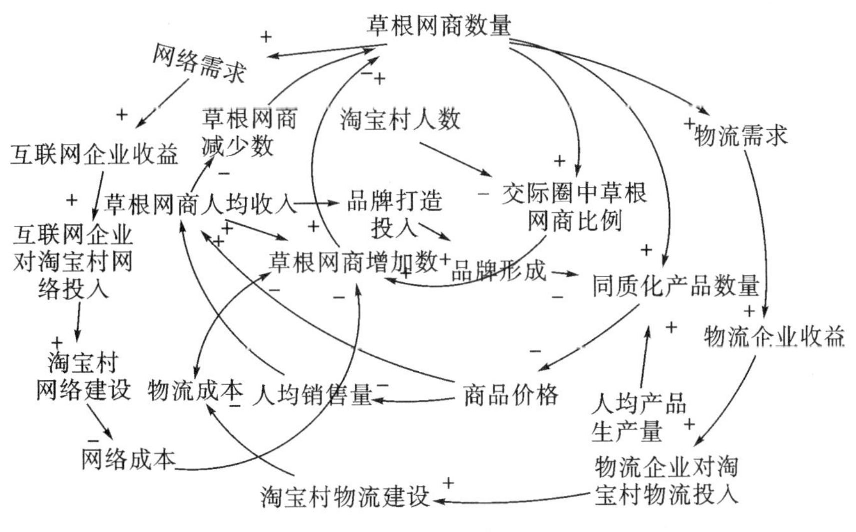

图 5-5　规模化阶段成长因果图

5.2.3.3 网商群体持续成长模型流图

上一部分给出各阶段网商群体持续成长的因果关系图，但因果关系图只是对系统反馈的基本状况描述，还需要在因果关系图的基础上构建系统动力学流图，同时考虑到外部服务商的数据难以获得，只选取扩散阶段的因果图构建流图。

1. 变量集的确定

根据对因果图的分析确定以下变量，并用符号表示变量：状态变量为网商数量 S；速率变量为网商数量增加量 $S1$、网商数量减少量 $S2$；辅助变量为交际圈中网商比例 R、同质化产品数量为 N、产品价格为 J、人均销售量 X、人均收入 Y；常量为淘宝村人数为 $C1$、人均产品生产量为 $C2$。

2. 网商群体模型流图

流图共包括 1 个状态变量、2 个速率变量、5 个辅助变量及 2 个常量，如图 5-6 所示。

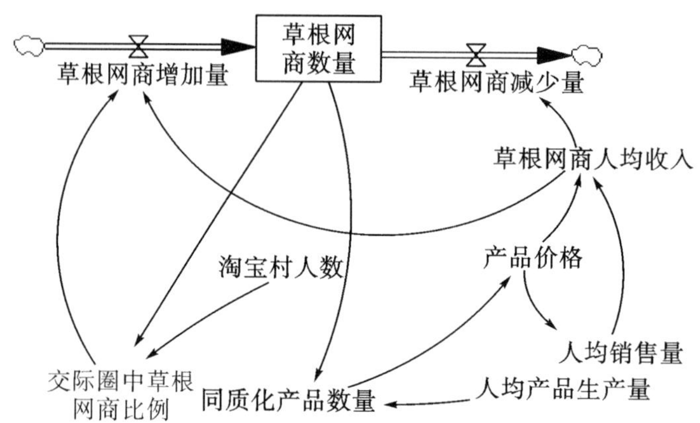

图 5-6　网商群体持续成长流图

3. 主要方程式

通过对历年网商发展研究报告、研究资料以及建立网商数量模型流图分析，根据各因素相关关系建立系统动力学方程，如表 5-3 所示，其中 EXP 为指数函数。

表 5-3　网商持续成长模型方程式

变量名	变量方向	方程	单位
S	状态变量	S1-S2，初始值：1 000	无
S1	速率变量	350 * R+Y/1 450	无

表5-3(续)

变量名	变量方向	方程	单位
S2	速率变量	$19\ 531*EXP\ (-5*10^{-6}*Y)$	无
R	辅助变量	S/C1	无
N	辅助变量	S * C2	无
J	辅助变量	$128*EXP\ (-9*10^{-9}*N)$	无
X	辅助变量	63 496 * EXP (-0.023 * J)	无
Y	辅助变量	J * X	无
C1	常量	8 000	无

5.2.3.4 网商群体持续成长模型仿真结果

运用 Vensim 软件对网商群体持续成长进行仿真，最后得到下列仿真结果图，其中横坐标代表年份，纵坐标代表网商数量。

1. 假设人均产品生产量已知，分析网商群体成长情况

图 5-7 为人均产品生产量已知情况下网商群体持续成长曲线图，此时人均产品生产量为 82 000。从图 5-7 中可以看出，2009—2011 年曲线斜率较大，网商群体成长速度较快，2011—2012 年网商群体成长速度与前两年相比较为缓慢，2012—2013 年成长速度进一步放缓，2013 年之后，网商数量几乎没有变化，成长停滞。

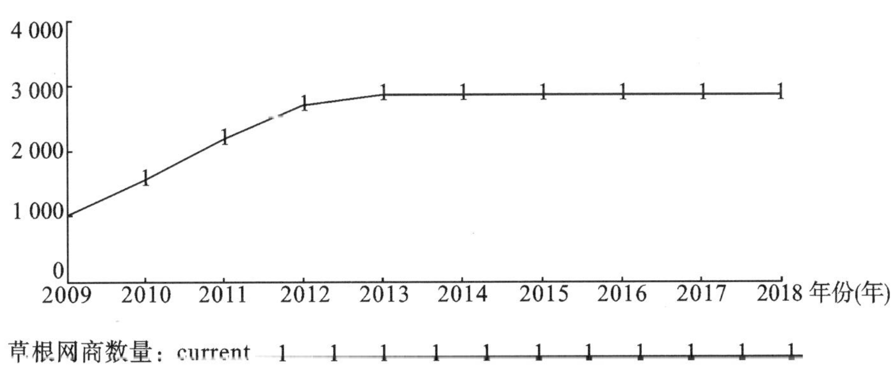

图 5-7　人均产品生产量已知情况下网商群体持续成长曲线图

2. 人均产品生产量未知，分析网商群体成长情况

图 5-8 是不同人均产品生产量下的网商群体持续成长曲线图，其中曲线 1 的人均产品提供量为 82 000，曲线 2 为 62 000，曲线 3 为 72 000。图 5-7 中三条曲线存在相同点，它们的变化趋势均是先逐步增长到某个固定数值而后保持

不变，但通过进一步观察发现，其他条件不变的情况下，人均产品生产量较大的网商群体相对人均产品生产量较小的网商群体而言，在前期成长更快，并逐渐达稳定值。其他条件相同的情况下，人均产品生产量较小的网商群体初期成长较慢，但后期拥有更大的成长空间。

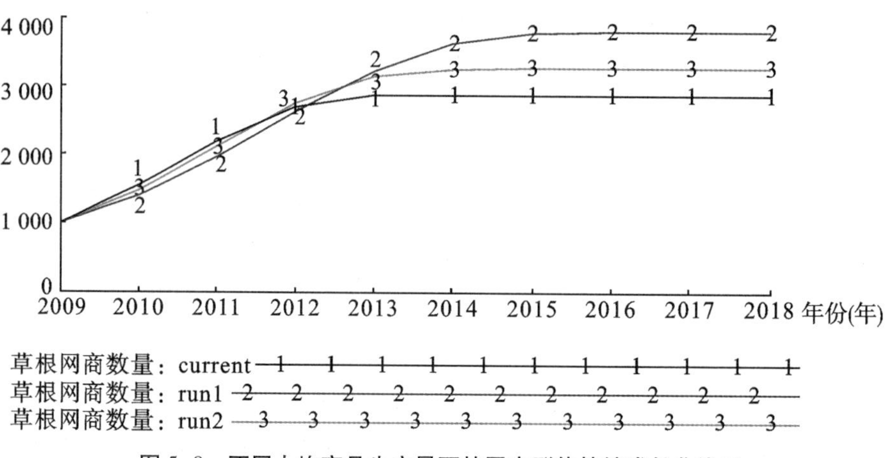

图 5-8　不同人均产品生产量下的网商群体持续成长曲线图

3. 人均产品生产量未知，产品同质化情况

图 5-9 为不同人均产品生产量下的产品同质化程度曲线图，其中曲线 1 的人均产品提供量为 82 000，曲线 2 为 62 000，曲线 3 为 72 000。图 5-9 中三条曲线所代表的同质化产品数量的变化趋势相同，先逐步增长到某个固定数值然后保持不变，且它们的稳定值相同，三条曲线最终重合。在到达稳定值之前，不同人均产品生产量所对应的产品同质化程度是不同的，人均产品生产量越大，产品同质化程度就越严重。

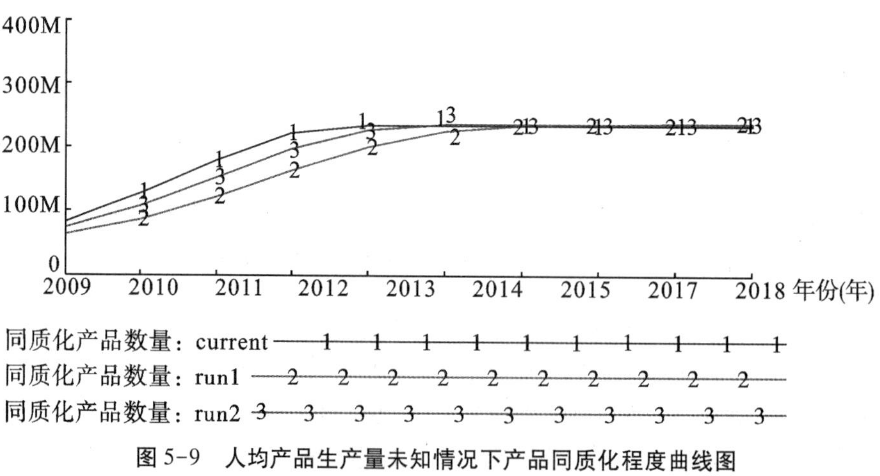

图 5-9　人均产品生产量未知情况下产品同质化程度曲线图

5.2.4 小结

从上述分析可知，网商群体的成长不能单纯依靠内部的互相模仿，特别是对产品模仿会造成无谓的内部竞争，压缩了淘宝村持续成长空间。网商群体的持续成长要求网商重视创新的重要性，网商要引进其他的产品或是创立属于自己的产品，从而规避内部竞争，争取进一步的发展。淘宝村持续发展还要求内部的规范化，减少网商剽窃他人创意的行为，采取有效的规范化措施约束这种具有负面影响的模仿行为。地方政府也要加大对网商群体的扶持力度，通过物流、电商平台等加强淘宝村自身建设，从而改善网商群体经营环境，引导网商往合适的方向发展，促进网商群体持续成长。

本部分探讨也存在不足，由于影响淘宝村网商成长的因素很多，如电商平台、政府、物流、当地传统产业等，这些因素因为缺少数据较难量化，因此，本部分没有考虑以上因素，仅就淘宝村网商内部产品同质化问题建模，导致该模型与实际情况相比过于简单。另外，由于历年来电商数据难以获得，模型缺少真实性检验，无法将模拟出来的网商数量与历年的数据进行对比，导致模型模拟结果与实际存在差距。

5.3 基于质量提升的网商群体持续成长演化

5.3.1 引言

中国淘宝村经过近十多年的迅速裂变式复制，出现了发展后劲明显不足的现象，也成为网商群体成长之痛。阿里研究院（2012）报告指出：网商群体自组织系统普遍存在新卖家多、人员和经营规模小、小网商数量多、过亿的网商和大量小网商共存的现象。中国社会科学院信息化研究中心“沙集模式”调研报告（2011）也给出了类似结论。可见，在我国农村地区网商群体面临着生存或升级转型困境。这些新问题成为淘宝村网商群体继续壮大的阻力。基于当前存在的问题，中国淘宝村网商群体未来的成长路径在哪里？其持续成长路径又是什么？带着这些问题，本部分以江苏沭阳淘宝村网商群体作为研究对象，基于质量品牌视角，开展网商群体持续成长演化路径探讨，破解持续成长难题，为网商群体成长提供理论支持。

5.3.2 网商群体成长演化案例

本部分的理论模型假设依据主要来源于中国淘宝村网商群体成长案例。为更好地从实证层深入探讨淘宝村网商群体持续成长案例，笔者基于近 4 年在浙江、山东、江苏、广东等多个淘宝村调研实践的基础上，根据 2017 年阿里研究院报告中 2 118 个淘宝村中的网商群体特性，选取部分淘宝村中的优秀带头人、阿里研究院网站中部分案例、有关淘宝村的相关文献（田华等，2017）进行案例分析，典型网商群体成长案例如表 5-4 所示。

表 5-4　中国淘宝村网商群体成长典型案例

<table>
<tr><th>淘宝村</th><th>农户网商</th><th>销售产品</th><th>家庭型</th><th>公司型</th><th>品牌型</th></tr>
<tr><td rowspan="4">江苏沭阳县颜集镇堰下村、新河镇</td><td>张展
沭阳干花创始人、“干花大王”</td><td>干花</td><td>2007 年初创办金枝玉叶、雅康两个淘宝网店。</td><td>成立沭阳奥成干花工艺品有限公司、5 个工厂、网店 20 余个。</td><td>“田野”牌干花成为业内公认的名牌。开发出 300 多种干花产品种类。</td></tr>
<tr><td>胡义春
“网上卖花第一人”</td><td>花卉苗木</td><td>2005 年，尝试在网上开店卖花。</td><td>2014 年完成从普通网商到农民企业家的转变。</td><td>“花木之乡”地域品牌，投资高档花木基地 3 000 多亩，资产超亿元。</td></tr>
<tr><td>耿巍</td><td>服装</td><td>2009 年注册开设网店</td><td>成立伊莎贸易有限公司，提高企业管理水平、生产能力及服务质量。</td><td>创立“美尔挺”品牌，专注美腿袜创新，创造年销售额 1.5 亿元的奇迹。</td></tr>
<tr><td colspan="5">还有李敏、谢春明、周卫、方威、王彪、周亮亮、毛善辉、仲吉、仲伟同、孙雷、孙西华、严邦风、沈杰等网商代表。
沭阳淘宝村依托政府、协会、阿里等提供的良好电商创业孵化、人才培养、资金扶持、诚信建设等，打造农村电商氛围。</td></tr>
<tr><td rowspan="2">江苏睢宁县沙集镇东风村</td><td>孙寒
“沙集三剑客”之一，首届淘宝村优秀带头人</td><td>森材家具</td><td>2006 年开设第一家淘宝店，简单模仿加工销售韩式家具。</td><td>2014 年成立美怡家具公司，拥有家具厂房 5 000 平方米、员工 40 余人，设计 100 多款家具。</td><td>2014 年起，注册“雅美乐”板式家具品牌，开始定位标准化板材家具的自主品牌、专利设计与规模化精加工，申请多项外观设计专利。</td></tr>
<tr><td colspan="5">陈雷、夏凯、王为银、刘明、文道兵等典型网商，带动了沙集镇共开设网店近 1.6 万个，全镇相关从业人员 3.5 万人。
东风村拥有物流快递、店铺装修、法律服务等第三方服务提供商；政府积极支持与引导；沙集镇电商协会经常对会员培训、规范网商经营行为。</td></tr>
<tr><td rowspan="2">浙江丽水缙云县北山村</td><td>吕振鸿
首届淘宝村优秀带头人</td><td>户外用品</td><td>2006 年以 4 000 元启动资金注册淘宝店。</td><td>北山狼已拥有百万用户，其分销团队 300 余人，北山村 90% 淘宝店是其零售商。</td><td>2008 年创立“北山狼”户外品牌，贴牌生产，不断创新产品，村里其他网商也自创品牌。</td></tr>
<tr><td colspan="5">“农村+网络+企业+政府”的农村电商发展模式，被外界定义为“北山模式”。在市团委、县、镇政府扶持下，北山模式成为中国农村电子商务样板。</td></tr>
</table>

表5-4(续)

<table>
<tr><th>淘宝村</th><th>农户
网商</th><th>销售
产品</th><th>家庭型</th><th>公司型</th><th>品牌型</th></tr>
<tr><td rowspan="2">浙江
义乌
青岩
刘村</td><td>童志达</td><td>旅行
收纳袋</td><td>2009 年开设网店。</td><td>2015 年以入股的方式投资工厂。</td><td>具有“小商品”特色的地域品牌，创立自己的品牌。</td></tr>
<tr><td colspan="5">还有刘文高、马樟良、杨耀晖、范浩浩等网商代表。
淘宝村地处义乌这个国内小商品集散地，也让青岩刘村有着得天独厚的区位优势，4G 光纤、快递、摄影、网络推广、仓储外包等当地服务业快速发展形成了草根创业、电商城镇化的地方电商村。</td></tr>
<tr><td rowspan="2">陕西
咸阳
武功县</td><td>李春望</td><td>新疆
特产</td><td>2008 年开设淘宝店。</td><td>2011 年开设西域美农淘宝旗舰店。</td><td>2014 年形成西域美农品牌。</td></tr>
<tr><td colspan="5">刘淑霞、田伟峰、尚鹏等农村电商人。
基于地方农产品，网商在发展农村电商的政策支持下，形成了商品贸易、平台建设、物流配送、融资支持、网络学校、实训模拟等电商村。</td></tr>
<tr><td rowspan="2">山东
滨州
博兴
湾头村</td><td>贾培晓
首届淘宝村
优秀带头人</td><td>草柳
编</td><td>2006 年开设夫妻店。</td><td>2009 年设立公司目暖草编家居旗舰店。</td><td>形成“草柳编”地域品牌。2010 年注册“目暖”品牌，开始品牌化之路。</td></tr>
<tr><td colspan="5">全国最早一批的电商村。2014 年 6 月成立山东省第一家农村电子商务服务机构——博兴县汇创网络服务有限公司。全县涌现出了 6 个专业淘宝村和一个专业淘宝镇。2016 年湾头村的电商电商户 800 户，线上的零售额突破了 3 亿元，现在全县的淘宝户达到了一万两千户(2015 年)。</td></tr>
<tr><td rowspan="2">浙江
温岭
前陈村、
横径村</td><td>谢仕明</td><td>鞋类
商品</td><td>2012 年开设网店。</td><td>成立奇图电子商务有限公司。</td><td>淘宝村发展的方向已经越来越明确，就是往品质化方向发展。</td></tr>
<tr><td colspan="5">横径村的业态逐渐丰富，目前主要有自产自销、纯粹生产和专门经营电商或是提供电商孵化的相关服务，其中自产自销型的鞋厂居多。围绕“产业政策、产业生态”开展全流程服务的电商链条，已建成电子商务公共服务体系。</td></tr>
<tr><td rowspan="2">揭东区
军埔
电商村</td><td>许冰峰、
黄伟鸿</td><td>服饰、
服装</td><td>2013 年开始淘宝店。</td><td>已拥有两家网批店及一家网店运营中心，B2C 与 C2C 并行运行。</td><td>开始自主设计款式，申请自主品牌，推出自己的服装品牌“YES 潮”品牌店。</td></tr>
<tr><td colspan="5">在政府大力支持引导下，免费电商培训、规划、融资、网络通信、物流等优质资源聚集，形成了从电商村、电商企业到电商的产业园区。</td></tr>
<tr><td rowspan="3">菏泽曹
县大集
镇丁楼
村、郓
城家斜
李村</td><td>常保如
首届淘宝村优秀带头人</td><td>宫灯</td><td>2014 年开设夫妻店。</td><td>2015 年注册菏泽大家和居榻榻米有限责任公司，开展规模化发展。</td><td>形成“演出服装”地域品牌。</td></tr>
<tr><td>任庆生
菏泽“农村淘宝第一人”</td><td>演出
服装</td><td>2009 年开设夫妻店。</td><td>拥有 700 平方米车间，200 多名工人，又再次扩大生产车间规模，目前 1 000 平方米用地已经获得审批。</td><td>形成“演出服装”地域品牌，将更加注重产品品质内核、品牌打造、新产品研发。</td></tr>
<tr><td colspan="5">以丁培玲、丁培玉、任庆慈、张红鲁、赵青等为代表的网商。
地方政府提供电商创业就业扶持政策，积极培育电商创业孵化园，深入推进“网创培训进村工程”，配合电商公共服务中心建设，开展各类电商技能培训等工作。</td></tr>
</table>

表5-4(续)

淘宝村	农户网商	销售产品	家庭型	公司型	品牌型
湖北十堰市郧西县下营村	蒋家明 首届"淘宝村"优秀带头人	绿松石	2010 年开设夫妻店。	2014 年联合 20 多位村民组建十堰绿世界绿松石有限公司。	形成"绿松石"地域品牌。
	已形成"蓝海产品+草根创业+政府扶持+平台赋能"的地方电商环境。整个行政村约 300 多户，淘宝店、微店约 500 家。线上销售额从 2013 年的 1 500 万元做到 2016 年的 7 000 多万元。2014 年，下营村自发成立电子商务协会。				

从表 5-4 中可以看出，在庞大的淘宝村网商群体中存在着一大批农村网商从夫妻店（父子店）小作坊成长为电商企业化运营的网商群体（笔者根据调研情况界定店铺运营人员数 5 人以上为企业化运营），其中一部分已发展成为网络品牌，走了品牌化运营的道路。回顾实际调研过程，不难发现淘宝村网商群体中网店业绩突出的网商，通常具有一定学历或接受过专业化培训，这类网商一般都会选择走品牌化发展道路。

5.3.3 成长演化路径构建

5.3.3.1 网商群体的耗散结构分析

淘宝村网商群体具有明显不同于其他组织的特点，该网商群体成长演化过程可从自组织和他组织两个方面进行探讨。早期的淘宝村网商群体从无到有，没有通过村委会或其他官方管理机构过多干预，而是在互联网条件下自发形成的，并得以快速扩张的自组织群体，其自我适应外部市场和竞争环境，充分体现了他们自主能动性和生存本领。该群体的自组织主体主要由本地农户、返乡创业大学生、外出务工农民等组成，网上网下经营需要他们根据自身条件和市场竞争需求采用不同的电商经营形式和生产方式。当淘宝村网商群体成长到一定规模时，会受到物流、土地、资金等外部资源制约，这时，地方政府、协会、第三方服务等他组织作用凸显，网商群体需要外部资源的输入。作为一个自组织与他组织共同作用下成长起来的淘宝村网商群体，各主体在成长演化过程中扮演着不同作用，如表 5-5 所示。

表 5-5 淘宝村网商群体的自组织和他组织分析

网商自组织	群体组成	大学生创业、务工返乡创业、农户兼职、外来务工、引进外来公司
	成长形式	粗放成长、规模化、品牌化、生态化
	经营形式	自产自销、网上代销、单平台销售、跨平台销售、线上线下双渠道
	生产形式	家庭作坊化、公司化、外包加工、品牌化
	特点	实力弱、产品低端，资源融合力、市场竞争力和抗风险能力差

表5-5(续)

政府等地组织	主体组成	地方政府、电商协会、商会、第三方平台、第三方服务商
	扶持形式	基础设施、培训、融资服务、技术支持
	特点	政策支持、资源配置、平台服务

表5-5给出了淘宝村网商群体的组成、成长形式、经营形式、生产形式、扶持形式等分类。网商群体作为一个开放系统，它受网络市场需求影响，在整个营销活动中需要不断地应对产品外购（生产）、网络技术、网络营销、物流配送、资金支持等问题。在持续成长演化过程中，由于网络零售竞争加剧，对网上服务的店面装修、营销技巧、产品服务等要求会更高，与外部环境的信息交互、需要的服务质量强度和频率更加强烈。网商从开网店开始就不断与外部网络市场、本地资源要素等产生物质与信息交流，网商需要通过网络平台实时为顾客提供在线服务，这些体现了淘宝村网商群体持续成长的开放动态性。随着网商群体数量规模迅速增加，网络市场竞争激烈，网商群体持续成长问题凸显，这会产生网商群体的分化现象，要么强大要么衰退，可能还会出现涌现、涨落、自组织、自适应等现象，这些都是耗散结构所具有的非平衡性特征。经过裂变复制形成的网商群体，在群体动力学的作用下会呈现出群体成长的非线性机制，形成群体成长演进的复杂系统。根据耗散结构理论，可以发现网商群体持续成长演化过程与耗散结构形成与变化相似，都具有开放性、非平衡性、非线性特点。因此，引入耗散结构理论，利用熵值变化进行分析是可行的。

作为具有耗散结构特性的网商群体在其成长过程中与外部交换信息、物质，并在交换中促进群体有序演变。持续成长演化的推动力主要分为内部动因和外部动因。内部动因包括启动资金、个人创业意愿、基本网络技能、市场信息、运营能力、经营理念、品牌管理；外部动因包括资源设施、培训、金融贷款、市场需求、市场竞争和法律法规。外部动因将网商群体置于一个开放系统中，认为群体演化受到系统中各节点的影响和推动，包括线下伙伴、竞争对手、地方政府、协会、第三方服务运营商、平台服务方、顾客等。作为一个非平衡的网商群体开放系统，受到内部和外部多种因素综合作用，就会在群体内部产生适应市场需求的产品和服务。

本部分借鉴企业管理中熵管理的思路（张铁男，等，2010），对网商群体成长过程中的信息与物质用熵理论描述。通过引入网商群体成长的总熵概念，并把总熵分为正熵 S_{zi} 和负熵 S_{fg} 两类。当网商群体不能适应市场需求时将导致网店收入下降、利润降低等正熵 S_{zi} 的出现，如果不能很好地应对，群体的正熵 S_{zi} 将会持续增加，成为网商群体竞争力下降的根源。这时，需要抑制正熵 S_{zi} 带来的消极影响，必须从网商群体内外部寻找突破口，尤其是从外部获取负熵 S_{fg}。通过群体内外部资源整合升级应对市场竞争，改进成长环境，有助于正熵 S_{zi} 减少，负熵 S_{fg} 增加。随着网商群体的不断壮大，其需要外部条件的支持力度越大，即负熵 S_{fg} 也越来越大，从外部引入负熵 S_{fg} 有助于降低群体中原有的正熵 S_{zi} 比例。

根据影响淘宝村网商群体成长演化的因素分析，设当前网商群体成长时刻为 t，网商群体的总熵为：$S_t = S_{tzi} + S_{tfg} = \sum_{k=1}^{K} S_{tk} + \sum_{l=1}^{L} S_{tl} + \sum_{w=1}^{W} S_{tw} + \sum_{r=1}^{R} S_{tr}$。$S_t$ 是 t 时刻网商群体在乡村熟人、网商能力、政策资源、管理技术提升等作用下成长所需的总熵，S_{tk} 表示网商群体现有的 K 项地缘、血缘、亲缘等熟人文化因素带来的乡村熟人熵值，S_{tl} 表示网商群体个体学习能力、网络经营能力、产品改进能力等因素所带来的网商能力熵值，S_{tw} 表示网商群体在成长中的管理水平提升、网商顾客管理、品牌推广等因素所带来的品牌管理熵值，S_{tr} 表示网商群体从外部获得持续成长的相关政策扶持、物流资源、资金支持等带来的地方资源熵值。

5.3.3.2 基于熵变的网商群体持续成长演化分析

随着互联网技术和网络零售市场不断变化，当网商群体面临的网上市场竞争激烈时，其网上流量、订单大幅减少或增加，说明网商群体经营出现了新情况，也就是面临着熵变。网商群体持续成长演化也经历了自下而上的自组织形成、粗放型成长的初级电商生态阶段，自上而下与自下而上相结合的规模性扩张、质量品牌提升的中高级电商生态发展成长阶段。下面用熵理论揭示网商群体成长演化的内在规律。

1. 网商群体自组织形成

费孝通先生提出了农村熟人社会关系的“差序格局”理论。在今天看来，传统乡村文化下的“差序格局”所赖以维系的经济社会土壤虽然发生了很大变化，很多电商新农人不再仅仅依赖家庭关系和家族亲缘关系生存，而更多地是依赖地方社区、网商同行、线上线下的网络、社会关系网和社会资本，形成了城市与农村、线上线下的生活、生产经营方式，促进了人流、商流、物流、信息流在更广泛的互联网时空区域中自由流动，但不可否认，农村熟人社会关系的“差序格局”理论，依然能够解释在我国农村为什么能够形成淘宝村网商群体现象。

一个村落中诞生了第一家淘宝店，第一批网商开始进入网络市场，网商通过网络销售产品，他们主要依靠的就是一根网线和一台电脑，简单经营着网店就能够盈利。一旦周边乡亲发现这样做能够发家致富，就会开始模仿，通过亲戚、邻居等关系，通过复制和机械地模仿开始在淘宝上开网店。在农村“熟人社会”中，地缘、血缘、亲缘关系变成了淘宝村网商群体形成复制的重要因素。在这个阶段，淘宝村内部乡村熟人熵 S_{tk} 起到重要作用，S_{tl} 也起到不小的作用，S_{tk}、S_{tl} 更多地体现的是一种负熵功能，即 $\sum_{k=1}^{K} S_{tk} > \sum_{l=1}^{L} S_{tl} > \sum_{r=1}^{R} S_{tr} + \sum_{w=1}^{W} S_{tw}$。可见，农村网商的家庭作坊模式是适应电商发展初期经营需求的。

这个阶段，网商群体实力弱小、产品低端，资源整合力、市场竞争力和抗风险能力相对较差，网商群体也面临专业人才缺乏、产品同质化、知识产权侵权、中小企业融资等困难，因此出现了农户卖家相互压价的恶性竞争现象。

2. 网商群体规模化扩展

随着互联网技术的升级和网售竞争市场加剧，淘宝村网商群体面临线上和线下的双重压力，网商群体如果要避开竞争，迫切需要网商群体由粗放型成长向规模化演进。通过内生能力提升和外部资源要素注入，推动内生成长机制与外生成长机制相互作用实现转型升级。一方面，需要具有自组织特性的网商依靠自身的网络经营能力、网络技术、产品改进能力、他组织提供的资源服务等适应互联网市场环境，并不断增强其自身能力，促进网店呈现规模化发展的趋势。农户能够更有效地选择和运用适合自己的各类电子商务手法及互联网工具，在数据管理、社会化协作、组织变革、产品创新、顾客服务、网络推广等方面持续改进，进而能够转化为自身商业竞争优势，网商能力熵 S_{tl} 的作用更加凸显。另一方面，其规模化带来的对外部资源需求加大，需要雇佣更多的员工；需要第三方服务商提供店铺装修与代运营、摄影摄像与图片美工等服务；需要地方政府、协会等提供资源扶持，如土地、仓储、网络、物流等地方资源熵 S_{tr}。通过这些努力，网商群体能够克服资源瓶颈，提升持续成长能力。因此，需要提升网商能力熵 S_{tl}、引入外部地方资源 S_{tr}，即 $\sum_{l=1}^{L} S_{tl} + \sum_{r=1}^{R} S_{tr} > \sum_{k=1}^{K} S_{tk} + \sum_{w=1}^{W} S_{tw}$。

3. 网商群体质量品牌提升

随着网店规模的壮大、顾客需求层次提高、顾客品牌意识和创新意识不断增强，如果仅仅以规模化增长，大而不强是行不通的，因此，需要通过品牌品质保证获利空间，否则有可能演变成依靠低价竞争的恶性循环。这个阶段，对产品质量、服务质量的要求更高，需要提升地方电商生态的整体水平，建立产品信息管理及预订系统、质量标准体系、质量可追溯体系、冷链仓储体系、产品研究中心、检测检验中心等，打造智慧供应链管理体系；需要提升淘宝村品牌推广与管理咨询、广告策划、电商客服、法律服务、网商精英培训、推广营销、数据分析、融资理财服务、后台管理等配套；也需要开展商标、地理标志、网上淘品牌等申请，切实提高产品质量和服务质量的知名度和核心竞争力。这时，品牌管理熵 S_{tw}、网商能力熵 S_{tl} 的作用明显提升，即 $\sum_{w=1}^{W} S_{tw} + \sum_{l=1}^{L} S_{tl} > \sum_{r=1}^{R} S_{tr} + \sum_{k=1}^{K} S_{tk}$。

上述淘宝村网商群体成长的三个阶段都伴随着电商生态体系建设，尤其是在网商群体成长的后期阶段越来越明显。因此，需要营造一个丰富、多元、开放、竞争的淘宝村生态系统实现网商群体持续成长，更需要政府、行业协会、专业合作社或基层组织等适度超前布局道路、宽带、移动基站建设，合理规划建设物流仓储和快件处理中心，扶持并完善地方乡村的网络通信、仓储设施、物流配送、金融贷款等相关配套支撑服务体系，支持快递企业服务网点向乡村延伸，建立快递农村末端服务网点。通过设立农村电商产业园、孵化基地、电商创业服务中心等，为网商群体多层次、多渠道地孵化提供便利化通道。同时，要培育一批发展潜力较大的农村网商品牌大户和龙头企业，不断丰富产品和电商服务种类，推动电商产业链向一、二、三产业延伸。通过“网络销售”推动“特色农业”发展，从而加快农村传统产品与电商产业转型升级，建设以农村电商创业就业为主，提供在线交易、产品设计、配套服务、人才培训的农村电商社区，完善各项功能设施等配套服务体系，形成良好的地方电商生态。这时，上述各类熵需要协调发展，即 $\sum_{r=1}^{R} S_{tr} + \sum_{w=1}^{W} S_{tw} + \sum_{k=1}^{K} S_{tk} + \sum_{l=1}^{L} S_{tl}$，上述内容可概括为表 5-6 所示。

表 5-6　网商群体持续成长过程

成长阶段	成长形式	成长特点	熵描述	成长路径
个体化成长	家庭作坊式+网络	简单复制模仿	$\sum_{k=1}^{k} S_{tk} + \sum_{l=1}^{L} S_{tl} + \sum_{k=r}^{R} S_{tr} + \sum_{l=w}^{W} S_{tw}$	→粗放型
规模化成长	公司+农户政府+网络	盈利导向的规划化扩张	$\sum_{l=1}^{L} S_{tl} + \sum_{r=1}^{R} S_{tr} + \sum_{k=1}^{K} S_{tk} + \sum_{w=1}^{W} S_{tw}$	→公司型
质量化成长	公司+政府+第三方服务商+网络	产品服务品牌、差异性战略	$\sum_{w=1}^{W} S_{tw} + \sum_{l=1}^{L} S_{tl} + \sum_{r=1}^{R} S_{tr} + \sum_{k=1}^{K} S_{tk}$	→品牌型
生态化成长	公司+政府+第三方服务商++线上线下	群体与环境的协同式发展	$\sum_{r=1}^{R} S_{tr} + \sum_{w=1}^{W} S_{tw} + \sum_{k=1}^{K} S_{tk} + \sum_{l=1}^{L} S_{tl}$	电商生态化

表 5-6 给出了网商群体持续成长形式、特点、熵描述和成长路径演化过程。从表 5-6 中可以看出，不同成长阶段各具特点，早期阶段基本是一根网线+电脑的模式，后期明显需要更多的外部资源输入，呈现出网商群体主导、政府推动、行业协会和第三方服务提供服务的协同发展模式，这些资源对网商群体数量增长、质量提升起到积极的推动作用。

5.3.4 成长演化动力分析

根据 Brusselator 耗散结构动力学临界值条件，当网商群体中的正熵和负熵之间满足一定关系时，负熵的流入就会超过阈值，网商群体成长将能够随时适应环境变化，并根据外界环境的新特点和新状态及时调整自身经营情况，其成长演化过程中的每一个阶段性提升都是一次多方因素推动的升级转型。因此，淘宝村网商群体持续成长演化就是不断克服内外部环境的干扰向最优路径逼近的动态过程，也是不断自我完善和外部资源不断输入的迭代升级过程。下面通过构建淘宝村网商群体成长演化的系统动力学模型模拟网商群体持续成长演化过程。

5.3.4.1 网商群体动力学模型构建

根据实地调研走访相关主管部门和农户网商，综合文献资料，设计了影响沭阳淘宝村家庭型、公司型、品牌型网商群体的成长指标。从前面的熵理论分析可知，家庭型网商群体成长的主要影响要素来源于网商群体内部的复制，这些影响要素主要是指乡村熟人熵 S_{tk}，包括未开店的农户数量、开店经验传播率、初期阶段电商生态水平等；对于公司化型网商群体成长的主要影响要素包括构成网商能力熵 S_{tl} 的网店农户经营能力水平、网店评价等；对于品牌化型网商群体成长的影响要素主要是指品牌管理熵 S_{tw}，包括品牌推广费用、该品牌的受众人数情况、其所处的电商生态环境等；对于电商生态系统，阿里研究院从“网商发展指数”到“阿里巴巴电子商务发展指数”和国家生态文明建设试点示范区指标文件中均给出了相关的评价指标，但是这些指标大多从宏观评价角度设立，缺乏统计数据支持。因此，笔者从网商满意度视角，设计了网商评价电商生态系统指标，并通过调研问卷获得相关数据。电商生态系统的构成要素主要是指地方政策熵 S_{tr}，共设置了七个指标，包括：第三方电商服务、网上平台适用性、快递物流服务、公共设施建设、当地淘宝市场服务、政府扶持、电商氛围等。

基于影响淘宝村网商群体持续成长演化的关键指标，从影响网商群体持续成长的因果回路出发，初步构建了 3 个状态变量、4 个速率变量，开店经验传播因子 KJCZ、家庭退出因子 JTCZ、公司退出因子 GSCZ、品牌退出因子 PPCZ 均采用表函数形式给出，淘宝村网商群体持续成长的系统动力学（System Dynamics，SD）模型如图 5-10 所示。

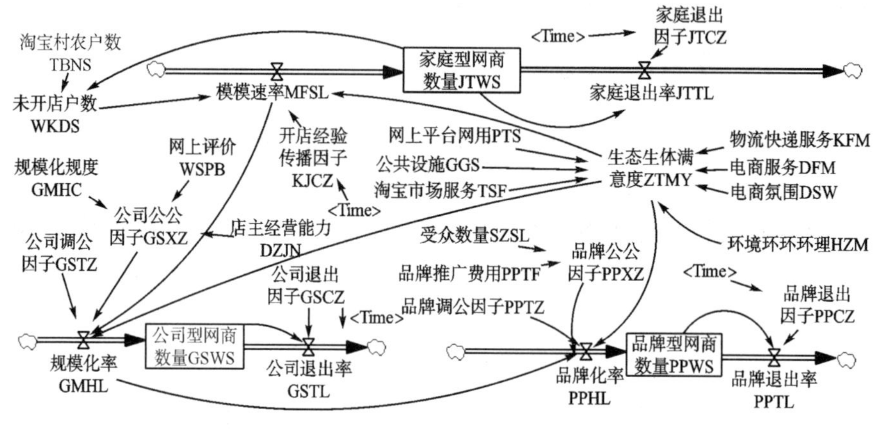

图 5-10　网商群体持续成长 SD 模型

5.3.4.2　数据来源

淘宝村网商群体成长的数据主要采用线下调研和网上调研的方式，线上借助沭阳新河镇电商联盟两个微信群，通过微信在线发放问卷。根据沭阳新河镇淘宝村从事淘宝电商的初步统计数据分布情况，下文设定淘宝村农户数 3 000 户。根据问卷中调研数据和网商群体持续成长 SD 模型中的变量关系，通过回归分析方法计算变量间的相关关系。表 5-4 中的公司吸引因子 GSXZ 运用 MATLAB 中的多项式拟合进行了计算，得到了公司吸引因子 GSXZ 和规模化程度 GMHC、网上评价 WSPB、店主经验能力 DZJN 之间的回归关系。同理，图 5-10 中的品牌吸引因子 PPXZ 和生态总体满意度 ZTMY 的计算方法是一样的。图 5-10 中的公司调整因子 GSTZ 和品牌调整因子 PPTZ 参数分别为 0.6 和 1.05，网上平台使用 PTS、公共设施 GGS、淘宝市场服务 TSF、物流快递服务 KFM、电商服务 DFM、电商氛围 DSW、环境综合治理 HZM 的参数值分别为 3.67、3.11、3.15、3.19、3、3.41、3.08，其数值的获取均是根据问卷中对应的选项计算所得，结果是通过对所有问卷中的对应选项求和，然后求平均获取。图 5-10 中的主要变量和参数如表 5-7 所示。

表 5-7　主要变量和参数

变量符号	变量含义	变量单位	运算公式/初始数据
TBNS	淘宝村农户数	户	3 000
WKDS	未开店户数	户	TBNS-JTWS
WGCZ	开店经验传播因子	无	WITH LOOKUP(Time,表函数)
MFSL	模仿速率	户	WKDS * WKJC * ZTMY
JTWS	家庭型网商数量	户	INTEG(MFSL-JTTL,初始值)
JTTL	家庭退出率	户	JTWS * JTTB
JTCZ	家庭网商退出因子	无	WITH LOOKUP(Time,表函数)
GSXZ	公司吸引因子	无	(1. 248 3-0. 054 9 * GMHC +0. 275 * DZJN+0. 276 * WSPB)/5
GMHL	规模化率	户	GSXZ * MFSL * ZTMY * GSTZ
GSWS	公司网商数量	户	INTEG(GMHL-GSTL,初始值)
GSCZ	公司网商退出因子	无	WITH LOOKUP(Time,表函数)
GSTL	公司退出率	户	GSTB * GSWS
PPXY	品牌吸引因子	无	(2. 319 5+0. 2 * PPTF+0. 104 3 * SZSL)/5
PPHL	品牌化率	户	GSHL * PPXY * ZTMY * PPTZ
PPWS	品牌网商数量	户	INTEG(PPHL-PPTL,初始值)
PPCZ	品牌网商退出因子	户	WITH LOOKUP(Time,表函数)
PPTL	品牌退出率	户	PPWS * PPTB
ZTMY	总体满意度	无	(0. 760 8+0. 122 2 * PTS+0. 195 4 * GGS -0. 139 1 * TSF-0. 062 4 * KFM+0. 266 6 * DFM+0. 073 5 * DWS+0. 401 9 * HZM)/5

5. 3. 4. 3　情景模拟

以江苏沭阳淘宝村为案例原型，设置状态变量初始条件，进行淘宝村网商群体持续成长演化过程的模拟。模拟时间起点为该淘宝村的形成时间 2005 年，模拟不同情景下网商群体成长演化的变化趋势，从而找出自组织和他组织对淘宝村网商群体持续成长的影响作用，为网商群体持续成长提供理论支撑。基于上述变量、参数设置模拟了该采样条件下的淘宝村网商群体成长曲线，如图 5-11 所示。

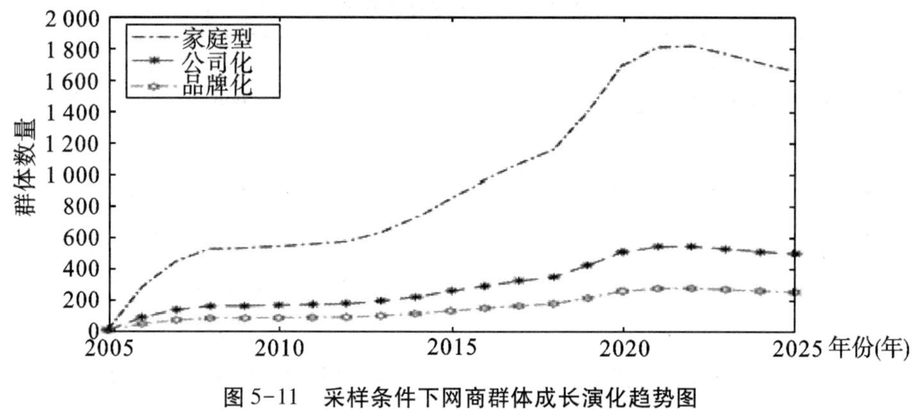

图 5-11　采样条件下网商群体成长演化趋势图

从图 5-11 可以看出，家庭型、公司型、品牌型网商数量从 2005 年开始，呈现持续增加的趋势，其中，家庭型网商群体数量在刚开始的阶段获得快速增加，该模拟结果的合理性可从调研资料中找到答案。初期阶段的淘宝市场需求旺盛，卖家数量有限，网售门槛较低，容易获利。一旦网上盈利收入被周围农户获悉，模仿复制式开设网店数量自然增多，所以增速较快；经过几年的快速发展，到 2008 年，淘宝店家增多，产品同质化，该淘宝村网店开设增速有所放缓；到 2014 年，模拟结果显示，该淘宝村开店数量增速明显，根据实地调研可得，2014 年沭阳县政府出台了相关激励政策，提升了农户网商开店的积极性①。该 SD 模型的结果显示，淘宝村网商群体的增长势头一直持续到 2023 年，之后家庭型网商群体数量会出现下降趋势。同样，该 SD 模型也模拟了公司型、品牌型网商持续成长演化过程，公司型、品牌型网商数量在整个模拟过程中呈现出比较平稳的增长趋势，其群体数量明显少于家庭型网商数量。

为了更好地分析不同电商生态情景下淘宝村网商群体持续成长的演化趋势，下面分“初期成长环境”“中等成长环境”“生态成长环境”三种电商生态情景进行模拟，三种电商生态情景的界定以生态总体满意度为尺度进行分类，分别设定为 1、3、5。由于计算过程数据较多，选取了部分计算结果，如表 5-8 所示。

---

① 《沭阳软件产业及电子商务优惠政策》，为进一步优化投资环境、促进服务业发展，提供补贴奖励、放宽市场准入、建设用地等优惠政策。

表 5-8　不同电商生态情景下的网商群体数量

情景	成长模式	2005（初始值）	2008	2011	2014	2017	2020	2023	
初期成长环境	家庭型	5	253	271	362	552	974	1 146	1 096
	公司型	1	17	19	25	38	66	78	74
	品牌型	0	3	3	5	7	12	14	13
中等成长环境	家庭型	5	502	532	696	1 025	1 647	1 727	1 619
	公司型	1	110	117	152	224	361	378	355
	品牌型	0	49	53	69	101	163	171	160
生态成长环境	家庭型	5	736	773	989	1 403	2 073	2 017	1 903
	公司型	1	331	348	446	633	936	912	860
	品牌型	0	269	283	363	515	763	743	701

由表 5-8 可知，对于“初期成长环境”，该情景被设定为处于较低的电商生态水平，网商满意度不高，即网店评价不高，经营能力弱，开店资金不足，网上顾客较少，当地的物流快递、网上平台、公共设施、电商服务等条件均不完善，将该情景下的生态总体满意度设置为 1。通过该情景模拟 2005—2025 年淘宝村网商群体持续成长演化情景。从表 5-8 中发现，家庭型、公司型、品牌型农户网商成长数量偏低、速度偏慢，直到 2023 年，家庭型网商群体成长数量才达到 35%，其原因在于自组织和他组织条件均不完善；对于“中等成长环境”，在模型计算时设置该情景下生态总体满意度为 3，基本接近本次调研的实际情况。从表 5-8 中可知，家庭型、公司型、品牌型网商群体数量分别为 1 025、224、101，与图 5-11 中 2017 年的数量基本相一致；对于“生态成长环境”，在模型计算时，设置生态总体满意度为 5，从表 5-8 中可知，家庭型、公司型、品牌型网商群体成长演化速度明显加快，总量增加迅速。在 2020 年前后，三类网商群体数量均达到了最高点。三种情景模拟的计算结果表明，地方政府动员淘宝村农户网商、协会、第三方服务商、平台商共同打造良好地方电商生态的重要性。

5.3.4.4　仿真结果实证分析

沭阳农村电商已经经历过农民网上创业的自发形成期与淘宝批发市场引领的快速扩张期，即“初期成长环境”。由于官方没有过去淘宝村网商群体成长的资料或数据，笔者过去也没有进行过类似的调研活动，因此，对过去“初期成长环境”阶段的网商群体成长只能通过仿真进行描述，并在此基础上，对当前“中等成长环境”成长阶段进行实证分析。

目前，沭阳淘宝村正处于教育、培育、引导的产业转型升级期，即本部分所指的“中等成长环境”。下面主要根据2017年8月在沭阳调研时收集的问卷调查开展实证分析。为证明SD模型的合理性，对调研问卷数据中选项“目前，当地从事电商的农户（家庭为单位）卖家比例有多少”的统计数据进行比较分析。同样，把公司型和品牌型网商群体增长情况也与调研问卷中选项“目前，当地从事电商公司化运营的卖家比例为?”“目前，当地从事电商品牌化运营的卖家比例有多少?”进行同样的计算，比较分析过程如下。

根据《农户网商持续成长增收的问卷调查》问卷中题目：

（1）“目前，当地淘宝村（镇）从事电商的个体（家庭为单位）卖家比例有多少?”（选项为10%以下、11%~20%、21%~30%、31%~40%、41%~50%、51%以上，分别对应数字为1至6），统计调查结果的平均值为4.012，约等于4，即从事电商的个体（家庭为单位）的卖家比例为31%~40%，该选项的中间值为35%。根据SD模型仿真的淘宝村农户3 000户计算，2017年家庭型平均数为1 050户。

（2）“目前，当地从事电商公司化运营（负责店铺运营人员数5人以上）的卖家比例为?”（选项为5%以下、5%~10%、11%~20%、21%~30%、31%以上，对应的数字为1-5），统计调查结果的平均值为3.52，约等于3.5，其比例为20%。以SD模型仿真的淘宝村平均数1 050户计算，2017年公司型平均数为210家。

（3）“目前，当地从事电商品牌化运营的卖家比例有多少?”统计调查调查结果的平均值为2.203，约等于2.2，其比例为9.4%。以动力学模型仿真的淘宝村以平均数1 050户计算，2017年公司型平均数为99家。

计算结果表明，问卷调研结果与SD模拟的家庭型农户网商、公司型网商、品牌型网商数量结果之间的偏差分别为2.38%、6.7%、2%。可见，调研问卷数据中选项“目前，当地从事电商的农户（家庭为单位）卖家比例有多少”的数据结果与本次动力学仿真的家庭型数据结果基本相符。同样，把SD模拟的公司型和品牌型农户网商数量与调研问卷中选项“目前，当地从事电商公司化运营的卖家比例为?”“目前，当地从事电商品牌化运营的卖家比例有多少?”进行比较，结果显示也基本相符，偏差均不大。因此，笔者认为该SD模型能够很好地解释2017年江苏沭阳淘宝村农户网商成长的现状，也验证了该SD模型用于解释网商群体持续成长演化的合理性。

5.3.5 小结

本部分从系统动力学的角度研究了淘宝村网商群体持续成长演化路径，通过对实际案例抽象，构建了淘宝村网商群体持续成长演化的 SD 模型，具有一定的理论价值。基于上述研究结果，本部分还从农户网商自组织成长和地方政府等他组织扶持两个方面提出了进一步推动淘宝村网商群体持续成长的对策。

5.3.5.1 自组织层面

1. 持续提升农户网商网店运营能力

在淘宝村网商群体成长演化过程中，农户网商的网店运营能力往往起到重要作用，在创业初期，文化程度不高的农户接触网络从事电子商务本来就是一种较大的挑战，需要农户参加培训提升模仿开店和网上经营的能力。尤其是今天电子商务快速发展的时期，并且已经进入了一个相对成熟的阶段，网上市场竞争日趋激烈，对农户网商从事线上销售引流、店面设计、转化率提升、销售数据分析、完善产品、培育品牌等工作提出了更高的挑战。

2. 维护与拓宽乡村熟人关系与网络顾客关系

在淘宝村，线下熟人关系和线上顾客关系管理已成为今天农户网商持续成长不可缺少的两个重要资源条件。熟人关系有力地带动了淘宝村网商群体的初期成长，线下货源顾客、线下乡邻农户网商、返乡创业大学生群体等都是促进农户网商成长的线下熟人关系资源。随着越来越多的返乡创业大学生加入，为农户网商更方便学习先进电商知识、吸收并转化为网上销售业绩创造了条件。另外，线上卖家同行日趋增多，产品众多，顾客面临着多重选择，顾客黏性下降，如何从网店产品展现、在线营销、物流发货、售后服务等环节做好服务，提高网上展现量、点击率、转化率等，增加顾客回头率，已经成为考验淘宝村网商群体能否持续成长的关键之一。

5.3.5.2 他组织层面

1. 加强引导，分类指导

电子商务经过十多年的发展，淘宝村网商群体也从无到有、由小变大呈现出家庭型、公司型、品牌型等不同网商群体，因此，有针对性地解决网商群体持续成长过程中面临的问题非常必要。目前，三类网商群体对自身网店管理、经营理念、发展定位都有所不同，呈现差异化、层次化等特点。因此，在政府引导、资金扶持、培训指导、场地租赁等方面需要采取不同的激励措施和政策，引导农户向网商转变，网商向新农人转变。从 SD 模型计算的结果发现，当前阶段家庭型网商数量比重较大，产品同质化严重，需要根据情况适当引导农户网商向公司型、品牌型转型。

2. 搭建良好的地方电商生态

淘宝村网商群体成长离不开良好的地方电商环境。建设和改善地方物流快递、公共设施、仓储设施等硬件；完善地方电商服务能力，增加第三方电商服务商，如律师、会计、专利代理人；营造良好的经商氛围，健全人才培训、融资环境、打假与信用体系建设等，这些均是提升淘宝村网商群体持续成长的保证。地方政府需要结合美丽乡村建设规划，通过地方电子商务产业生态建设，打通“最后一公里”流通渠道，逐渐形成线下供应、线上营销、物流快递于一体的地方电商生态。另外，地方政府需要引导当地农户网商自组织群体、地方电商协会、第三方服务商等形成合力，构建自组织和他组织共同作用下的淘宝村网商群体持续成长生态系统。

上述研究也存在一定的局限性。由于缺乏大量官方淘宝村统计数据，研究数据主要来自江苏沭阳淘宝村问卷调查，模拟结果能否解释其他地区的淘宝村网商群体成长演化现象还需要进一步收集样本进行验证。后续工作将会继续走访、调研其他省市淘宝村，收集网商群体成长数据，进一步完善淘宝村网商群体成长演化的SD模型，提高模型的通用性。

6 网商群体持续高质量成长激励机制

6.1 基于创客推动的新农人创业

6.1.1 引言

习近平总书记在党的十九大报告中指出，我国社会主要矛盾已经转化为人民日益增长的美好生活需要和不平衡不充分的发展之间的矛盾。当前，我国城乡、区域发展不平衡，面临着农村年轻劳动力缺少、智力资源普遍困乏等突出问题。可喜的是，截至 2017 年 9 月，返乡创业的退伍军人、大学生、返乡农民工等人数已经超过 700 万，在返乡创业群体中，产生出一批新农村建设的主力军，他们秉持生态农业理念，运用互联网思维，产生以提供安全农产品、提高农业价值为目标的农业生产者和经营者，这部分人被称为新农人。同时，我们也要清醒地认识到新农人仍处于创业成长初期，基本采取模仿复制的形式开展粗放型创业活动，面临众多困难，如创新能力相对薄弱、同质化竞争严重、产品知名品牌低、抗风险能力弱、第三方服务不完善等。这些困难集中反映了返乡创业群体存在的普遍现象，尤其是存在于我国大部分农村地区的智力资源问题严重阻碍了返乡创业群体持续发展的动力。

人们也注意到自 2015 年“创客”一词被写入政府工作报告以来，在我国各级城市，众创空间如火如荼地成长起来，截至 2017 年 9 月底，全国已建成各类众创空间 4 298 家，经科技部备案的众创空间共有 1 337 家。众创空间和创客创新已经成为政府关注的重要议题，《国务院办公厅关于发展众创空间推进大众创新创业的指导意见》（国办发〔2015〕9 号）和《国务院关于大力推进大众创业万众创新若干政策措施的意见》（国发〔2015〕32 号）指出要形成一批有效满足大众创新创业需求、具有较强专业化服务能力的众创空间等新型创业服务平台。

对于这两种现象，本部分提出了理论假设：城市创客创新资源如何有效驱动新农人创业成长，弥补新农人创新资源与能力不足的问题。现有的成果大多是分别针对众创空间和新农人展开研究，还缺少对创客创新驱动新农人创业机制、模式、绩效等的研究。

6.1.2 创客推动新农人创业机制分析

6.1.2.1 案例分析

笔者发现源于城市的双创行动正逐步向农村地区、农业领域和农民群体扩展，推动农业发展方式从主要依靠物质要素投入转移到依靠科技创新和提高劳动者素质发展的方向。本部分的案例主要来自两个网站，一是通过百度网站以关键词“创客”“农业”搜索，运用爬虫软件进行挖掘，共采集 3 757 条相关信息，二是在中华人民共和国农业部官方网站以“创客”为关键词共采集 456 条信息，然后通过人工筛选、总结归纳，梳理出四类案例。

互联网线上新渠道。“互联网+”思想席卷了全球，而“互联网+农业”正成为互联网的下一个风口，而平台经济、平台生态已成为“互联网+”产业的重要的经济模式。目前，比较有影响力的有猪八戒、中国威客、网上解放碑和云威科技等综合性“互联网+创客”平台，它们借助互联网等信息技术，更大范围、更高效率地为供给方和需求方开展创新创业服务。以猪八戒网为例，该网站在“互联网+农业”方面已搭建起深层次、多领域的农业产业链创新服务平台，致力于帮助农民触网，提供“互联网+智慧农业”一站式解决方案。平台涵盖了“互联网+农业”专业人才培训、农产品与农业旅游资源开发、农业品牌设计营销、涉农电商服务系统建设、自媒体平台等全方位“互联网+创客”服务。以猪八戒网为代表的互联网平台企业通过汇聚多方农业资源，为解决新农人创业痛点提供了新渠道。

城郊涉农众创空间。我国各省市分布着几百所拥有自己的众创空间的涉农职高、大学、科研院所、中小企业等，如西北农林科技大学青年农业众创空间、南京农业大学大学生创客空间、云南省农业科学院花卉研究所的云科爱园艺众创空间、海南互联网+众创中心、西安市农园创客联盟、天津市生态农业互联众创空间、江苏军曼农业科技有限公司的乡旮旯众创空间、安徽铜草花现代农业科技有限公司的铜草花开众创空间、新疆石河子市国家农业科技园区的智农众创空间、福建省好思惠农业发展有限公司宁德市的青年创客空间等。这些众创空间进一步为新农人成长注入新能量，激发新思路，助推农业园区创新发展，提升农业产业综合效益。

扎根农村的星创天地。2016年，科技部发表了推进农村创新创业的《发展“星创天地”的工作指引》文件，星创天地就是农村的创客空间，截至目前，科技部共备案星创天地1 206家。其中，与农业相关的星创天地有依托中国农业科学院油料作物研究所的“武汉农业慧谷星创天地”，有依托中国农业大学新农村发展研究院的悠上星创天地，有与中国农业大学的实验室、研发机构、野外试验场站等合作的星创天地，有云南大学创建的星创天地，有北京农业职业学院打造的都市农职星创天地等，有依托浙江农林大学的德清县星创天地等。星创天地的建立有助于促进新农人创新创业，加快现代农业发展。

骨干企业设立的众创空间。行业领军企业围绕主营业务方向建设众创空间，以阿里、腾讯、海尔等为代表的大型企业创新生态已经崛起。以涉农为主的企业创新孵化公司也已经落地，如青岛昌盛日电与青岛城乡投资有限公司共同投资建设的青岛农业创客空间，以光伏农业园区为基础，面向大学生、返乡农民工、种植能手及农业合作社等，提供智力人才支撑、创新资源共享、科技投融资服务、知识产权服务等功能；上海国兴农公司与地方政府合作打造的“互联网+农业”众创空间，设有孵化科创中心、远程专家系统、培训等服务功能；依托重庆红泥生态农业发展有限公司成立的水彩空间星创天地；阿里云创客+孵化器及中小微企业公共服务平台开展的线上线下淘宝大学电商扶贫等。

上述案例信息通过整合科技、信息、人才等资源，高效利用创客创新创业，建设面向农村、农业、农民等创新创业主体，集中打造线上线下结合、融合技术集成、成果转化、融资孵化为一体的服务三农新模式。

6.1.2.2 驱动机制分析

近年来，在我国出现了众多创客创新驱动新农人创业的典型案例，针对案例，从宏观和微观两个方面剖析案例发生的机制。

经济政策奠定重要基础。我国正处在供给侧结构转型升级的关键时期，为深入推进创新驱动发展战略，树立创新、协调、绿色、开放、共享的发展理念，知识要素已成为推动我国经济转型升级的最重要抓手。《国务院办公厅关于发展众创空间推进大众创新创业的指导意见》（国办发〔2015〕9号）、《国务院办公厅关于支持农民工等人员返乡创业的意见》（国办发〔2015〕47号）和《中共中央国务院关于深入推进农业供给侧结构性改革，加快培育农业农村发展新动能的若干意见》（中发〔2017〕1号）等为城市创客创新驱动新农人创业提供了政策保障。

城乡资源供需互补性。众所周知，生活在各级城市的创客群体创新能力强，在技术、产品创新领域拥有丰富的研发资源，能够利用自身创新优势发掘创新需求。同时，城市创客也存在成果市场转化慢、市场针对性不强的问题，其根源在于很多成果不是来源于实践一线，缺少市场需求拉动的创新，更多的是属于创意型创新。而新农人创业创新能力不强，创业规模小，承担风险能力弱，主要以粗放型种植养殖、农产品加工和经营为主，处在产业链的低端，迫切需要新技术、新成果、新模式等推动农业产业升级转型，打破发展瓶颈。

城乡创新创业市场主体活跃。众创空间数量和创客群体的热情达到了历史最高点，这些众创空间主要由涉农高校科研机构型、线上网络社区型、线下大型企业型等组成，它们大多分布在各级城市或郊区的大学城、科技园区、产业园等。如今，扎根在农村的星创天地，旨在升级过去的科技特派员方式，以教师、科技人员为核心，以产学研合作为主要成果转化方式开展成果转移。在这些创业空间（星创天地）载体里有几百万活跃的创新创业者，他们利用线下孵化载体和线上网络平台，聚集创新资源和创业要素，促进农村创新创业的低成本、专业化、便利化和信息化，能够提供创业培训、技术保障和信息服务等资源利好。

从上述分析可以看出，城市创客创新能弥补新农人创业过程中创新能力不足问题，协助新农人克服产品技术含量偏低、同质化严重等问题。创客创新助推新农人创业，一方面促进创客创新的专业化升级，另一方面也提升了新农人农业生产、加工、流通的专业化水平，实现了双方资源优势互补。

6.1.2.3 创新驱动模式

在驱动机制的基础上，进一步分析创客创新如何驱动新农人创业。过去，更多地重视采用科技人员下乡、政府补贴帮扶行为等活动支持农村农业经济发展，忽视了商业模式的作用。商业模式往往是利用技术进步和组织重构实现互换性交易，从而创立新的供需关系，提升交易效率。当新农人自身遇到创业技术难点等问题时，必然需要寻求外部资源破解创业难题，笔者提出了创客创新驱动新农人创业的商业模式设计（简称创新驱动模式）。为化解农村智力资源匮乏问题，为实现城市智力资源向农村流动搭建桥梁，在对案例信息研究的基础上，根据前人对众创空间商业模式和新农人研究成果，设计了四类创新驱动模式。

1. “互联网+创客”的平台模式

基于互联网平台规则与运营机制，构建了由平台网络体系、结构体系、功能体系组成的“互联网+创客”线上创客空间，为新农人提供在线服务功能。该平台网络体系由基础环境、系统基础应用、第三方应用等组成的云服务网络体系，运用大数据、云计算、人工智能等技术，在云端整合新农人需求和网上公共资源。平台结构体系包含平台规制管理、创客研发模块、技术成果共享模块等部分。创客研发部分聚集了几千万各类专业技能人才，第三方服务商，创客、顾客、其他服务方等主体，提供农业专业系统设计、涉农软件开发等功能；技术成果共享部分具备农产品供需市场交易、农技专业论坛、典型案例等专业化服务功能。平台功能体系可划分为研发功能、数据功能、社群功能、营销功能等，通过大数据、云计算等技术对相关需求提供专业画像并进行精准匹配，实现有效对接。

不难发现，该平台模式适合具有一定网络知识、能够利用互联网辅助创业的新农人，并能够实时、在线地解决新农人遇到的创业问题，如种养殖技术咨询、农产品加工技术、农业工程机械设计、网络技术服务、农产品电商营销、知识产权等创业服务，解决新农人创业过程中的智力资源。随着移动互联网的普及与返乡创业人员的增多，在推进一、二、三产业融合发展和新农村建设的过程中会发挥更大的作用，新农人对“互联网+创客”平台模式的需求会更加旺盛。

2. 创客产业对接的联盟模式

分布在各区域城市的农业科研院校创客空间、涉农创客空间、创业孵化器、加速器、创业社区等科技服务型产业，它们一般采用“创客创意—创客创新—孵化创业”式的草根创业运作模式。在全国建设的“政府搭台、企业主体、农民受益、共享发展”现代农业产业园，如农产品生产保护区、特色农产品优势区、现代农业示范区、现代农业产业园和电商产业园等，以规模化种养基地为基础，依托农业产业化龙头企业，聚集现代生产要素，形成了“生产+加工+科技”产业链条。

涉农众创空间与现代农业产业园之间存在着明显的互补性，这里提出了四种联盟形式：购买产品型、购买服务型、委托代理型、参股控股型。购买产品型联盟实现一方从另一方购买技术设备、研发产品等有形科技产品；购买服务型主要满足购买涉农专利、农业知识产权、农技援助、技术情报、咨询服务等无形产品；委托代理型是指一方提出具体的需求要求与内容，委托另一方提供定制化研究开发的技术性服务；参股控股型就是众创空间或创客以其智力和研究、开发项目作为股份或者通过卖家自己掌握的现成的技术成果折合成股份的方式参与合作。通过不同联盟方式实现涉农众创空间智力资源的输出，支持产业园开展技术成果转化。从联盟模式的四种形式分析，我们认为联盟方式适合借助商业性服务结构或农村市场中介组织等，采用商业化合作方式，运用技术转让、技术特许、委外代理、联合开发等方式开展合作，最终在农村农业领域为新农人创业提供实惠便利、安全优质的服务。

3. 星创天地驱动的基地模式

扎根于农村的星创天地有助于实现创客创新与新农人创业直接对接，推动开展农业生产全过程的现场服务。基地模式基本沿袭了“科研人员就地创新—成果就地转移—成果快速产业化—再创新”的闭环运作模式，为新农人创业群体提供种养殖、生产加工、乡村旅游、农村电商等产业等智力支持，形成创业与产业转化密切配合的现场科技服务。基于园区特点，基地模式可分为农业产业园基地、农业合作社基地、技术推广站基地三类形式。农业产业园基地充分发挥现代农业产业园区的资源、产业和区位等优势，引入现代农业科技等智力资源；农业合作社基地在农户家庭联产承包经营的基础上，对新农人群体提供资金、技术、信息、购销、加工、储运等专业化服务；技术推广站基地依托农业技术推广站，通过城市智力资源提供农作物栽培、土壤改良、科学施肥、旱作节水农业、有害生物防治、农药安全使用等专业技术。科技特派员队伍能够依托不同的合作形式，利用当地的场地设施提供科技、人才和信息等资源要素，推动新产业新业态发展，形成区域经济发展新的增长点，为新农人创业提供一条有效渠道。

不难发现，该种模式具有公益性特点，通过政府或民间经济、科技组织牵线搭桥，采用科技特派员方式开展对接，提供实训、咨询、孵化等一体化服务，现场引导指导新农人按照农业全产业链、价值链的现代产业组织方式。这类模式比较适合扶持弱小的新农人创业群体，通过地方政策与资源集聚，提供政策解读、信息咨询、创业辅导等集中服务。

4. 龙头骨干企业主导的孵化模式

我国已涌现一批知名龙头骨干企业主导的众创空间，龙头骨干企业主导的涉农专业性孵化、特色产业孵化、综合性孵化方式在整个农业产业链中扮演着重要作用。在种养植、农产品加工、存储、运输、销售等领域形成了以骨干企业为核心、创客积极参与，辐射带动新农人创业成长的农业创新集聚区。骨干企业利用现代农业示范区、农业科技园区等，发挥区域性创新创业要素集聚的优势，与企业孵化器、加速器及产业园等共同形成创新创业生态体系，打造一批具有当地特色的众创空间对接新农人创业群体。目前，部分涉农龙头骨干企业已经形成按照市场机制优化配置技术、装备、资本、市场等创新资源，实现与中小微企业和各类创客群体有机结合，有效发挥孵化作用。

孵化模式适合创业能力弱、条件基础弱的新农人，该孵化模式具有较强的农业背景和专业型服务能力，通过发挥领军企业的资源优势，充分吸纳专业创客团队，扶持新农人创业群体成长，适合具有一定规模的返乡创业公司在其平台上持续成长。

上述四类创新驱动模式是在新时代背景下对过去科技人员下乡活动的延伸，创客创新群体属于智力资源的供给侧，新农人创业群体属于需求侧，创新驱动模式有助于实现供需双方双赢的结果，可概括为图 6-1 所示。

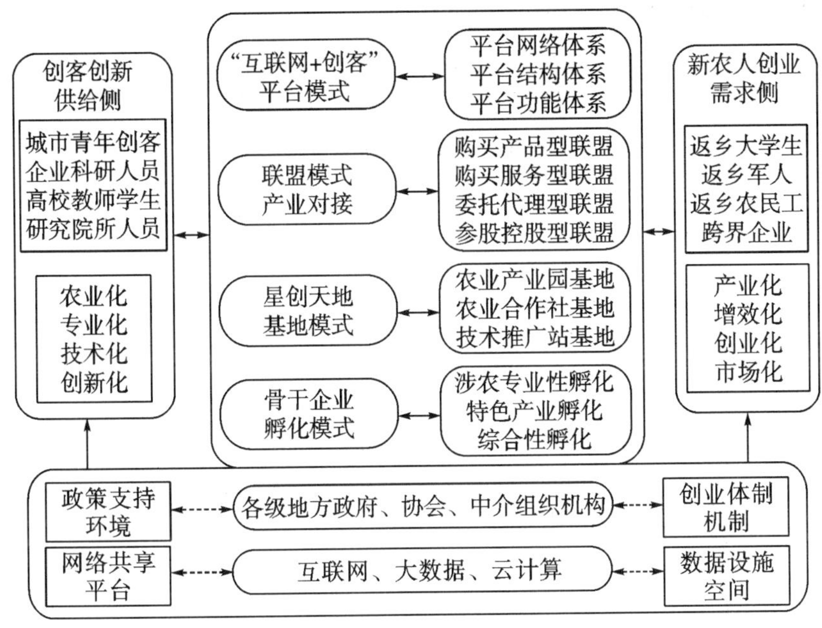

图 6-1　创新驱动模式框图

6.1.2.4　创新驱动模式比较与主要发现

上述四种创新驱动模式的划分是从实际案例中提炼出的创新创业理论，创新驱动模式之间具有一定的相互交叉性和融合性。创客创新驱动新农人创业是一种新生事物，其组织结构及其内涵也处在发展变化中。随着创新创业活动的深入，创新驱动模式本身也在不断演化发展，创新驱动模式因操作方法或模式选择的差异性会导致不同的效果，并不能断言创新驱动模式的优劣，主要是因为具有研发能力的城市创客、高校科研机构与新农人之间的价值取向、创新创业目标、资源优势、外部环境等不同。可以判断不同的创新驱动模式产生的协同效应也不同，其中市场力量主导的创客模式更有利于资源优化配置和农民个性化需求，但目前尚没有一种模式能完全满足新农人创业。因此，这些模式适用于不同的条件和场合，各有其优劣势，如表 6-1 所示。

笔者认为本部分设计的创新驱动模式选择应遵循以下几个原则：涉农产业是一个产业链和见效周期比较长的领域，构建中长期的合作伙伴关系是客观要求；互联网时代充分考虑实时、在线、高频率、高质量的边际效应不断减弱的网上资源服务；考虑到地方公共服务相对滞后，使地方政府、地方中介组织对驱动创业提供软硬件条件支持，提升创客的创新能力和产业核心竞争力；积极推动市场在资源配置中的作用，引导创客与新农人有效对接。下面对四种创新驱动模式优劣进行分析，如表 6-1 所示。

表 6-1　创新驱动模式优劣势分析

驱动模式	优势	劣势
平台模式	网络主导的平台模式更方便快捷地实现了全球创客与新农人双方采用市场交易的方式实现互动，新农人个体根据自身创业意愿实时自主地购买创新服务或创新成果，通过线上平台的方式完成交易 利用新农人小规模、个性化创业需求来实现，通过平台模式向网上创客寻求帮助，尤其是有关涉农产品营销、网络系统开发等需求 随着移动互联网、5G 的到来，平台模式更加重要	该模式下的对接方式，基本上属于纯商业交易，目前，大多需求双方基本属于陌生人间的一次性交易，仅仅适合于购买性涉农产品、在线培训等 对新农人个人素质要求较高，一般返乡创业农民不适应该种模式
联盟模式	双方都有很好的资源基础，该模式有助于加快推进产业园的地区新农人创业，城市涉农创客充分利用地方园区资源，降低了双方对接的难度 有助于城市创客与新农人形成长期的合作联盟，有利于创客到现场开展指导，并实现对项目的长期跟踪服务 为城市创客设计了助推新农人创业的长期合作渠道，有利于创客创新活动到现场开展指导，并实现长期跟踪服务	成熟的城市涉农创客空间（除高校、科研院所外）还不是太多，部分是农业领域的毕业大学生或企业创建的众创空间的成熟度不够 需要合适的组织把存在不同地方的两类空间对接起来，实现供需信息的互通 该模式的成熟案例还不多
基地模式	星创天地一般都靠近城乡交界处，方便新农人就近接受指导，成本相对较低 为高校、科研院所科技人员下乡，提供了良好条件，有助于开展长期的科研对接新农人创业 具有政府搭台特点的创新创业驱动模式，体现为由政府提供各种政策、税收优惠，对创客空间和星创天地进行资源支持；全国各地广泛建立起该模式	注重的是政府主导型的科技人员下乡、产学研成果转化等，忽视了当事人的主观能动性和商业模式，将部分风险部分转嫁给政府
孵化模式	大型企业品牌声誉好，容易获得地方百姓的信任，其主导的孵化模式对地方新农人创业的吸引力较强，容易带动地方众多的农民开展创业活动 企业资金雄厚，能够为新农人创业提供全方位的一条龙服务，节省创业成本；另外，企业市场敏锐性高，能够对新农人创业的未来市场做出引导，为创业能力相对较弱的新农人提供就业帮扶	作为市场行为导向的大型企业孵化模式，其驱动新农人创业的方向是围绕企业战略发展需求的，不会按照新农人个人创业需求提供针对性服务

随着农业供给侧结构改革的发展，新农人创业层次也不断向着中高端供给质量方向改进，农业产业链不断完善，线上平台模式也会不断向移动化、线下发展延伸，最终会出现不同模式的融合发展趋势。

6.1.3 小结

1. 打造专业涉农创客和新农人队伍

城市创客结合现有科研基础，根据自身所处的行业领域和创新资源积累，提供创客队伍专业化、领域细分化的服务是未来发展趋势。《发展“星创天地”工作指引》明确指出，要求引导和推动建设一批面向农业农村的市场化、专业化的众创空间，组织实施一批星创天地，为返乡创业人员提供科技服务。鼓励发达地区众创空间加速向输出地扩展，帮助新农人解决创业难题。这为专业化众创空间的发展提供了良好的发展机遇和政策红利，发展涉农专业化众创空间成为城市创客发展的一条有效路径。针对农业产业需求和行业共性技术难点，各省都推出了细分农业领域的众创空间，如玉米主食、寒地食用菌、奶牛养殖创业服务和培训、蛋品综合深加工、森林食品等星创天地项目。这些面向农村农业的科技创新创业服务平台将充分发挥科研优势，为新农人提供全方位的创业服务。

随着美丽农村建设的推进，乡村各种生活生产条件进一步改善，城乡交通设施等差距进一步缩小，回乡创业将成为趋势。毫无疑问，新农人队伍将不断壮大。为打造一批新农人队伍，鼓励引导新农人采取承包、租赁、合作等多种形式，创办家庭农场、农民合作社、农业企业等新型农业经营组织。正如《关于支持返乡下乡人员创业创新促进农村一二三产业融合发展的意见》文件中提到，通过国家推进大学生、农民工等人员返乡创业培训五年行动计划和新型职业农民培育工程、农村青年创业致富“领头雁”计划、贫困村创业致富带头人培训工程等活动培养农村实用人才和新型职业农民。地方政府还需要进一步提供产业园等配套，引导新农人入园，通过发展合作制、股份制等形式，培育新农人创业群体，形成良好的新农人创业氛围。

2. 创新驱动模式合理性选择及综合运用

面对不同的创客创新驱动新农人创业路径，如何选择合理创新驱动模式成为关键因素之一。当城市创客具有很好的涉农创意，并已经拥有创新成果，需要把科技成果转化为生产力或新农人急需解决问题时，可以选用基于“互联网+创客”的平台模式、项目成果转化的契约模式与新农人对接，具体采用哪种驱动方式可以根据实际情况有针对性地论证；当新农人所在地具有创业产业园区载体时，可选择众创空间与产业园合作的联盟模式，有助于解决新农人创业过程中存在的共性和典型问题；当星创天地进入农村开展规模化农业，选择基地模式有助于带动新农人开展创业活动；对于具有这种优势的地区，新农人可以充分利用领军企业主导的孵化模式实施对接。可见，合理的路径选择和综合运用需要从创客、新农人、地方创业环境等角度综合评价。

3. 完善农村创新创业生态体系

由于我国农村幅员辽阔，经济发展不平衡，农村地区差异性较大，城市创客创新对接新农人创业的模式也不尽相同，面临着很多不确定因素。为降低这些不确定因素对城市创客创新驱动新农人创业成长产生不利影响，需要在完善涉农服务体系上下功夫，提升新农人创业水平，提供融资、融商、融智服务体系，改善农村创业环境。

在硬件设施方面，围绕现有开发区、农业产业园、农业种养基地等现有条件，进一步完善新农人创业所需交通物流等基础设施，落实用水、用地、用电等优惠政策，确保政策到位。加大农村物流、仓储基地等基础设施建设，健全县、乡、村三级农村物流基础设施网络，推进农村互联网创业基础设施改善。加快提速降费，建设高速畅通、质优价廉、服务便捷的农村宽带网络基础设施和服务体系，优化要素资源配置，形成产业集聚效应。

在公共服务方面，帮助新农人解决经营发展过程中遇到的创新能力、经验、资源不足等难题。在创业服务方面，为对接新农人创业，大力引入城市创客，设立“绿色通道”，免收登记类、证照类等行政事业性收费，落实简政放权、优化服务等一系列简化市场准入措施；在财政支持方面，加快实施现有财政政策措施，对符合新型职业农民培育、农村一二三产业融合发展、农产品加工等各类财政支农项目的新农人纳入扶持范围，落实优惠政策；在金融服务支持方面，大力发展农村普惠金融，引导加大涉农资金投放，采取财政贴息、融资担保、扩大抵押物范围等综合措施，运用金融服务“三农”发展的相关政策措施，解决新农人融资难的问题，推进农村普惠金融发展，鼓励农业银行、邮政储蓄、农村信用社等为新农人创业资金需求提供信贷产品和服务模式。

6.2 基于委托—代理关系的激励机制

6.2.1 引言

近年来，电子商务蓬勃发展，阿里巴巴旗下的淘宝网凭借进入门槛低、技术难度小、初始资金需求量小等优势，成为农民参与电子商务的主要阵地。在这样的背景下出现了淘宝村这样一个网络商业群聚现象。伴随着淘宝村的出现，出现了一大批网商，这批网商在电子商务农村化的进程中不断成长壮大，逐渐蜕变成一个特定的群体，进而影响到整个农村电商行业的发展。网商和淘宝村相互依赖，网商的成长其实就意味着淘宝村的发展，也代表了我国农村电商的发展趋势。因此，可以通过对淘宝村网商群体持续成长激励机制的研究，分析我国农村电商发展的动力，从而为我国农村电商发展壮大出谋划策。

委托代理理论主要研究一个或多个行为主体，根据指明或暗示的契约雇佣另一些主体为其服务，授予后者一定的权利，并对后者提供的服务支付相应报酬的委托—代理关系。不管在经济领域还是社会领域，都普遍存在着委托—代理关系。在委托—代理关系中，委托人追求的是使自己的财富更大，而代理人追求自己的工资收入和空余时间最大化，这就导致两者的利益发生冲突。如果没有有效的约束条件，代理人的行为很可能最终会损害委托人的利益。委托—代理模型涉及两种约束条件：参与约束和激励相容约束。参与约束是指代理人接受合同下的期望收益（效用）要大于其他市场机会下能获得的最大期望收益；激励相容约束是指在一个激励合同下，代理人总会在所有可能的行动中选择能使自己期望收益最大化的行动。

下面主要利用委托—代理模型探讨政府对网商群体持续成长的外部激励，找出合适的激励强度，从而提出政府激励对网商群体持续成长机制的建议。

6.2.2 网商群体持续成长激励因素

2015 年，由阿里研究院编写的《中国淘宝村》详实地介绍了 14 个典型淘宝村的发展故事。通过分析这些淘宝村的发展过程，可以找到网商群体持续成长的一些激励因素。为了便于分析，通过前文和参考相关的文献数据资料，根据网商群体成长的萌芽、扩散、分工合作、规模化四个阶段，展开如表 6-2 所示的分析。

表 6-2 各阶段激励影响因素

影响因素	萌芽阶段	扩散阶段	分工合作阶段	规模化阶段
规模	无	不断扩张	发展到一定程度趋于稳定	规模处于动态变化中
信息共享	比较低	网商经常交流经验	企业间、网商间信息交流频繁	高程度信息共享导致了同质化竞争
企业间协同性	协同性较低	网商间协同性增强	协同性进一步加强，形成产业链合作关系	合作与竞争共存
配套设施	基本没有相关配套设施	配套设施逐步完善	配套设施基本完善，形成产业链	引进人才，建立培养机制
政府政策	政府不干预	适时提供针对性指导	提供政策扶持	出台政策规范发展

根据表 6-2 中网商群体成长四个阶段的影响因素和现实生活中案例，网商群体持续成长的激励大体可以分为两种：基于自组织的内部激励和基于他组织的外部激励。

1. 内部激励

网商群体的形成和演化是一个自发的过程，自组织内部激励是网商群体持续成长的根本动力，网商的最根本目标是追求个人利益和实现个人价值。网商诞生之初，各个网商之间互相独立，但随着竞争的不断加强，很多网商个体不足以抵御其带来的风险，于是在利益的驱动下，网商之间开始形成一个个经营群体，合作交流，共同应对挑战，网商群体也在这个过程中不断成长壮大。这得力于农村是一个以地缘、血缘为纽带的熟人社会，在同一个淘宝村，很多村民都有一定血缘关系，在熟人社会环境的影响下，村民之间的信任度也比较高，邻里关系推动网商群体的形成，互帮互助、共同成长。

2. 外部激励

他组织对积极推动网商群体持续成长发挥了重要作用，推动网商群体持续成长的他组织主要包括政府、平台运营商和顾客。

（1）政府激励

考虑到网商群体出现的时间还较短，没有形成一个完善的结构体系，为了给网商群体提供一个良好的发展平台，近年来政府加大投资力度，不断加强网络基础设施建设，改善淘宝村的交通条件，并取得不错的成果。很多地方政府还开展了一系列电商培训活动，提高网商群体的计算机网络水平，增强他们的市场竞争力。同时，政府还积极推动成立电子商务协会统筹协调电商发展，为网商群体的持续成长提供一个更为广阔的舞台。

（2）平台运营商激励

平台运营商在网商群体持续成长过程中也扮演了重要角色。首先，阿里巴巴建立的淘宝网这一网络交易平台，为网商群体提供了一个范围更广阔、交流更直接、成本更低的市场，为他们持续成长奠定了一个良好的网络基础；其次，以支付宝为代表的第三方支付平台的推出，降低了网络交易诚信风险，进一步扩大了消费人群，带动了网商生产销售，提高了顾客的满意度，从而推动了网商群体的持续高质量成长。

（3）顾客激励

顾客的青睐是影响网商群体持续成长的最直接因素。品牌效应是顾客在消费过程中比较注重的一方面，也是网商群体赖以持续成长的重要条件。为了赢得顾客青睐，从众多类似产品中脱颖而出，网商群体开始关注自身产品品牌，意识到增强品牌效应可以直接提升网商群体的竞争力，为其持续高质量成长提供源源不断的动力。

为了方便研究，主要从政府的角度探讨其对网商群体持续成长的外部激励机制，构建政府激励模型。

6.2.3 政府对网商群体持续成长的激励模型

政府对网商群体的持续成长具有很强的指导作用，政府激励是其重要的外部激励之一。探讨政府对网商群体的激励机制有助于理解其整个激励机制的构建，如《广东省电子商务“十二五”发展规划》要求政府必须充分发挥其在产业政策、服务管理方面的引导支持作用，为电子商务的发展创建有利的外部环境。网商群体具有自主经营权，有很大的主观能动性，网商群体往往都是以自身利益为第一出发点，开展生产销售活动，他们之中很多人可能文化程度不高，没有健全的市场竞争意识，容易造成产品同质化。地方政府行政主管部门，应该从全局和长远角度出发，在政策上给予网商一定的扶持。所以，政府与网商群体之间存在明确的委托—代理关系，基于他组织激励视角，可以通过委托—代理模型分析政府对网商群体持续成长激励机制的影响因素，建立激励机制促进网商群体持续高质量成长，以便推动中国农村电商可持续发展。

6.2.3.1 模型假设

委托代理问题是指委托人希望代理人可以按照委托人利益进行活动，但是委托人不能观测到代理人的具体行为，只能通过观测一些相关变量来推断代理人活动，从而制定出相应的奖惩措施。

通过委托代理理论，假设网商群体为代理人，属于风险规避方，政府为委托人，属于风险中性方。政府对网商群体并没有设立严格的监督管理体系，不能及时掌握网商群体的整体情况，只能在不对称信息条件下做出决策，将假设中的变量列入表6-3中。

表6-3　模型中各符号

符号	含义	解释
a	代理人努力程度变量	网商群体付出的努力
π	代理人产出量	网商群体产生的经济效益
θ	随机变量	外界影响因素，包括机会、支持等
σ^2	方差	网商群体努力程度、被观察度越大，说明越不易监督
c	代理人的努力成本	网商群体付出努力的成本
b	成本系数	b 越大表示同样的努力带来的负效用越大
s	委托人给出的激励合同	政府对网商群体的补贴
α	代理人的固定补贴	只要网商群体具备资格，政府向其支付固定补贴
β	激励强度系数	β 越大，说明网商群体获得的补贴越多
ω	代理人的实际收益	网商群体扣除各项成本后的净利润
ρ	绝对风险规避度量	网商群体对风险偏好的程度

1. 代理人假设

将网商群体看作代理人，a 是一维努力变量，表示网商群体的努力程度，a 越大表示网商群体付出的努力越多，产出函数采取线性形式为：

$$\pi = a + \theta$$

θ 是随机变量，$\theta \sim N(0,\ \sigma^2)$，$E(\pi) = a$，$D(\pi) = \sigma^2$，代理人选择行动 a 后，外生变量 θ 实现。

代理人的努力成本 c 是努力程度变量 a 的函数，其表达式为：

$$c(a) = \frac{1}{2}ba^2$$

$b > 0$ 表示成本系数，所以 b 越大，需要的成本就越大。

2. 委托人假设

将地方政府看作委托人，政府根据网商群体的产出进行激励，给定激励合同：

$$s(\pi) = \alpha + \beta\pi$$

α 是委托人给代理人的固定补贴，β 是代理人分享的产出份额比例，即激励强度系数，$\beta \in [0, 1]$，β 越大说明代理人单位产出所带来的激励越大，$\beta = 0$ 意味着网商群体不承担任何风险，$\beta = 1$ 意味着网商群体承担全部风险。

由以上假设可知，网商群体的实际收益为：

$$\omega = s(\pi) - c(a) = \alpha + \beta\pi - \frac{1}{2}ba^2$$

ω 是随机收入，其实际收益的期望效用为：

$$E\omega = \alpha + \beta a - \frac{1}{2}ba^2$$

根据 Arrow-Pratt 的结论，风险成本为：

$$RC = \frac{1}{2}\rho Var[s(\pi)] = \frac{1}{2}\rho\beta^2\sigma^2$$

其中，ρ 为绝对风险规避度量，且 $\rho > 0$，由于网商群体是风险规避型，所以网商群体的确定性等价收入等于其实际收益的期望效用减去其风险成本：

$$E\omega - \frac{1}{2}\rho\beta^2\sigma^2 = \alpha + \beta a - \frac{1}{2}ba^2 - \frac{1}{2}\rho\beta^2\sigma^2$$

在以上假设条件下，政府作为风险中性者，其期望效用等于期望收入：

$$Ev[\pi - s(\pi)] = E(\pi - \alpha - \beta\pi) = -\alpha + a(1 - \beta)$$

6.2.3.2 激励模型

委托人对代理人要综合使用激励机制和约束机制，激励相容的监管机制能有效增强网商群体的市场竞争力，减少政府的成本，提高政府监管激励的效率。

参与约束（IR），又称个人理性约束，是指网商群体响应政府的激励措施，积极扩大生产销售的效益大于不响应政府激励的效益。令 ϖ 为网商群体的保留效用，若期望收入小于 ϖ，网商群体将不接受合同，故网商群体的参与约束应为：

$$\alpha + \beta a - \frac{1}{2}ba^2 - \frac{1}{2}\rho\beta^2\sigma^2 \geqslant \varpi$$

激励相容约束，即网商群体的努力程度，同时也是政府希望的努力程度，网商群体选择参与激励机制积极扩大生产销售行动要优于其他行动选择，故激励相容约束表示如下：

$$a = \frac{\beta}{b}$$

$a = \frac{\beta}{b}$ 理解为：当成本系数 b 确定时，激励强度系数 β 越大，代理人越愿意努力工作，即努力程度 a 越大；反之，β 越小，代理人越不愿意努力工作，即努力程度 a 越小。

政府期望效用最大时的目标函数为：

$$\max_{\alpha,\ \beta} Ev = -\alpha + (1-\beta)a$$

$$s.t. \quad \alpha + \beta a - \frac{1}{2}ba^2 - \frac{1}{2}\rho\beta^2\sigma^2 \geqslant \varpi$$

$$a = \frac{\beta}{b}$$

将约束条件代入最大化公式得到：

$$\max_{\beta} \frac{\beta}{b} - \frac{1}{2}\rho\beta^2\sigma^2 - \frac{\beta^2}{2b} - \varpi$$

对 β 求一阶导数并令其等于 0，得到 $\beta = \dfrac{1}{1 + b\rho\sigma^2}$。

地方政府的目标是使激励补贴效用最大化，但受到网商群体参与约束和激励相容约束的制约，所以，地方政府需要选择最优激励强度 β 使其期望效用最大化。

6.2.3.3 结果分析

从 $\beta = \dfrac{1}{1 + b\rho\sigma^2}$ 可以看出，地方政府的激励强度系数与 b、ρ、σ^2 呈负相关。

结合公式 $c = \dfrac{1}{2}ba^2 = \dfrac{1}{2}b * \dfrac{\beta^2}{b^2} = \dfrac{\beta^2}{2b}$，$b$ 越大，即成本系数越大，则 β 越小，其付出的努力成本 c 越小；反之，b 越小，即成本系数越小，则 β 越大，其付出的努力成本 c 越大。

所以，在该不对称信息条件下，政府制定最优激励强度系数 β 时，对实施能力比较强（b 较小）或者风险偏好程度较小（ρ 较小）的网商群体给予较高的激励强度。对努力程度不易被观察监测到（σ^2 较大）的网商群体，应该降低其激励强度。

同时，由于网商群体的实施能力（可以通过 b 间接表示）在短时间内不可能发生较大变化，通过公式 $a = \dfrac{\beta}{b}$ 可以知道，网商群体的努力程度 a 直接受政府的激励强度影响，政府可以利用 β 有效调节网商群体的努力程度。

为了有效发挥政府的他组织激励机制作用，政府应该采取以下措施：应尽快推动网商群体建立联盟，促使联盟能够及时反映网商整个群体的利益需求，为网商提供有效的帮助。同时，建立合理的资源配置机制，加强联盟内网商之间的合作交流；应加大投资力度，加强淘宝村电商基础设施建设，改善交通条件，同时出台相应政策，督促银行等金融部门为符合筛选条件的网商提供低息甚至贴息贷款，减少网商群体创业初期的成本压力。政府还应组织一些电商经验交流会，开设培训班，提高网商群体的整体素质，增强他们抵御风险的能力；要加强与联盟的交流沟通，掌握网商群体的基本发展信息，加强对网商群体的监督指导，保证政府的补贴分配，从而提高网商的积极性，增强联盟的凝聚力，使政府的财政资金发挥出最大的效用。

6.2.4 小结

网商群体持续高质量成长意味着淘宝村的发展壮大，是我国电子商务农村化的进一步体现。随着我国电子商务的不断发展，网商群体的发展潜力也将变得越来越广阔，对网商群体持续高质量成长的激励机制分析，可以找出网商群体成长的内因和各项推动因素，有利于加强对网商这个特殊群体的指导，从而能够制定相应的激励措施来为其提供源源不断的发展动力。为了确保网商群体持续高质量成长，不管是政府还是阿里巴巴等电商运营平台，都应采取相应的策略，制定符合网商群体特征的激励机制，为网商群体持续高质量成长提供有利的环境，形成双赢局面。

6.3 基于金融贷款的激励机制

6.3.1 引言

2015 年国务院发布了《关于加快发展农村电子商务的意见》《国务院办公厅关于促进农村电了商务加快发展的指导意见》等文件，要求政府加大对电商创业农民的授信和贷款支持，充分利用各地设计开发的“青”字号专属金融产品，或依托金融机构现有产品，设计“青”字号电商创业金融服务项目，支持农村青年创业。目前，已有文献涉及淘宝村与金融贷款的研究较少，为揭示淘宝村发展与小额金融贷款关系，采用系统动力学方法，对淘宝村模式和金融贷款情况进行了详细剖析，论证了金融因素对淘宝村发展影响的内在逻辑。

6.3.2 金融贷款对淘宝村发展影响分析

以沙集淘宝村、遂昌淘宝村和大集淘宝村为例，笔者分析了金融贷款与淘宝村发展相互影响的系统动力学模型，并分析其发展的金融贷款方面的影响因素。

6.3.2.1 金融贷款对大集淘宝村的影响分析

1. 系统分析

本部分以山东大集淘宝村为例分析金融贷款对淘宝村的影响。大集镇摄影服饰加工传统产业可以追溯到20世纪90年代初，最初是个别村民开始从事影楼布景加工，逐渐形成规模。21世纪初，随着网络经济的兴起，特别是依托阿里巴巴、淘宝网店等交易平台，电子商务得到迅速发展。2013年，在地方政府的正确领引下，镇政府免费为64家加工企业注册服饰有限公司，加工演出表演服装300多种，带动5 000多人就业，这时的大集镇电商迅速发展并呈燎原之势。2013年，大集淘宝村产品的销售总额500万元以上的加工企业超过30户，销售总额达到1.5亿元。大集镇演出舞蹈服饰产业发展大大改善了当地乡村面貌。

2. 结构分析

从已有调查分析发现，大集淘宝村的发展模式为“加工企业+自由网店+分销网店”，其核心是“加工企业+自由网店”模式。期初阶段的村民完整复制加工生产、网络销售等做法，而后更多的农民成为加工企业的分销商，并通过快递公司完成配送。总的来说，当地淘宝产业虽然还停留在模仿阶段，但是也已经向演出服装自主设计、定制化设计的趋势发展，具体表现为有更多的网商开始关注产品升级、品牌经营。

下文从小额金融贷款视角分析金融贷款对网商群体持续高质量成长的影响，其中包括金融贷款与网商群体持续高质量成长的逻辑回路，以下是大集淘宝村各影响因素的反馈结构分析。

（1）正向回路：金融贷款→资金周转→销售金额增加→分销网点增加→淘宝村发展→技术水平提高→市场吸引增加→潜在市场拓展→市场需求增多→产量增加→金融贷款增加。这条回路体现了资金周转对农村网上营销的促进作用，具体表现为，销售额、分销网点的增加最终促进了淘宝村的发展；淘宝村的发展进一步拓宽了市场，销售额的增加使得金融贷款增加。

（2）正向回路：金融贷款→资金周转→销售金额增加→大学生返乡创

业→知识水平提高→金融知识普及→金融产品创新→贷款的门槛降低→金融贷款增加。这条回路体现了金融贷款推进大学生返乡创业，大学生返乡提高了农村的平均知识水平，并且可以对金融方面的相关知识进行普及和传播，而金融知识水平的提高可以帮助当地农民进一步了解金融，推进金融产品的创新，从而降低贷款门槛，增加小额金融贷款的数量。

（3）正向回路：金融贷款→资金周转→销售金额增加→分销网点增加→网上数量增加→淘宝村发展→金融机构介入→贷款门槛降低→金融贷款增多。这个回路体现了资金周转对农村网商销售额的促进作用，进而推进淘宝村的发展；而淘宝村的发展必然引起当地金融机构的注意，加上地方政府的支持，会降低贷款的门槛，从而增加了小额贷款的数额。

（4）负向回路：淘宝村发展→群聚效应增强→网商数量增加→同质性竞争加剧→市场需求减少→金融贷款的数量减少。这个回路体现了淘宝村发展后，农村网商的数量激增，但由于生产技术普遍不高而进行相互模仿，最终形成同质化竞争，反而缩小了单个网商的市场空间，导致小额金融贷款的减少。

（5）正向回路：金融贷款→基础设施服务→信息物流更加通畅→潜在市场拓展→淘宝村发展。这条回路体现了金融贷款增加农村基础设施建设，使其资金流、信息流和物流更加通畅，并以此促进淘宝村的发展。

（6）正向回路：金融贷款→教育和培训的发展→专业人才→技术水平的提高→淘宝村的发展。这条回路体现了教育培训对淘宝村的作用，金融贷款促进培训和教育的发展，人才的出现必定促进技术水平的提高，进而推动淘宝村的发展。

综上可知，农村金融贷款能增加农村网商的销售额，吸引农村大学生返乡创业，从而促进淘宝村发展。淘宝村的发展会产生两方面的影响：一是促进技术的改进，提高市场吸引力，开拓更宽广的市场；二是淘宝村的发展会促使大量同质化网商堆积，最终会使单个网商的市场缩小。这两种回路分别是良性循环和恶性循环，一旦循环开始便会持续发挥作用，如果发现其突破口，需要破除负向回路的消极影响。

3. 模型构建

根据以上逻辑回路的分析，基于系统动力学模型构建了如图 6-2 所示的因果关系图。

图 6-2 描述了在政府的推动下，大集淘宝村发展受小额金融贷款影响的全过程。金融贷款等能促进基础设施建设、教育培训发展、物流的拓展，从而

推进市场的拓展和网商数量的增加，最终促进淘宝村的发展。

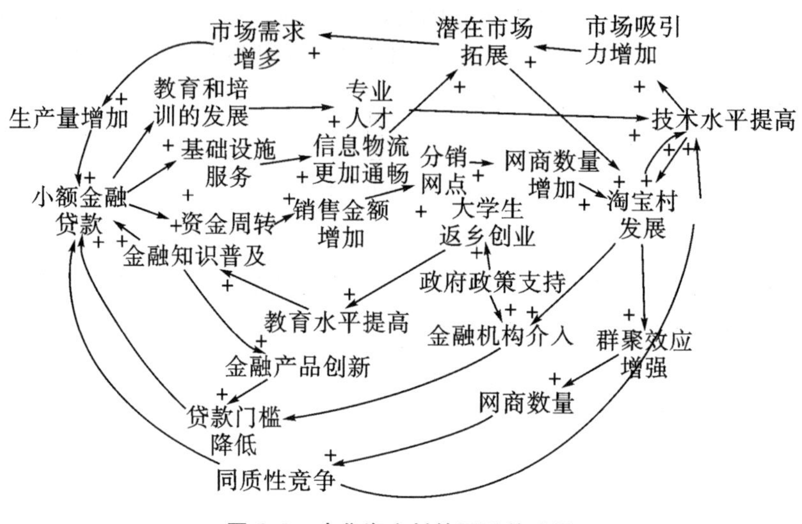

图 6-2　大集淘宝村的因果关系图

6.3.2.2　金融贷款对沙集淘宝村的影响分析

1. 系统分析

沙集淘宝村的产业主要是拼装家具，这需要大量的资金投入厂房设备等固定资产，发展模式为“网络+公司+农户”。据统计，2010 年在从事简易家具的农民中，投入 20 万元以上的有 100 户，投入 200 万元以上的有 4 户。沙集淘宝村从简单的家具拼装开始，逐渐发展成为年销售 15 亿元的电子商务示范基地。据浙江大学包容性创新课题组统计，2015 年沙集镇共有网商 3 000 余家，从业人员 15 300 人，年销售额超过 30 亿元。

2. 结构分析

阿里研究院和中国社会科学院信息化研究中心将沙集模式总结为“网络+公司+农户”。并且由于沙集淘宝村的主营业务是家具制造和加工，其发展需要大量的资金支持，所以沙集淘宝村的金融贷款资金主要用于支持其发展，其影响回路如下。

正向回路：金融资金→电商的复制扩张→专业人才→产品竞争力→产品市场→网商收益→淘宝村发展。此回路体现了金融资金直接用于支持家具制造厂商的发展并支持其复制扩张，进而提高产品竞争力，扩大产品市场，提高网商的收益促进淘宝村的发展。

负向回路：金融资金→网商数量→同质化竞争→阻碍淘宝村的发展。这条回路体现了资金的投入促进了网商数量的增加，然而淘宝村的创新性有待加强，网商数量的增多反而引起了同质化竞争，这又阻碍了淘宝村的发展。

3. 模型构建

沙集淘宝村的村民从事家具生产需要大量的资金投入，但是就农村的自有资金状况来看，当地农民很少可以承受大量资金投入。再加上农村抵押物的缺少，使得网商可能面临资金方面的困难。就实际情况分析，当地缺少第三方综合服务提供商，沙集电商集群的资金主要来源于营业收入、银行或政府的担保贷款。根据上文对影响因素的回路分析，本部分构建了如下的因果关系图。

根据图 6-3 沙集淘宝村的因果关系图发现，两条回路体现了沙集淘宝村的推动力情况。沙集淘宝村既然是以农民自发创业为主，那么有效简洁的金融贷款必定能直接增加网商手里的可利用资金，促进淘宝村的网商和农村企业的快速发展。

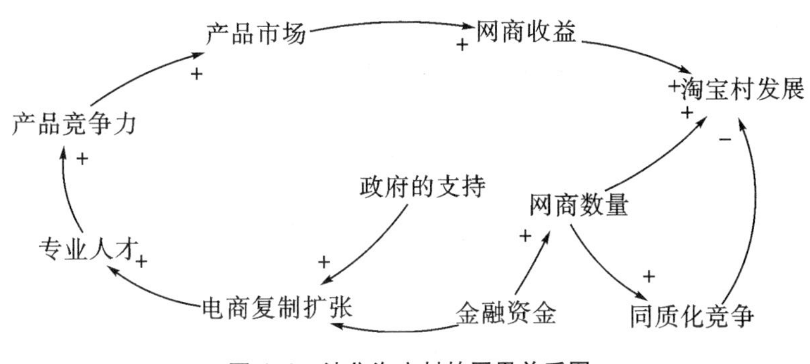

图 6-3 沙集淘宝村的因果关系图

6.3.2.3 金融贷款对遂昌淘宝村的影响分析

1. 系统分析

遂昌淘宝村主要产业是农产品加工及电子商务。截至 2005 年，遂昌有接近一半的农产品和农产品加工产品通过淘宝网进行销售，实现营业额收入 3.5 亿元，拉动本地网购规模 2.26 亿元。截至 2013 年，遂昌网店协会已拥有 1 473 家会员，提供了将近 5 000 个就业岗位。其发展经历了萌芽、发展、成熟三个时期。萌芽阶段是 2005—2010 年，出现了销售竹炭、烤薯等地方特色产品的网商；发展阶段是 2010—2013 年，返乡创业者潘东明和当地政府联系，组织电商培训，促进电商发展；成熟阶段是 2013 年至今，遂昌淘宝村逐渐完善和成熟。

2. 结构分析

学者们经过对遂昌电商集群的分析认为，遂昌模式是借助“电子商务综合服务商+网商+传统产业”的相互作用。所以在遂昌淘宝村，金融资金主要应用于电商培训和电子商务综合服务商，进而促进淘宝村的发展，其影响回路如下。

正向回路：金融资金→电商培训→专业人才→产品竞争力→潜在市场→特色农产品市场→网商收益→淘宝村的发展。这条回路体现了金融资金用于电商培训，促进专业人才的增长，专业人才的增长可以促进电商创新发展，提高产品竞争力，激发潜在市场，潜在市场的激发意味着电商市场扩大，销售量的增加、网商收益的增长将会促进淘宝村的发展。另外，金融资金的投入也可以直接增加网商数量。

负向回路：金融资金的投入→网商数量增多→同质化竞争加剧→淘宝村发展受阻。这条回路体现了金融资金促进网商数量的增多，网商的增多却并未进行相应的产品创新进而引发同质化竞争，最终将会阻碍淘宝村的发展。

3. 模型构建

遂昌淘宝村的主要业务是农产品电子商务化，所以其投入到生产环节的资金不多，金融贷款可应用于电子商务的培训工作。当地的综合服务提供商将提供大量的金融资金应用于网商的培训，其系统动力学模型如图 6-4 所示。

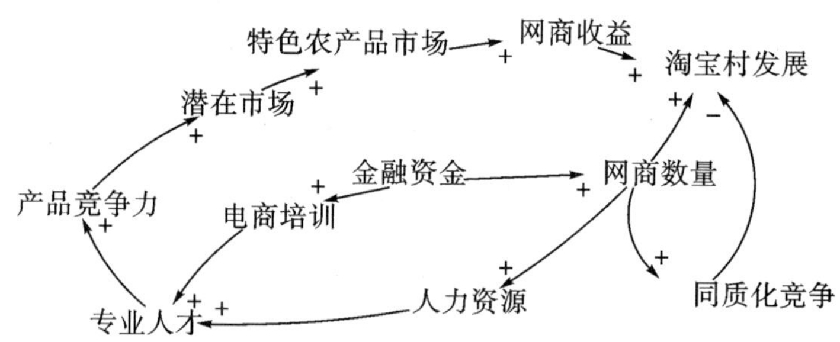

图 6-4　遂昌淘宝村因果关系图

根据图 6-4 遂昌淘宝村因果关系图分析可知，两条回路体现了遂昌模式关于金融贷款方面的好处和不足。遂昌淘宝村的发展要兼备传统农业、工业和现代信息化产业，其竞争的核心是自然资源、互联网和市场需求信息，而对于其“综合服务商+网商+传统产业”的发展模式，金融贷款的资金可以为综合服务商提供充足的资金，进而间接地支持淘宝村的发展。

6.3.2.4　不同淘宝村动力学模型比较与分析

三个案例中淘宝村的共通之处：

根据上述回路分析，本部分着重在资金方面对淘宝村的因果关系图进行改进，构建在资金方面的系统动力学模型，如图 6-5 所示。

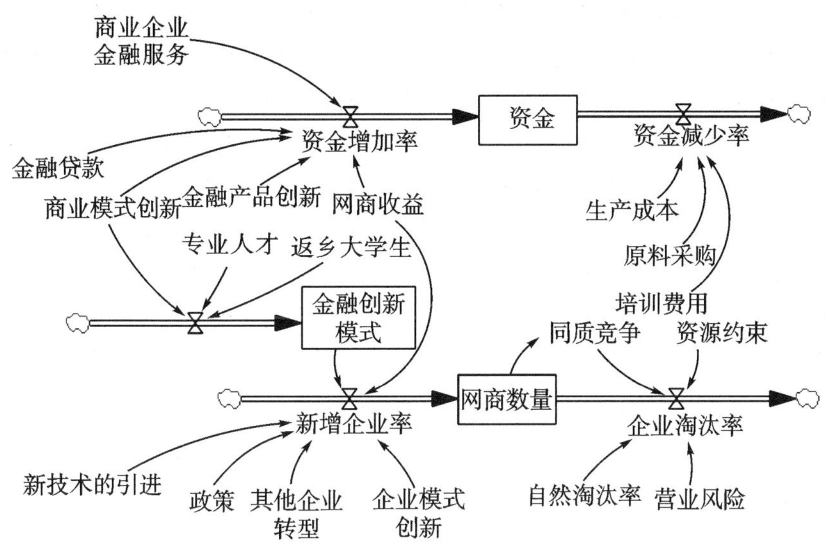

图 6-5　影响淘宝村金融贷款的共同因素

在资金方面，金融贷款、商业模式创新、金融产品创新、网商收益等因素会影响到资金的增加率，而生产成本、原料采购、培训费用等因素会影响到资金的减少率，资金的增加率和资金的减少率共同影响农村网商的资金流通。从中可以看到，金融贷款作为资金增长率中的重要的一环，影响着资金增加的速度。在网商数量方面：新技术的引进、政策、其他企业的转型、企业模式创新、金融创新模式、网商收益等影响着新增网商的数量；企业的自然淘汰率、经营风险、同质竞争、资源约束影响着企业的淘汰率，而新增企业率和企业的淘汰率共同影响着网商的数量。随着淘宝村的发展，农村网商的数量必定会不断增加，如何避免网商同质化竞争引起的企业淘汰率过高变成了现实问题，从系统动力学模型可以看出提高新增企业率可以稳步提高网商数量和避免同质化竞争。那么，三个案例中淘宝村的资金贷款不同之处，如表 6-4 所示。

表 6-4　淘宝村资金贷款不同之处

	发展模式	主营业务	金融贷款的运用方向	资金的使用
大集淘宝村	企业+网店+分销网店	舞蹈服饰产业	加工企业扩张	用于分销网店
沙集淘宝村	网络+公司+农户	简易家具加工	家具制造厂投资增加	家具厂规模
遂昌淘宝村	综合服务商+网商+传统产业	农产品和加工	基础设施和培训增加	基础设施建设

6.3.2.5 银行金融贷款和民间借贷对淘宝村发展的影响

在前面三个案例分析的基础上，本部分将进一步探讨不同性质的金融贷款对淘宝村发展带来的影响。目前，有很多因素会影响到金融贷款，其中影响因素可分为大型金融贷款和民间信贷。银行金融贷款主要包括政府贷款、银行直接发放的贷款等，这些贷款的安全系数相对较高，但是受限于农村文化知识水平、信息传播速度和金融机构不够重视，农民很少真正了解并享受到金融机构贷款带来的实惠；民间金融贷款主要有商业企业发放的金融产品、民间的自行借贷、高利贷等，这种借贷相对容易，但市场上鱼龙混杂，很难管理，使得农民需要承受很高的借贷风险。所以银行金融机构贷款和民间借贷对淘宝村的影响不能一概而论，下面将分别介绍两种因素的影响过程，并分析其对淘宝村影响的结果。

银行金融贷款对金融贷款发挥影响的过程如图 6-6 所示：

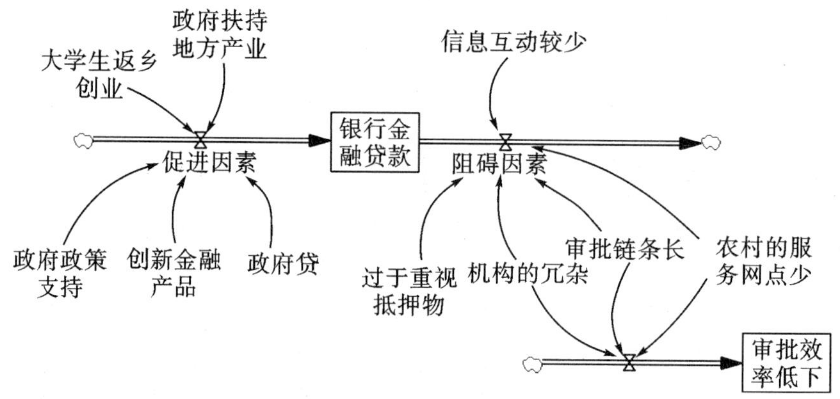

图 6-6 正规金融机构对淘宝村贷款的影响因素

在银行金融机构对农村电商贷款方面：首先要肯定的是政府已经认识到金融贷款对淘宝村成长的作用，开始运用政策等措施加强对农村电商的支持力度，一些大型银行也开始纷纷创新其金融产品，符合农村电商和淘宝村网商的特点和发展方向；其次，政府为了鼓励当地电商的发展，必定会相应地发放政府贷和扶持地方产业壮大，而政府贷并定会吸引当地金融机构的参与，地方产业的壮大也将会引起金融机构的关注并使其积极介入当地的发展；最后，大学生返乡创业会带来新鲜的思想和先进的知识，这部分人群文化程度较高，对金融机构及其贷款的程序比较熟悉，会提高金融贷款的数额。这些因素都会成为银行等正规金融机构对淘宝村发展支持的积极因素，其作用表现为银行等正规金融机构能给予淘宝村充足的资金支持，促进其快速发展。

大型金融机构对农村电商的支持也有其不足之处。第一，传统正规金融机构重抵押、轻信用，而农民恰恰属于抵押物不足的群体，其资产大致只有土地和房屋，而土地归为集体所有，所以农民的抵押物只有房屋这一种物品，这种因素提高了贷款门槛，增加了农民负担；第二，正规金融机构在农村建立的网点较少，并且其管理仍然类似于传统的管理模式，机构设计庞大冗杂，审批链条过长，其机构设计的冗杂和审批链条的冗长直接导致了贷款效率的低下，这就造成了金融机构的覆盖面较窄，导致农民的金融服务可得性低，难以适应农村网商网络平台的发展趋势；第三，金融机构和农民的信息交流较少，不了解农民的实际信用状况，因此在发放贷款时表现得较为谨慎，这也阻碍了银行金融机构金融贷款的效率，进而影响了贷款数量。这些因素将会成为淘宝村发展的阻碍因素，最终使得淘宝村的发展资金不足，影响其快速发展。

综上可知，正规金融机构对淘宝村的支持是可靠的，银行等正规金融机构的正向影响因素的积极作用越大，负向影响因素对淘宝村的阻碍越小，淘宝村具有的发展资金就越多。

民间金融借贷对金融贷款发挥影响的过程如图 6-7 所示。

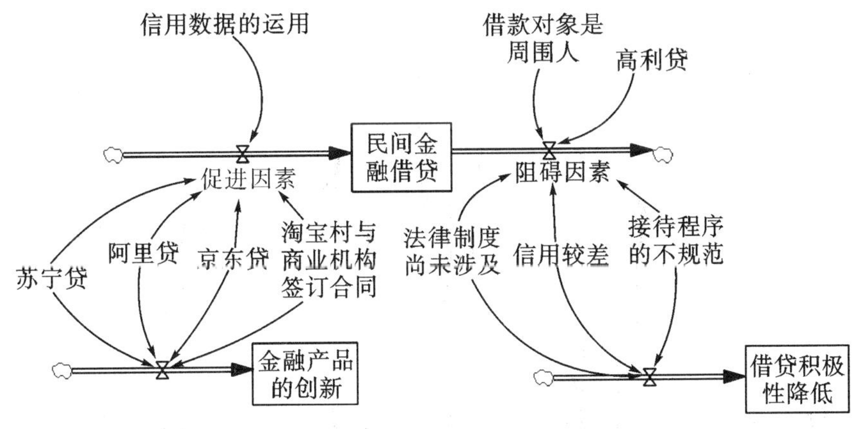

图 6-7　民间贷款对淘宝村的发展的影响因素

在民间借贷方面，民间贷款有效解决了信息不对称的难题，提高了贷款效率。目前，有诸多商业企业如阿里、苏宁、京东发布了贷款服务，借此拓展自己的服务范围，支持农村网商的发展；在淘宝村逐渐发展壮大之时，地方政府也抓住机会与淘宝签订合作协议促进借贷的顺畅进行，并且像淘宝这样的商业企业能通过网商大数据计算网商信用评级，克服了传统金融机构与顾客交流不足，无法了解其信用信息的障碍，促进了民间金融借贷的发展。网上金融借贷相比于线下银行金融借贷更加方便快捷、综合成本低的优势日益凸显出来，这种方式的民间借贷无疑为淘宝村的发展发挥着不容忽视的作用。

总体来说，农村民间借贷仍然处于不规范、漏洞多、信用差的状态，主要表现为接待对象主要限于熟人、伙伴、朋友等，而农村的组织性较差、各领域不诚信的现象将会对农民产生消极的影响，最终会压抑正规金融机构贷款的积极性，并且引发民间金融纠纷。目前，国内民间借贷很难约束，法律法规对其规范性约束还尚待改进，高利贷对民间借贷的影响仍然存在，使得民间的信用体系很难在短时间内构建完善。这些因素对民间融借贷构成了阻碍因素。这种阻碍因素将会直接影响到淘宝村的金融贷款，进而影响到淘宝村持续高质量发展。

民间贷款因其贷款及时、范围广的特性，在淘宝村的发展中也发挥着独特的作用。在民间贷款中，并不是贷款数额越多越好，要注重贷款的质量和安全，才能发挥民间贷款的最大积极作用。

6.3.3 小结

本部分深入挖掘了小额金融贷款对淘宝村形成和发展的内在逻辑，分析了阻碍淘宝村形成和发展的相关因素，构建了系统动力学模型。通过系统动力学模型给出了淘宝村发展的有效途径，以促进淘宝村持续高质量发展。基于系统动力学模型和淘宝村的现状给出以下建议：

（1）由于银行等金融机构对淘宝村的金融贷款乏力，所以下一步要改善农村信贷管理，各银行应建立简洁、高效的授信管理体制，使其服务进一步向农村发展模式靠拢；要进一步简化涉农贷款审批程序，强化与淘宝村的信息互通，完善淘宝村的信用管理系统，提高审批效率，为网商提供更加便捷的信贷业务。

（2）针对金融贷款增多，淘宝村网商增多而带来的淘宝村产品同质化问题，需要加大金融贷款对电商培训的力度，提高淘宝村网商素养，促使专业人才成长，进而提高产品的技术水平，形成产品的差异化，拓宽产品销路。另外，还可以打造网商品牌，有利于淘宝村进一步做大做强。

（3）针对民间借贷不规范、信用差的问题，当地加强政策条款建设，严厉打击高利贷行为；广泛宣传诚信行为，使人们提高诚信意识，自觉遵守接待规范，维护民间借贷秩序；淘宝村应积极拓展与阿里、苏宁、京东这些网商平台的关系，签订相关合作条约，借助这些值得信任的大平台金融贷款为淘宝村的发展注入新活力，促进当地淘宝村的发展。

6.4 基于政府有为的激励机制

6.4.1 引言

在淘宝村集群发展进程中，由于农民自身能力不足以及受农村各种资源的限制，淘宝村已经不能满足农户网商扩大经营规模的需求，必须依靠政府赋能才能促进淘宝村集群持续成长。学者们从经济学角度对电商模式、网商行为、社会创新因素、自然资源禀赋差异等进行探讨。本部分将以江苏沙集镇为例，根据产业集群理论探讨沙集镇淘宝村集群的演化过程，运用公共资源配置理论分析政府如何赋能沙集镇淘宝村集群突破发展瓶颈，结合系统动力学模型深入论证制约淘宝村集群成长的内在因素。最后，给出政府赋能如何驱动网商持续高质量成长的对策和建议。

6.4.2 政府有为下的淘宝村集群成长

淘宝村集群实质上是一种产业集群，可以认为这些集聚的小型企业为“产业区”，而这些产业区的形成源自地区既有的资源禀赋和地区市场环境需求这两个方面。

对于公共资源配置视角下政府赋能的淘宝村集群成长，《改革开放四十年的经济学总结》报告对中国改革开放 40 年基本经验的初步概括性总结是“政府赋能的市场经济”（李稻葵，2018）。新公共服务理论认为，政府在多中心治理系统中具有重要作用，提倡政府应承担满足公众所需要的各种公共服务责任，努力促进和维护公共利益的实现。政府政策引导和服务赋能于区域公共资源配置，减少因资源配置不合理而滋生的商业矛盾，使得区域生态更加协调地发展。

公共资源是为了保障公共服务所提供的公共设施、教育设施、医疗资源、市政设施等资源，公共资源主要由政府进行建设和配置管理，应满足不同群体的需求与偏好。公共资源包括自然资源、经济资源和社会事业资源。自然资源如土地、水、空气等，经济资源主要包括政府财政收入、金融类和非金融类经营性国有资产等，社会事业资源主要包括政府以及科技、教育、文化、卫生等部门的非经营性国有资产等。淘宝村集群发展依赖于农村地区及周边公共资源的发展水平，涉及物流设施、电力设施、公路、网络建设、教育培训、垃圾分类污染处理等。

全国各个淘宝村集群由于地域、资源分布、习俗特点而导致生产产品差异化，在公共服务设施供给上因地制宜。政府赋能的淘宝村集群主要可概括为三点：一是政府积极引导新网商，二是政府积极主动进行宏观规划，三是鼓励农户网商开展跨境电商。基于习近平总书记的“绿水青山就是金山银山”的理念，地方政府需要赋能于淘宝村，引导网商转型升级，在促进农户网商获得经济利益的同时，不应以牺牲当地环境为代价，而应坚持人与自然和谐共处的原则推进可持续发展。

6.4.3 基于政府有为的淘宝村集群成长分析

睢宁是江苏省最大的淘宝村集群，本部分将以睢宁淘宝村的发源地沙集镇为例，深入分析淘宝村持续高质量发展中存在的问题，结合系统动力学剖析制约沙集镇持续发展的原因以及沙集镇集群发展的因果关系。

采用线性模型进行沙集镇淘宝村集群影响因素分析，建立淘宝村集群成长的表达式：

$$\mathrm{L} = \lambda_1 C + \lambda_2 PR + \lambda_3 MR + \lambda_4 E + \varepsilon \tag{6-1}$$

$$C = \sum_{i=1}^{n} C_i \tag{6-2}$$

$$PR = \sum_{j=1}^{n} \beta_j PR_j \tag{6-3}$$

$$MR = \sum_{k=1}^{n} MR_k \tag{6-4}$$

$$E = \sum_{l=1}^{n} \chi_l X_l \tag{6-5}$$

C 代表资金（Capital），E 表示环境资源，PR 表示物质资源（Physical Resources），MR 表示人力资源（Manpower Resource）；公式（6-1）中，L 代表沙集镇淘宝村集群在资金、物质资源和人力资源、环境资源共同影响下的结果，λ_1、λ_2、λ_3、λ_4 分别是资金，物质资源、人力资源、环境资源对沙集镇淘宝村集群发展的影响权重，ε 表示其他因素影响结果。公式（6-2）代表输入资金的总合；公式（6-3）是输入物质资源总合，由于物质资源量纲不一样，所以在纳入计算时需要进行统一量纲；公式（6-4）表示淘宝村集群中人员数量；公式（6-5）是环境资源的总合。具体对各个淘宝村集群影响因素的编码如表 6-5 所示。

表 6-5　淘宝村集群成长影响因素编码表

	二级指标
资金 C	存款 C_1
	金融机构贷款 C_2
	亲朋好友借款 C_3
	其他渠道 C_4
物质资源 PR	土地 PR_1
	设备 PR_2
	信息化建设 PR_3
	原材料 PR_4
	电力资源 PR_5
	物流设施 PR_6
	公路建设 PR_7
	其他资源 PR_8
人力资源 MR	培训机构输送人才 MR_1
	农户 MR_2
	高校毕业生创业 MR_3
	无职业者 MR_4
	外来务工人员 MR_5
	其他人员 MR_6
环境资源 E	空气 E_1
	工业用水 E_2
	生活用水 E_3
	其他环境资源 E_4

根据上述线性模型分析以及公共资源配置理论，分析淘宝村集群发展影响因素，整理出沙集镇淘宝村集群发展系统动力学模型，如图 6-8 所示。

图 6-8 中反映了政府赋能于沙集电商集群，电商协会、电商企业对沙集淘宝村集群的推动，形成了如下 5 条反馈路径：

（1）物质资源回路。正向回路：原材料、设备、土地资源→物质资源→资金→新增原材料、设备、土地资源。这条正反馈路径主要说明沙集镇农民网商物质资源成本来源于购买生产产品的原材料、设备，以及购买或租用工厂建筑所需的生产用地，这其中也有从第三方采购成品的成本。产品来源于三条路径，一是资金购买来的原材料经过沙集镇农民网商的再加工和制造，成为顾客手上最终的产成品。例如沙集镇最初进行的家具生产，一开始是家家户户的“前店后厂”模式，大多是“夫妻店”式的家庭小作坊，网商自己充当客服、家具厂工人、物流包装发货员等多重身份；二是工厂生产。“夫妻店”不断做

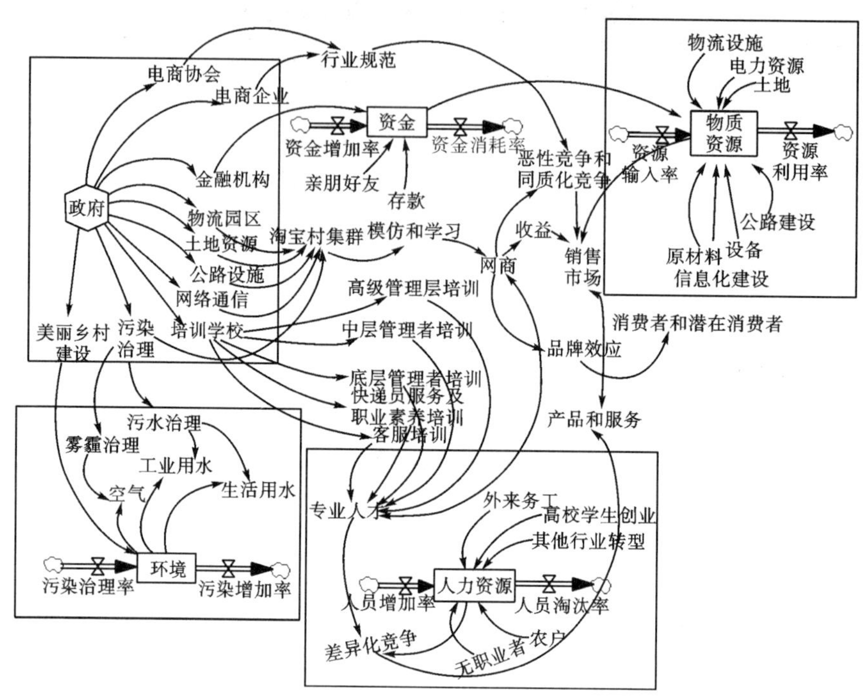

图 6-8　沙集镇淘宝村集群发展系统动力学模型

大，渐渐形成规模化生产，成为淘宝村集群的一部分，此时资金不仅用于购买原材料、设备，更有工人工资以及工厂每日正常运营所消耗资源费用、设备折旧费用等；三是网商只负责在电商平台销售产品，而不参与产品的生产过程，充当顾客与工厂之间的桥梁。

（2）销售市场回路。正向回路：销售市场→收益→网商→产品和服务→新增销售市场份额；负向回路：销售市场→收益→网商→恶性竞争和同质化竞争→销售市场。正向回路解释了网商收益主要来源于向顾客输出了产品和服务，少部分来源于潜在顾客。由于潜在顾客日后极有可能会转变为真实顾客，且浏览量在一定程度上与下单量呈线性正相关关系，所以潜在顾客也是网商经营网店不容忽视的群体。负向回路表明了销售市场扩大以后，带来网商利润增加，引起了一些同行的恶性竞争。沙集镇的沙集模式是自下而上自发式的电商模式，村民之间互相模仿、复制彼此的产品设计理念和经营模式，导致产品同质化现象严重。这时候，网商有的采用低价竞争策略，有的抄袭销量高的店铺图片。恶性竞争现象破坏沙集镇整个家具行业的口碑，低价竞争将网商利润空间压缩，阻碍沙集镇电子商务行业的发展。

（3）人力资源回路。正向回路：人力资源→专业人才→差异化竞争→顾客和潜在顾客销售市场→网商→新增人力资源。在人力资源回路中，人力资源的来源包括没有固定工作的家庭主妇、家中的留守老人、高校毕业之后返乡自主创业的大学生群体、原先在家务农的农民、看到商机之后从其他行业转型过来的商户以及当地电子商务发展吸引过来的务工人员。沙集镇淘宝村由于是农民自下而上的自发行为，在经营店铺的过程中不断摸索、模仿形成自身经营的经验，缺乏专业人才指导，在“拿来主义”到“专利风波”中，沙集镇网商由于缺乏专利保护的意识而使得自己苦心经营的产品惨遭抄袭。由于近十年来，电商由于互联网快速发展的推动而迅猛发展，电商行业人才紧缺，而在淘宝村更需要专业人员指导。专业人员能够洞悉市场行情，探索顾客消费趋势和偏好，在众多模仿的产品中能够形成自己独树一帜的品牌，把激烈的同质化竞争转变为相对宽松的差异化竞争，提高潜在顾客的购买欲望。从而不断扩大销售市场，吸引更多村民从事电子商务行业。而政府牵头建立培训机构可以降低专利侵权问题发生的概率，同时向电商行业输送专业人才，填补电商人力资源的空缺。

（4）资金回路。正向回路：资金→物质资源→销售市场→收益→网商→产品和服务销售市场→新增资金数量。沙集镇主要从事销售简易拼装家具，在购买原材料、雇佣员工、进购设备、建设厂房上需要投入大量资金。淘宝村网商大多数是农民转型而来的，原先都是在自家土地生产粮食，没有过多资金投入网店经营。由于没有能够抵押的固定资产，在银行借贷资金上也存在较大困难。实地调研中发现，大多数网商都是通过“人情关系”网，互相之间进行资金周转，数额小，周期长。所有经营成本分为两部分，一部分用于开设店铺，一家网店的开设成本在5 000元左右，其中购买电脑设备在3 000元左右，一年的通讯费用在1 000元左右，网络注册店铺保证金在1 000元左右，初始资金需求量小；其余大部分成本用于购买原材料和厂房建设。在市场中投入销售后，网商获得收益，经过循环往复迭代，输出产品和服务，获得新的资金。在这一闭合回路中，政府发挥宏观调控的作用，放宽金融机构对农民借贷的政策以及土地的使用限制，加快农民资金周转速度，解决农民网商用地、用钱窘境。

（5）行业规范回路。负向回路：模仿和学习→恶性竞争、同质化竞争→减少顾客、潜在顾客数量→电商协会→行业规范→良性模仿和学习。淘宝村集群发源于农村内部，农村本身人情网络不同于城市网络，是一种特殊的社会网络。村民向销售业绩好的农村网商求取经验时，这些网商精英通常会乐意传授自己的经营之道，以获得稳定、和谐的邻里关系。人的创造性行为会向各个方向发展，区域内部会出现恶性竞争现象。

6.4.4 小结

6.4.4.1 政府牵手金融机构与淘宝村集群“强强联合”

政府倡导金融机构大力构建淘宝村网商的金融服务体系，适当降低农民网商贷款门槛，简化贷款流程，缩短放款周期，延长还款年限，降低贷款利率，在网商需要资金扩大淘宝店铺规模时给予支持，并开发适用于农民网商的金融产品和服务。另外，政府可以牵头保险行业推广网商创业保险，规避经营风险，解决淘宝村网商的后顾之忧。

6.4.4.2 完善公共资源配置，更好地促进集群成长

政府需完善通信网络设施，保持网络信号稳定，让淘宝村集群内网商安心。大力发展物流基础设施和冷链物流技术，在资金上支持物流园区的建设，引进各大物流公司入驻，降低物流单个运单成本。政府可适当放宽土地使用权，在一定年限内允许农民在自家耕地上建厂房、办企业。政府还应加快农村道路升级改造，全面拓宽乡村道路。

6.4.4.3 联电商平台、建培训学校、实现人才强村

沙集镇现在已经有政府和阿里研究院合作开办的电商学院，用于培养专业电商人才，成为淘宝村的活水源泉。政府可与电商平台合作共同投资创建培训机构，或将淘宝村集群中的“领头羊”送至国内知名高校进修学习，不断提升自己的专业知识，更好地促进淘宝村的发展。在产品品牌化方面，政府牵头引进专业设计师为产品设计品牌理念并提高网商产品专利意识，追随当下消费趋势——定制化生产。

6.4.4.4 建设美丽淘宝村，良性循环促发展

建设“绿水青山”的美丽乡村就是为子孙后代留下“金山银山”。政府需投入资金治理脏乱差的乡村环境，倡导使用清洁设备并给予相应补贴。定时清理淘宝村集群内产生的各种垃圾，并对垃圾乱放企业和网商进行惩处，可与网商店铺评级挂钩，建立评价系统，使之与金融机构联通，在商户办理贷款时，将此评价结果作为标准之一。另外，政府可对环境污染指数较高的网商和淘宝村集群内企业征收较高比例的环境污染税。

7 网商群体持续高质量成长模型

7.1 网店评价的质量分析

近年来，中国电子商务保持快速发展，我国网络购物市场年交易规模逐渐增加，网络购物、网络评价成为卖家经营过程中需要面对的重要内容，分析顾客购买行为对网店的影响及网店声誉具有一定的意义。在线评论为顾客和店家提供了一个互相交流、沟通的平台，顾客购买决策很大程度上受其影响，因此其对网店生存和成长有着重要意义。

7.1.1 在线评论信息质量的理论模型

在线评论作为网络口碑的表现形式之一，研究表明在线评论是顾客在线购物时影响其购买决策的重要因素，同时影响着卖家的信誉高低。在线评论作为网络口碑传播的一种新的形式，具有传统评论方式所不具备的优点，如在线评论的影响范围更大、传播速度更快、评论手段更简单等，对顾客的信息搜索和购买决策具有很强的影响力。目前，大多从两个方面对信息质量进行分析：一是从顾客角度，认为信息质量是满足顾客需求，使之达到顾客满意的程度；二是从产品角度，根据信息产品的客观属性考察信息质量，如信息的及时性、完整性、真实性、可获取性等。态度功能理论认为，人们之所以持有某种态度是为了满足其内在需求，如果外界信息能够满足这种需求，人们的态度就更容易改变。本部分所指的信息质量是从顾客角度分析的，在线评论能够在一定程度上反映商品的真实属性，质量高的在线评论所反映的信息更为准确，更容易被顾客接受。某条在线评论所传达的信息能够影响顾客感知，如信息的相关性、可信性、可理解性等。

信息质量维度是构成信息质量评价的主要框架。信息质量的评价指标选择受其对信息质量特征的选择和认知的影响。基于信息本身的相关属性，Ballou等人最早提出信息质量这一概念，并将信息质量划分为准确性、完整性、一致性、及时性几个维度。Strong 等从顾客角度出发明确了四个信息质量域，包括内部信息质量、可获得性信息质量、情境信息质量和表达信息质量。基于 Sussan 等人提出的在网络环境下关于信息采纳模型的假设：信息质量为中枢路径，信息源可行性为边缘路径，信息质量和信息源的可靠性直接影响信息的有用性，信息的有用性进而又影响信息的采纳，最终得出信息采纳模型如图 7-1 所示。

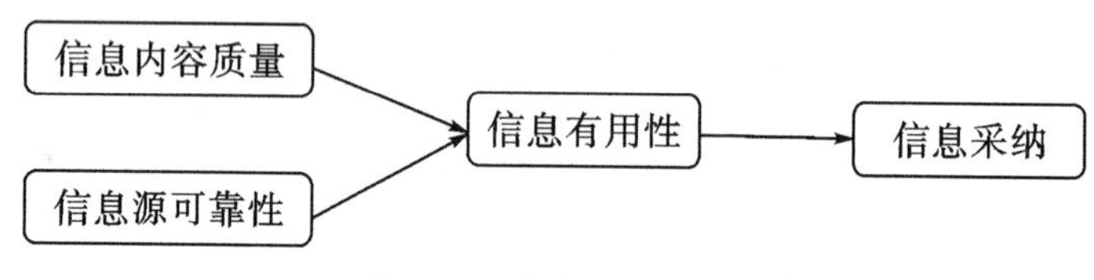

图 7-1　信息采纳模型

在网络环境下，信息使用者对信息的采纳程度受其对信息质量的感知程度的影响。顾客主要从两个维度评判信息质量，即信息内容质量和信息效用质量。信息内容质量主要包含及时性、真实性、准确性和完整性；信息效用质量包含需求的符合性和适用性，信息使用者更看重信息内容本身的客观属性、对信息内容和服务的体验与感知以及对信息的需求与期望。信息源可靠性是指信息接收者认为信息源是有作用的、可相信的且值得信赖的程度，信息源可靠性不对信息本身是否可靠做出反馈，而是对信息来源的可信度认知划分为专业性、可靠性和吸引力。

本部分以信息采纳模型构建顾客在线评论信息质量模型，再结合国内外学者的相关研究，构建如图 7-2 所示的在线评论信息质量模型。

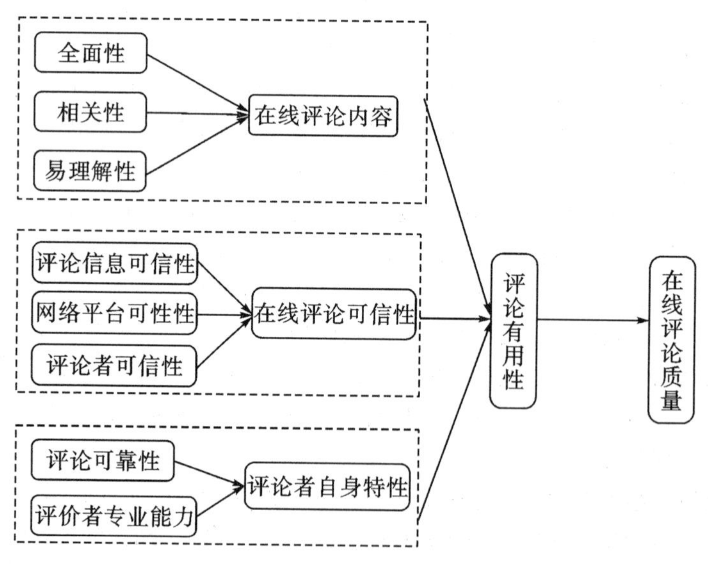

图 7-2　在线评论信息质量模型

7.1.2 在线信息质量评价模型构建

7.1.2.1 在线评论质量的评价指标体系

遵循合理的评价指标体系设计原则是保证评估效果科学性的重要前提，设计评价指标体系需符合一定的原则，如科学性、系统性、客观性、可操作性以及实用性原则等。在遵循以上原则的基础上基于顾客在线评论信息质量研究模型，将其划分为三个维度：在线评论内容、在线评论可信性、评论者自身特性，再从三个维度出发设计相应的二级指标，如表 7-1 所示。

表 7-1 网络顾客在线评论质量研究指标体系

一级指标	二级指标	相关说明
在线评论内容 P1	全面性 A1	评论信息能从多个角度出发对产品进行评论
	相关性 A2	评论内容是否与产品相关，有无无关内容
	易理解性 A3	在线评论信息表达是否清晰，是否存在歧义信息
在线评论可信性 P2	评论内容可信性 A4	评论信息的情感倾向强度是否超出合理范围
	网络平台可信性 A5	是否是官方网站，有无信息交易保护措施
	评论者可信性 A6	评论者信誉等级高低及是否匿名
评论者自身特性 P3	评论者可靠性 A7	评论者的可信程度，其言论是否值得信赖
	评论者专业能力 A8	评论者对于商品知识的了解程度、自我判断意识

7.1.2.2 评价方法及过程

选用层次分析法对在线评论信息质量进行评价，具体步骤为：

根据上文初步选取的指标，设计顾客调查问卷，使用利克特七分量表的形式让顾客对每项指标的重要程度进行打分，评分 1~7 代表重要程度（1：非常不重要；2：不重要；3：比较不重要；4：中立/无所谓；5：比较重要；6：重要；7：非常重要）。

首先根据统计结果计算每一层每个指标的得分。K_n 为指标重要性分值，$K_1=1$，$K_2=2$，$K_3=3$，$K_4=4$，$K_5=5$，$K_6=6$，$K_7=7$。每层每个指标的综合重要性得分按公式 $L_i = \sum_{n=1}^{7} X_n * K_n$ 计算，其中 X_n 代表选择不同重要性得分的人数占总人数的比例，由此公式计算出一级指标和二级指标各指标的分数分别如表 7-2、表 7-3 所示。

表 7-2　一级指标得分

项	P1	P2	P3
得分	5.448	5.416	5.280

表 7-3　二级指标得分

指标	A1	A2	A3	A4	A5	A6	A7	A8
得分	5.518	5.343	5.321	5.471	5.269	5.657	5.353	5.107

在层次分析法中，指标权重的确定需要运用判断矩阵的方式按照某个指定的准则，将指标进行成对比较，这里一般使用 Saatyl-9 标度值：1、3、5、7、9。之后转化得分，上述指标分数最高为 5.657，最低为 5.107，将最高值和最低值的差值评分分为 8 个区间，并对应转化为 Saaty1-9 标度值，如表 7-4 所示。

表 7-4　指标重要性差值转化

重要性得分差值	Saaty1-9 标度值
0	1
0—0.069	2
0.069—0.138	3
0.138—0.207	4
0.207—0.276	5
0.276—0.345	6
0.345—0.414	7
0.414—0.483	8
0.483—0.552	9

根据层次分析法建立各判断矩阵，分析比较左侧第一列指标与最上行的各个指标；然后，再比较第二列与最上行指标，依此类推，其中比较的依据即为各对应指标之间的差值落入的“Saatyl-9 标度值”中相应的标度值；最后，得到判断矩阵，根据判断矩阵得到其最大特征值所对应的特征向量，归一化处理后就得到其权重，判断矩阵分别如表 7-5（a）、（b）、（c）、（d）所示。

表 7-5（a） T 判断矩阵

	$P1$	$P2$	$P3$
$P1$	1	2	3
$P2$	1/2	1	1
$P3$	1/3	1	1

表 7-5（b） P1 判断矩阵

	$A1$	$A2$	$A3$
$A1$	1	3	5
$A2$	1/3	1	2
$A3$	1/5	1/2	1

表 7-5（c） P2 判断矩阵

	$A4$	$A5$	$A6$
$A4$	1	2	1/3
$A5$	1/2	1	1/4
$A6$	3	4	1

表 7-5（d） P3 判断矩阵

	$A7$	$A8$
$A7$	1	3
$A8$	1/3	1

根据以上判断矩阵的构建，依次计算各级指标权重，如表 7-6 所示。

表 7-6 评价体系权重

一级指标	权重	二级指标	权重
在线评论内容 $P1$	0.55	全面性 $A1$	0.65
		相关性 $A2$	0.23
		易理解性 $A3$	0.12
在线评论可信性 $P2$	0.25	评论内容可信性 $A4$	0.24
		网络平台可信性 $A5$	0.14
		评论者可信性 $A6$	0.62
评论者自身特性 $P3$	0.20	评论者可靠性 $A7$	0.65
		评论者专业能力 $A8$	0.35

根据判断矩阵得到其最大特征值所对应的特征向量，归一化处理后得到其权重，以此求得矩阵最大特征值，记为 λmax；之后计算一致性指标 $CI=(\lambda max-n)/(n-1)$；最后计算一致性比率 $CR=CI/RI$，根据一致性指标 RI 确定。

通过 Matlab 计算可得 T 判断矩阵，如表 7-7 所示。

表 7-7 *T* 判断矩阵

	$P1$	$P2$	$P3$	W
$P1$	1	2	3	0.528
$P2$	1/2	1	1	0.333
$P3$	1/3	1	1	0.138

此时 $CR=0.046<0.1$，满足一致性要求。同理可得 $P1$、$P2$、$P3$ 矩阵的 CR 分别为 0.032、0.044、0.081，均满足一致性要求。

由于各判断矩阵满足一致性要求，表明之前所得各权重相对合理，因此可得合成权重即为一级指标权重与二级指标权重之乘积。下面进行权重分析：①顾客对评论的内容尤其是其内容的全面性最为重视。由一级指标权重分析可知，在线评论内容所占比重超过一半，从最终得出的指标体系权重分析可知，在线信息的全面性的权重最高，这表明顾客对于在线评论信息的内容十分关注。②顾客对于在线评论的评论者本身不够重视。评论者自身特性在一级指标中所占的比重最小，表明顾客对其不够重视，同时也表明了顾客对这方面不够了解，很少有提高顾客这方面信任度的渠道。

7.1.3 实证分析

根据 2016 年中国电子商务网站在世界的排名如表 7-8 所示，中国包揽 2016 年电子商务网站销售额的前十名。本研究只选取前两名即淘宝网和天猫商城两个网站作为样本网站。

表 7-8 中国电子商务网站排名

排名	网站	网址	全球排名
1	淘宝网	taobao.com	12
2	天猫商城	tmall.com	36
3	京东商城	jd.com	73
4	亚马逊中国	amazon.cn	128
5	苏宁易购	suning.com	696
6	大众点评	dianping.com	1 024
7	当当网	dangdang.com	1 200
8	一淘网	etao.com	1 202
9	一号店	yhd.com	1 385
10	唯品会	vip.com	1 764

随着网购的普及，网民在网上购买商品的种类也越来越多。本研究选取花木之乡沭阳的花卉红枫作为商品样本来源，分别在淘宝网和天猫商城各选取两个店铺作为研究样本，开展红枫树苗在线评论信息质量评价。

7.1.3.1 数据来源及评价规则

选用顾客评分的办法对各项指标进行评价打分，用 Gooseeker 将每个店铺最近的 100 条评论进行选取。然后将每家店铺的 100 条评论分为 10 组，每组 10 条；接着由抽选 100 名志愿者分别阅读各家店铺的 1 组评论，根据阅读每家店铺的评论后的感想填写问卷调查打分；之后根据每项标准的打分得出均值，构成每项的分数。问卷中所有量表均采用李克特五点量表（Likert scale）来测量，即 1 为完全不符合，2 为有点不符合，3 为不能确定，4 为有点符合，5 为完全符合。对于用 Gooseeker 抓取的部分评论格式如表 7-9 所示。

表 7-9　店铺及顾客评价

店铺	顾客	顾客评价
馨之园花卉（淘宝 1）	星 *** 5（匿名）	看着可以，大概快发芽了吧!
	特 *** 6（匿名）	已经多次购买，下次有需要还会继续。
	风 *** 饭（匿名）	评价方未及时做出评价，系统默认好评!
	安 *** 1	故意等了两周才评价。小树苗已经发芽了，完全是物超所值。
	l *** 1（匿名）	一如既往，包装好，产品好! 新疆喀什李焱买第三次了! 还会再来!
	李 *** 0（匿名）	苗子有点小，但是挺有活力，已经种下希望，能成活。
	蒋 *** 1（匿名）	很好，物流很快，下次再来。
	w *** s	看着不错，希望它能快点长大，快点开花。
	g *** 5（匿名）	枫叶红于二月花!
	胡 *** 6	到现在都没有发芽，但是还活着。
春新苗圃基地（淘宝 2）	d *** 3	植物为什么寄过来不给带土球，收到打开后树叶就发霉了! 店家爱答不理!!
	沙 *** 6	此顾客没有填写评价。
	t *** 3（匿名）	老板是骗人的，这是红枫吗? 一点信誉都没有，跟他沟通一直不回答，大家都别买。
	星 *** 3	你这个宝贝我不知道是什么?? 4 月了一点叶子都没有。
	t *** 3（匿名）	这是红枫吗? 绿叶子。大家千万别上当。
	t *** 2（匿名）	评价方未及时做出评价，系统默认好评!
	t *** 9（匿名）	很棒，都长叶子了。

表7-9(续)

店铺	顾客	顾客评价
春新苗圃基地（淘宝 2）	j *** 1	开始买的时候服务很好，后面买了十棵，三棵发芽，其余的全部干枯了，找客服没人处理，后面干脆不回话了。本想退货，太麻烦，几十块就当买个教训，大家买种子树苗千万要记住江苏宿迁这个地方发货的有很多骗子，2012 年也是向江苏宿迁的买了三斤红豆杉种子，买回来发现里面全部烂掉了，卖家还叫我播种下去会慢慢发芽的。敲开了几十个种子，没一个不是空心的，还遭到恶意恐吓。这个卖家里面的好评都不知道是哪里来的，大家买的时候要小心。这家卖出去就不管，邮寄回来根部就很干了，千万小心。下面是找客服和种下去的红枫的图片。
	t *** 8	栽上几天了，期待发芽。没分枝，就光杆一条。
	许 *** 霞	光杆杆，连个芽都没有。

由被选择的顾客阅读以上评论再填写对各家店铺指标的打分，具体过程这里不再描述。

7.1.3.2　结果探讨

根据之前给出的评价指标体系，取各家店铺各个指标的平均分并乘以相应权重，得到的二级指标权重，如表 7-10 所示，分别将馨之园花卉、春新苗圃基地、恩义花卉旗舰店、沂馨园旗舰店标注为淘宝 1、淘宝 2、天猫 1、天猫 2。

表 7-10　各店铺指标平均得分

指标	淘宝 1	淘宝 2	天猫 1	天猫 2
全面性	4. 435	4. 48	4. 505	4. 36
相关性	4. 28	4. 385	4. 515	4. 415
易理解性	4. 51	4. 605	4. 555	4. 48
评论内容可信性	4. 075	4. 21	4. 38	4. 295
网络平台可信性	4. 16	4. 225	4. 525	4. 49
评论者可信性	4. 43	4. 475	4. 55	4. 46
评论者可靠性	3. 9	4. 01	4. 105	4. 065
评论者专业能力	3. 66	3. 78	3. 84	3. 735

各指标权重由上节计算可得，如表 7-11 所示。

表 7-11 指标合成权重

指标	全面性 A1	相关性 A2	易理解性 A3	评论内容可信性 A4	网络平台可信性 A5	评论者可信性 A6	评论者可靠性 A7	评论者专业能力 A8
合成权重	0.357 5	0.126 5	0.066	0.06	0.035	0.155	0.13	0.07

将调查问卷所得的平均得分乘以相应的权重可得各指标的最终得分，如表 7-12 所示。

表 7-12 各店铺指标最终得分

指标	淘宝 1	淘宝 2	天猫 1	天猫 2
全面性	1.586	1.602	1.611	1.559
相关性	0.541	0.555	0.571	0.558
易理解性	0.298	0.304	0.301	0.296
评论内容可信性	0.245	0.253	0.263	0.258
网络平台可信性	0.146	0.148	0.158	0.157
评论者可信性	0.687	0.694	0.705	0.691
评论者可靠性	0.507	0.521	0.534	0.528
评论者专业能力	0.256	0.265	0.269	0.261

7.1.3.3 评价结果分析

从上述分析可知，不同店铺评论的信息质量水平有一定差距，其中天猫 1 的各个指标得分比较高，说明其信息质量的综合水平最高；淘宝两家店铺的得分相对较低，说明其综合水平比较低。下面根据对不同店铺的各指标得分的观察比较，从不同维度进行讨论。

在线评论内容维度，主要包括全面性、相关性、易理解性三个方面。关于全面性和易理解性各店铺的得分差距都不大，而关于相关性，淘宝两家店铺的得分明显低于天猫的两家店铺，表明淘宝店铺评论水分较大，虚假评论相对天猫来说较多。

对于评论内容的可信性维度。在网络平台可信性与评论内容可信性方面，天猫的店铺得分明显要高于淘宝店铺，说明顾客更信任天猫的信誉。这是由于淘宝网监管不力导致卖家卖的假冒伪劣产品增多，顾客对其产生了不信任。

评论者自身特性维度包括评论者可靠性与专业能力两方面，各卖家的得分差距不大，这说明各卖家的顾客判别水平相似，各卖家的顾客来源都相似。

7.1.4 小结

本部分以信息采纳模型为基础，构建出以在线评论内容、在线评论可信性及评论者自身特性为一级指标的在线评论信息质量指标体系，得到影响在线评论信息质量的因素及其相应的重要性，运用实证分析法对影响评论信息质量的相关因素数据进行分析。上述分析还存在一些不足，如指标体系有待完善，部分指标难以界定；权重的计算完全靠问卷打分，科学性不足；问卷调查部分的受访对象虽然体现了一定的代表性，但仍属于有偏样本等。

7.2 产品质量舆情传播

7.2.1 引言

随着网络的兴起，人们开始在网上发表属于自己的言论，从而形成了具有一定作用力量的表述社会现象的作用体。作为社会网络中的一类重要节点，企业不可避免地面临日益复杂的网络舆论环境，企业舆情管理应运而生。以社会化新闻、论坛、博客、微博以及微信等为主的网络媒体正以迅猛的速度充斥着整个网络空间，促使互联网从简单的信息发布平台演变为交互式的信息发布、共享、交流与协作的社会化网络。网上呈几何级数增长的舆情信息、区别于传统媒体的信息传播机制以及人际关系网络交织在一起，社交网络的影响力急剧扩大，极大地改变了网络线上营销的网络环境，给网络舆情管理带来了巨大挑战。由于网络舆论信息具有隐含性、语义模糊性和不确定性，且信息规模巨大，网络成员间的社会影响复杂多变，如何通过在线社会网络分析产品质量舆论的传播和演化过程，成为网商关心的话题和面对的主要挑战。

互联网的快速发展使信息的创造和传播速率得到了极大的提升，让人们可以自由地在网络中表达自己的观点，而产品质量网络舆情就是顾客在网络环境中对于产品质量等问题的观点表述，对产品质量网络舆情的研究有利于网商抓住顾客的重点需求。如果对产品质量舆情的传播没有深入了解，那么将难以正确掌握当前的舆论动向，更无法在今天的互联网背景下对网商自身产品质量有效地进行管理。近年来，大多网商利用技术手段对海量的产品质量舆情信息进行挖掘、分析、决策，下面笔者将对网商产品质量网络舆情进行进一步分析。

7.2.2 产品质量网络舆情传播模型

网络技术的快速发展使得信息的传播和接受变得更加快速便捷。某一事件若在社交平台、百度贴吧或微信等互联网平台上被关注，并被有影响力的群体传播就可能使网络舆情爆发。如果网商此时不能对事件发生的原因进行公开澄清，网络上就会布满大量关于网商的负面舆情，使得网商形象受损，继而给相关网商造成巨大的压力。

7.2.2.1 产品质量网络舆情传播过程

根据已有的舆情、网络舆情理论可将产品质量网络舆情定义为网民和网络媒体利用互联网对企业产品质量问题所表现出的具有一定主观性和客观性的观点或表述。产品质量网络舆情在网络上可以通过不同途径表现出来，如：网络媒体、论坛帖文、贴吧跟帖、搜索引擎、手机 APP、微博微信等。想要了解产品质量网络舆情，不仅要注意在各种渠道中发布的意见性信息，还要关注那些隐含发布者意见与情绪的事实性信息。在市场经济不断发展和人民生活水平明显提高的情况下，网民对于产品质量越来越重视，所以一旦有关产品质量的舆情在网络上出现就会有极高的关注度，许多网民会表达自己关于产品的真实情绪、意见和行为倾向。

在已有的网络舆情理论研究基础上，将整个产品质量网络舆情的传播过程概括为四个阶段：产生阶段、爆发阶段、衰退阶段和消亡阶段。产品质量事件在刚发生时由于舆论范围小且未被报道，所以传播速度缓慢，即产生期；当经过一定时间后，网络媒体和一些领域内的权威人物逐渐被关注并进行传播，会使得该事件得到全社会群体的广泛关注，这时舆情的传播达到爆发阶段；在爆发阶段以后，由于媒体的持续跟进、企业和有关政府部门的介入，产品质量网络舆情就会快速进入衰退阶段，即对事件感兴趣的人数会在较短时间内迅速下降；然后随着其他热点问题的发生，顾客会快速转移注意力，最终使该热点舆情进入消亡期。

7.2.2.2 产品质量网络舆情传播模型

1. 模型假设

对于网络舆情的传播可以引入传染病模型，根据产品质量舆情的特征，决定以 SIS 模型作为构建产品质量网络舆情传播模型的理论基础。

（1）在产品质量事件发生时可将网民人群总数设为 1，参与事件舆论传播的人数所占比率为 $x(t)$，而在此时未参与的人所占比率为 $y(t)$，传播率为 p，参与传播的退化率为 q。在此模型建设中，将 p 与 q 设为定值，以下讨论中的 p 与 q 在一定 t 时间内的传播率和退化率都是常数值。

（2）事件发生后，t 时间内增加的参与者所占比率为 $px(t)y(t)$，退出舆论的人数所占比率为 $qx(t)$。

（3）舆论信息传播者总数为 $x(0)+px(t)y(t)-qx(t)$，传播者增加率为 $px(t)y(t)-qy(t)$。

（4）参与舆论者的增加率为 $m(x(t)) = px(t)y(t) - qx(t)$。

2. 模型定义

当 $t = 0$ 时，$x(0) = x_0$，$x(t) + y(t) = 1$，则：

$$m(x(t)) = \frac{dx}{dt} = px(1 - x) - qx \tag{7-1}$$

得出公式：

$$\begin{cases} \dfrac{dx}{dt} = px(1 - x) - qx \\ x(0) = x_0 \end{cases} \tag{7-2}$$

利用 MATLAB 软件，将上式求解得整理可得：

$$x(t) = \begin{cases} \left[\dfrac{p}{p - q} + \left(\dfrac{1}{x_0} - \dfrac{p}{p - q}\right) e^{-(p-q)t}\right]^{-1} & p \neq q \\ \left[\dfrac{1}{x_0} + pt\right]^{-1} & p = q \end{cases} \tag{7-3}$$

将式（7-3）分为假想模型和实际模型进行讨论。

3. 假想模型分析

假想情况：t 可以趋向于无穷大。

当 $t \to \infty$ 时，$e^{-(p-q)t} \to 0$，则：

$$\left(\frac{1}{x_0} + pt\right)^{-1} \to 0 \tag{7-4}$$

当 $p \neq q$ 时，$x(\infty) = \dfrac{p}{p - q}$。当 $p = q$ 时，$x(\infty) = 0$。

因此只需讨论传播概率 p 与退化概率 q 大小关系。

令 $x_0 = 0.1$，p，q 为不同值可得：

（1）当传播概率大于退化概率时，即 $p > q$ 时：

当 p 不变，被假设为 0.4 时。取 $q = 0.3$，所以 $p - q = 0.1$，$p/(p - q) = 4$，可得 $x(t) = (4 + 6 * \exp(-0.1 * t))^{-1}$。

再次取值 $q = 0.2$，得 $p - q = 0.2$，$p/(p - q) = 2$，可得 $x(t) = [2 + 8 * \exp(-0.2 * t)]^{-1}$。

取 $q = 0.15$ 时，$p - q = 0.25$，$p/(p - q) = 1.6$，$x(t) = [1.6 + 8.4 * \exp(-0.25 * t)]^{-1}$；

取 $q = 0.1$ 时，$p - q = 0.3$，$p/(p - q) = 1.333$，$x(t) = [1.333 + 8.667 * \exp(-0.3 * t)]^{-1}$。

然后结合上面所讨论式子，绘制如图 7-3 所示曲线。

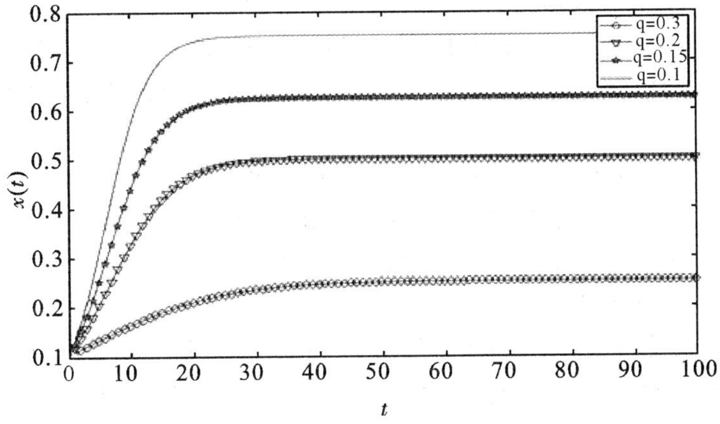

图 7-3　q 取不同值时 $x(t)$ 随时间变化图

从图 7-3 中可以看出，当 p 不变且 q 取不同值时，除数值变化外，几条曲线的变化趋势基本上相同，舆情传播人数的增加不是匀速的，当 $x(t)$ 达到一定值后开始趋于定值，p 与 q 之间差值越小，曲线越靠近水平线。

当 q 不变，假设为 0.4 时。取 $p=0.35$，0.4，0.45，0.5，分别可得：$x(t)=[7+3*\exp(-0.05*t)]^{-1}$；$x(t)=[4+6*\exp(-0.1*t)]^{-1}$；$x(t)=[3+7*\exp(-0.15*t)]^{-1}$；$x(t)=[2.5+7.5*\exp(-0.2*t)]^{-1}$。

根据上述结果可绘制如图 7-4 所示的曲线。

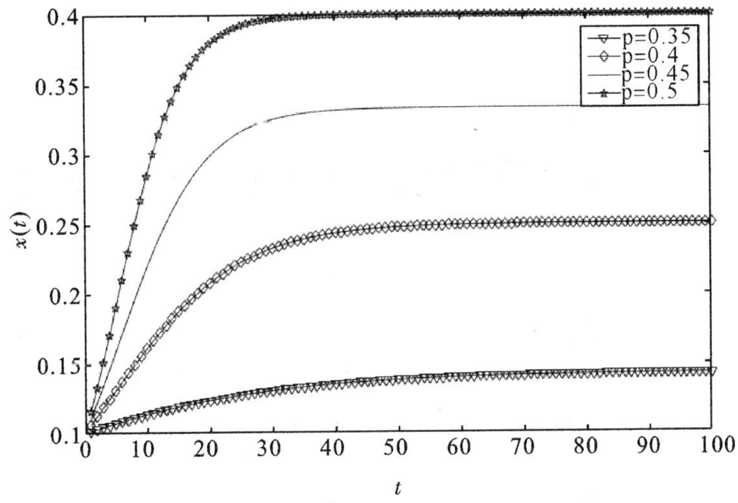

图 7-4　q 不变，p 取不同值时的图像

可以看出图 7-4 曲线变化趋势与当 p 不变时相同，即当 q 不变且 p 取不同值时，除数值变化外，几条曲线的变化趋势基本相同，舆情传播人数的增加不是匀速的。当 $x(t)$ 达到一定值后开始趋于定值，p 与 q 之间的差值越小，曲线越靠近水平线。

（2）当 $p=q$ 时，令 $p=q=0.2$，$x_0=0.4$，可得 $x(t)=(2.5+0.2*t)^{-1}$。

当 $p=q$ 时，舆论传播参与者比例呈抛物线下滑，并且最后接近于不变。

（3）当 $p<q$ 时，令 $p=0.1$，$q=0.2$，则 $p/(p-q)=-1$，$x(t)=(-1+11*\exp(0.1*t))^{-1}$

为排除偶然性，令 $p=0.1$ 不变，q 依次取值为 0.25、0.3、0.4、0.5，通过计算可得：$x(t)=[-0.667+10.667*\exp(0.15*t)]^{-1}$；$x(t)=[-0.5+10.5*\exp(0.2*t)]^{-1}$；$x(t)=[-0.333+10.333*\exp(0.3*t)]^{-1}$；$x(t)=[-0.25+10.25*\exp(0.4*t)]^{-1}$。

基于上述结果可得如图 7-5 所示的数据。

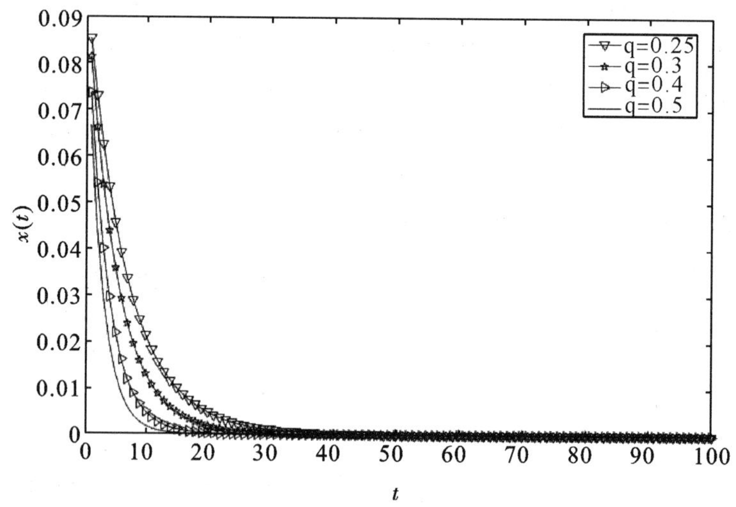

图 7-5　q 分别取不同值

从图 7-5 可以看到 p 和 q 差值越大，舆情传播参与者所占的比例就下降得越快。在现实生活中，所有事件引发的网络舆情的产生和成长都具有时效性，所以时间不可能趋于无限大，因此在这种情况下，需要考虑 p、q 和 x_0 三者的关系。

（4）当 $p>q$ 时，分为以下三种情况：

当 $\frac{p}{p-q}<\frac{1}{x_0}$ 时，图 7-6 与图 7-4 相符合。

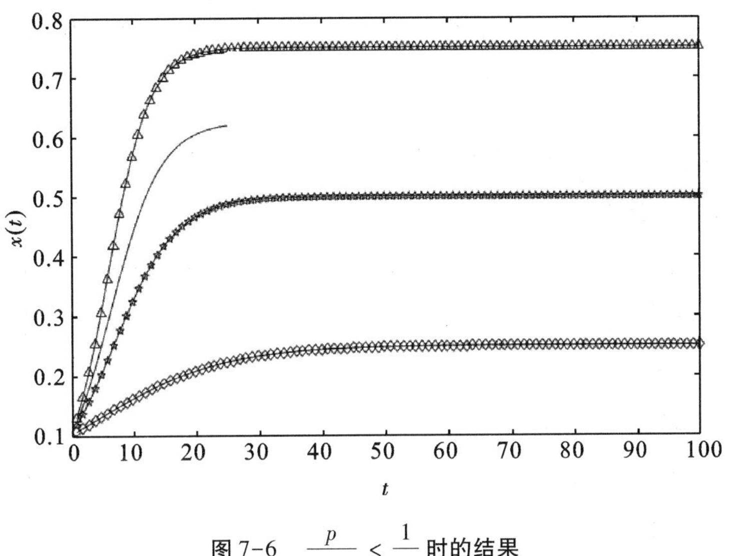

图 7-6　$\frac{p}{p-q} < \frac{1}{x_0}$ 时的结果

当 $\frac{p}{p-q} = \frac{1}{x_0}$ 时，由 $x_0 = 0.1$，得到 $x(t) = \left(\frac{p}{p-q}\right)^{-1} = 0.1$，$p = 0.2$，$q = 0.18$。

综上可得到如图 7-7 所示的结果。

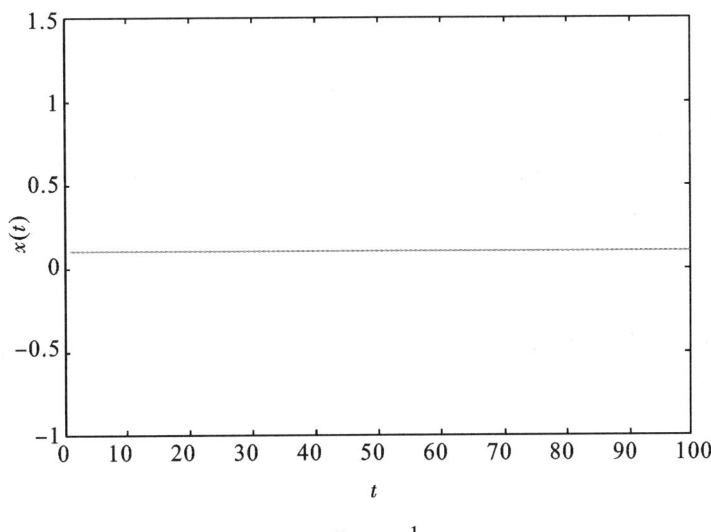

图 7-7　当 $\frac{p}{p-q} = \frac{1}{x_0}$ 时的结果

图 7-7 图像呈一条水平直线，即当 $\frac{p}{p-q}=\frac{1}{x_0}$，参与人数比例不随时间的改变而变。

但当 $\frac{p}{p-q}>\frac{1}{x_0}$ 时，假设 $p=0.22$，$q=0.2$，$p/(p-q)=11$，依次输入可得图 7-8 所示结果。

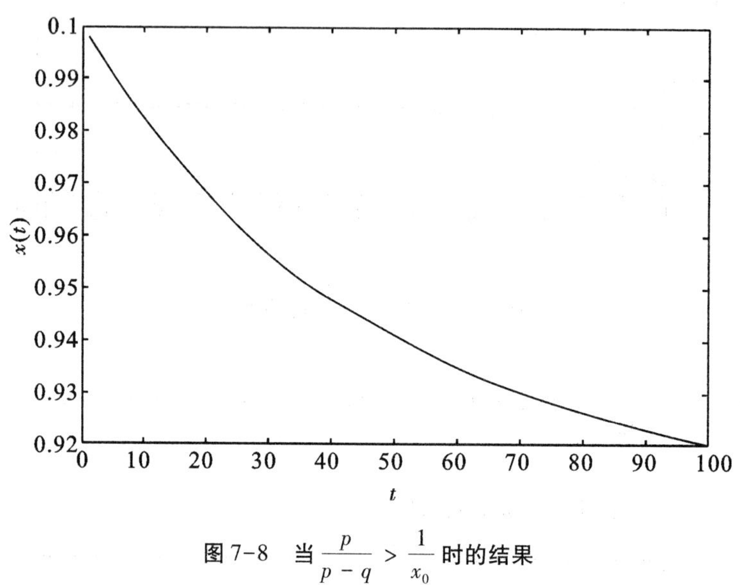

图 7-8　当 $\frac{p}{p-q}>\frac{1}{x_0}$ 时的结果

（5）当 $p<q$ 或 $p=q$ 时，与假想模型一致。

综合以上分析，且结合传播理论模型可得：在事件发生初期，事件对于广大的顾客来说新鲜度较高，所以在一段时期内，舆情参与者的增加概率会远大于舆情参与者退出的概率，之后事件被广泛传播，使得网民的兴趣逐渐下降，增加的概率渐渐减小，退出的概率增大，当二者达到平衡值后，会继续变化，直到参与者完全退出舆情传播。

依据以上假设和计算结果分析，产品质量网络舆情传播过程可以描绘为图 7-9 所示。

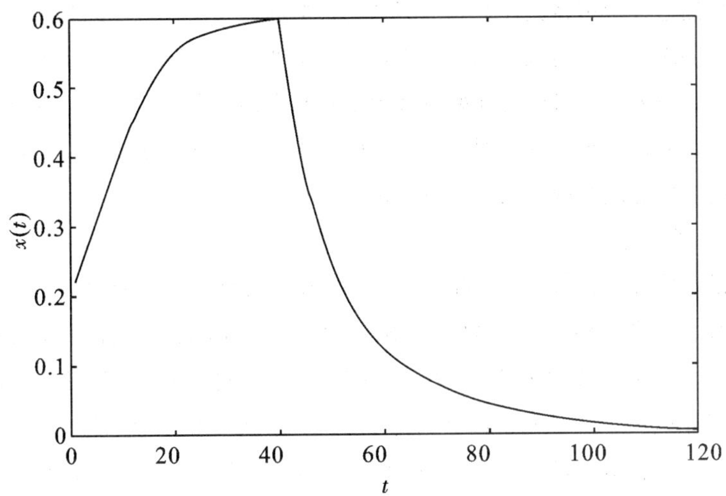

图 7-9　产品质量网络舆情传播总过程图像

由图 7-9 可知，在时间 t 范围为 1～30 天时，这时参与舆论传播的人数增长趋势是呈抛物线的，这个时期为舆情传播的爆发期，紧接着短时间内（30～40 天），人数增长得相对比较缓慢，然后在相关外力介入的影响下，事件得到控制，信息公开后，该事件对于网民的吸引力降低，舆情关注人数迅速下降，进入衰退期（40～70 天），之后缓慢下降即进入消亡期（70～120 天）。

4. 模型影响因素

通过对传播率 p 和退化率 q 多种情况的讨论分析得到如下结论：当初值 x_0 不变时，模型的主要影响因素是传播率与退化率之间的差值；当 $p > q$ 时，参与者比例迅速增加；当 $p < q$ 时，参与者比例快速下降，当它们之间差值无限小时，增长近乎不变。

网络舆情四个阶段的发展过程清晰地刻画了产品质量网络舆情发展过程中的关注度变化，可解释产品质量舆情产生、爆发及衰退后进入消亡阶段的过程。利用经典的传染病模型中的 SIS 模型构建了产品质量网络舆情传播模型。为了控制产品质量网络舆情的演化，可采取如下措施：在事件发生后，公开造成事件发生的原因，充分满足人们的好奇心以降低他们对事件的兴趣，即增加参与者退化率 q，降低传播率 p。

7.2.3　传播模型改进

根据舆情参与者的情况对以上提出的模型加以改进，对于某一产品质量事件，在传播过程中可将关注并参与舆情的人群分为购买了该产品和未购买该产品的人，同理，未参与人群也可分为购买了该产品和未购买该产品的人，所以舆情参与者对未参与者的传播率以及舆情参与者离开舆论的比例即退化率都不是唯一的，应该分类讨论。通过在模型中引入以上变化，使得产品质量网络舆情模型能够更好地对舆情的传播发展过程进行分析。

1. 模型假设

假设总体参与人数为1，购买了产品的人数比例为 m，未购买的人数比例为 n，参与舆情传播中的人数比例为 $x(t)$，其中购买了产品的人数比例为 $x_1(t)$，未购买的人数比例为 $x_2(t)$，没有参与舆情传播的无关者人数比例为 $y(t)$，其中购买了产品的人数比例为 $y_1(t)$，未购买的人数比例为 $y_2(t)$。假设购买了产品的参与者 $x_1(t)$ 对购买了产品的无关者 $y_1(t)$ 的传播率为 p_1，购买了产品的参与者 $x_1(t)$ 对未购买产品的无关者 $y_2(t)$ 的传播率为 p_2，未购买产品的参与者 $x_2(t)$ 对购买了产品的无关者 $y_1(t)$ 的传播率为 p_3，未购买产品的参与者 $x_2(t)$ 对未购买产品的无关者 $y_2(t)$ 的传播率为 p_4，由购买了产品的参与者 $x_1(t)$ 对无关者的新增加率即退化率为 q_1，由未购买产品的参与者 $x_2(t)$ 对无关者的新增加率即退化率为 q_2，可以得到如下新参与者的增加率方程：

假设 $t=0$ 时，$x(0)=x_0$，$x_1(0)=x_{10}$，$x_2(0)=x_{20}$，且有 $x_1(t)+y_1(t)=m$，$x_2(t)+y_2(t)=n$，$x_1(t)+x_2(t)=x(t)$，$y_1(t)+y_2(t)=y(t)$，可得：

$$m[x_1(t)]=p_1x_1(t)y_1(t)+p_3x_2(t)y_1(t)-q_1x_1(t) \tag{7-5}$$

$$m[x_2(t)]=p_2x_1(t)y_2(t)+p_4x_2(t)y_2(t)-q_2x_2(t) \tag{7-6}$$

因为 $x_1(t)+y_1(t)=m$，$x_2(t)+y_2(t)=n$，所以可得：

$$m[x_1(t)]=p_1x_1(t)[m-x_1(t)]+p_3x_2(t)[m-x_1(t)]-q_1x_1(t) \tag{7-7}$$

$$m[x_2(t)]=p_2x_1(t)[n-x_2(t)]+p_4x_2(t)[n-x_2(t)]-q_2x_2(t) \tag{7-8}$$

进一步可得产品质量网络舆情传播模型为：

$$\begin{cases}\dfrac{dx_1(t)}{dt}=p_1x_1(t)[m-x_1(t)]+p_3x_2(t)[m-x_1(t)]-q_1x_1(t)\\ \dfrac{dx_2(t)}{dt}=p_2x_1(t)[n-x_2(t)]+p_4x_2(t)[n-x_2(t)]-q_2x_2(t)\\ x_1(0)=x_{10}\\ x_2(0)=x_{20}\end{cases} \tag{7-9}$$

2. 数据分析

任何产品质量事件引发的舆情演化有时效性，这里只讨论某一时间段内的舆情传播，即只讨论在一定的时间段内 $x(t)$、$y(t)$、t 之间的关系。

（1）参与率不小于退化率

令 $x(0)=0.2$，即当 $t=0$ 时，产品质量舆情参与者的比例为定值，对 $x_1(t)$、$x_2(t)$ 分别赋予三个不同的初始值：0.1、0.05、0.02、0.1、0.15、0.18，将 m、n 赋值为 0.2、0.8，对其进行仿真，根据现实生活经验可知购买了相关产品的参与者比未购买产品的参与者更具有影响力和可信度，所以购买了产品的舆情参与者对未参与者的传播率大于未购买产品的参与者对未参与者的传播率，购买了产品的舆情参与者的退化率小于未购买产品的参与者退化率，p_1、p_2、p_3、p_4 和 q_1、q_2 都在 0 与 1 之间随机取值，但始终保持 $p_1>p_2>p_3>p_4$、$q_1<q_2$、$p_4>q_2$，绘制结果如图 7-10 所示。

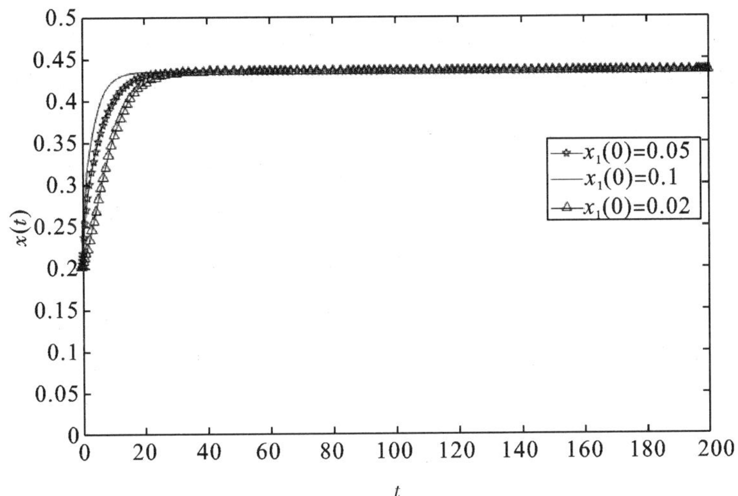

图 7-10 当 $x_1(t)$ 取不同初始值时 $x(t)$ 随时间 t 的变化图

由图 7-10 可以看出，$x(t)$ 随着时间不断变化，先不断增加后趋于不变，且 $x_1(t)$ 的初始值越大，$x(t)$ 增长速度越快，但最后都会趋于相同的值。

（2）退化率大于参与率

当产品质量舆情传播的新参与者的比例不大于新离开者的比例时，即传播率与退化率满足 $p\leqslant q$ 时，令 $q_2>q_1>p_2>p_3>p_4$，其他相关值与上文中所设的相同，计算可得如图 7-11 所示的变化趋势。

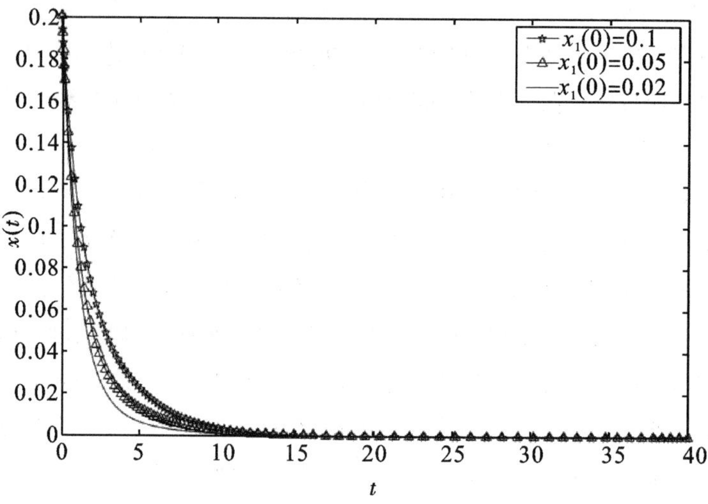

图 7-11　当 $x_1(t)$ 取不同初值时 $x(t)$ 随时间 t 的变化图

从图 7-11 可以看出，当退化率不小于参与率时，产品质量网络舆情传播参与者的数量迅速减少，而 $x_1(t)$ 的初始值越大，$x(t)$ 随时间 t 下降得越慢。

（3）前两阶段传播率不小于退化率，后两阶段退化率不小于传播率

图 7-12 给出了模拟产品质量网络舆情发展的四个阶段。在前两个阶段中，传播率大于退化率，即 $p_1 > p_2 > p_3 > p_4 > q_2 > q_1$，而在最后两个阶段，无关者到参与者的参与率小于由参与者到无关者的退化率，即 $q_2 > q_1 > p_2 > p_3 > p_4$。

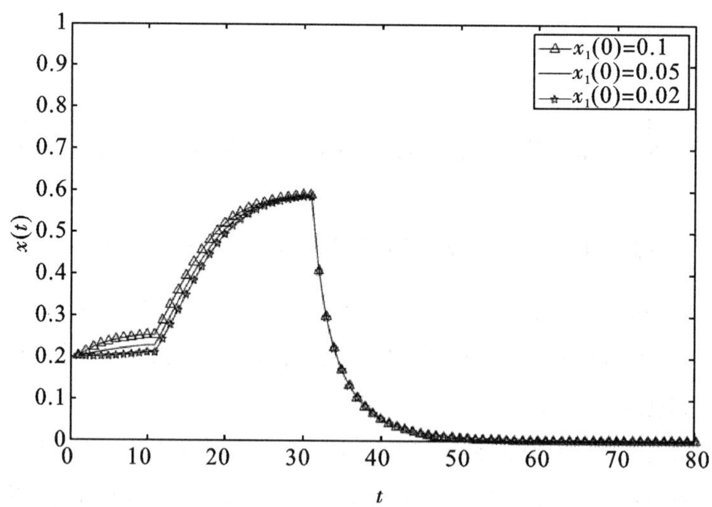

图 7-12　产品舆情传播参与者人数比例变化图

从图 7-12 可以看出，当某一产品质量事件刚发生时，网络舆情处于产生阶段，参与者人数缓慢增加，经过一段时间后，由于媒体开始关注报道，使得该事件在网络上大量曝光，参与者人数迅速增加达到舆情爆发阶段。随后，网商采取行动，让整个产品事件的相关细节暴露于公众面前，或者同一时期其他热点舆论使人们渐渐失去对该事件的兴趣，参与者人数下降迅速，逐渐趋于零。另外，在仿真过程中，对 $x_1(t)$ 的不同初始值分别进行仿真，并把计算得到的数据放在图 7-12 中进行对比，$x_1(t)$ 的初始值越大，在前两个阶段增长得越快，但在之后，其传播趋势基本相同。

在对该模型进行改进后把顾客划分为四类，以对不同的人群相互影响进行讨论，使得该模型更加贴近实际的舆情传播中的参与者与未参与者、购买者与未购买者之间的转化过程。在上一部分的讨论中，把整个产品质量网络舆情的传播过程大致划分为四个不同阶段，即发生阶段、爆发阶段、衰退阶段和消亡阶段。研究发现，在前两阶段，新参与者人数不少于舆情传播的离开者人数，即 $p \geqslant q$；在后面两个阶段，新参与者人数不多于离开者人数，即 $p \leqslant q$。对于传播阶段的划分以及传播率与退化率的大小关系的讨论，基本拟合了产品质量网络舆情发生、发展的变化规律。如果想要限制网络舆情的传播范围，可采取以下几点措施：重点关注网络舆情产生阶段购买了产品的参与者即 $x_1(0)$，减小该值可有效抑制舆情传播的增长速度；网商应该在舆情爆发的第一时间出面澄清事实，避免不实信息误导网民，利用网络数据挖掘技术定位传播过程中的关键“媒介”，如对与事件有关的转载、点赞数量较多的帖文、微博，网商可以与运营者沟通决定是否删掉或限制其传播。

7.2.4 小结

首先，将典型产品质量网络舆情传播划分为产生阶段、爆发阶段、衰退阶段和消亡阶段。产生阶段和爆发阶段是决定产品质量网络舆情传播范围和周期长短的关键阶段，若想早点结束该产品事件的舆论传，需要及时对公众公开事件的成因，使他们失去关注兴趣；其次，引入传染病模型构建产品质量舆情传播模型，利用仿真与实际数据相结合的方法，分析了舆情发展过程中参与人数与传播率、退化率之间的关系，得出该模型大致能够描述产品质量网络舆情发展的情况。通过以上分析可得出如下结论：第一，产品质量网络舆情的传播规模和时间跨度主要受产生与爆发阶段的影响，为了减轻或者降低这一影响，应及时采取措施向公众公开事件的来龙去脉，避免不实信息传播，对企业形象造成不良影响；第二，对产品质量网络舆情传播过程进行阶段性划分，是对此类舆情传播模型进行有效研究的一种方法；第三，通过对舆情参与者和未参与者的进一步划分，使得产品质量网络舆情模型更加具有自身特色，为网商控制舆论传播和传播导向提供思路。

虽然本部分以 SIS 传染病模型为基础，构建产品质量网络舆情的传播模型，但是本部分的探讨还处于基础阶段，除了文中探讨的一些问题，还可以继续探讨以下几个问题：在横向层面，不同阶段、不同群体的传播率与退化率可以通过何种方式得出，前后两阶段的过渡节点是否可以得出；在纵向层面，在建立模型之后能否将模型与相关的技术手段（如数据挖掘技术、语义分析技术）等进行有机结合。

7.3 提升企业网络声誉

7.3.1 引言

面对风起云涌的社会化媒体，如论坛、微博、社交网络社区等，网民的网络活动能力和领域不断扩大，在网络媒体中发表自己对产品、服务质量等话题的感受、观点与情感，网络舆情已经显现出强大的渗透能力和广阔的企业应用前景。尤其是近几年来，产品质量安全问题日趋突出，人们的生活受到了极大的影响，他们本身可能就是企业的顾客或者关心企业产品的顾客，因此，越来越多的顾客通过社会化媒体表达他们对产品的意见，当大量网民意见自动地聚集在一起，他们的声音将更多地影响着其他网民。结果，在网络环境下，越来越多的网民能够方便地从社会化媒体中获取企业产品质量安全信息，这种网民交互逐渐形成了网络舆情，直接或间接地影响着企业网络声誉。

当今，企业网络声誉的影响范围和深度不断增强，越来越多的公司意识到挖掘网络舆情信息获取企业在线声誉的价值，可见，社会化媒体成为获取企业网络声誉的第一手重要资料来源。因此，非常有必要对这一类现象进行探讨。对于网络舆情的商业应用，有必要以全新的管理视角构建新的商业管理理论体系，以此来解释和预测网络舆情对企业网络声誉的影响。如何深入地量度网民反映的信息所形成的网络舆情，如何研究网络舆情诱发的企业网络声誉的形成与演化趋势，如何度量企业网络声誉等均是值得探讨的新问题。本部分基于以上问题开展研究工作。

目前，针对网络口碑及网络声誉的研究也是热点之一。金立印研究了网络口碑信息对顾客购买决策的影响，指出网络口碑信息对顾客购买决策的影响受到网络口碑传播方向、信息类型以及产品涉入程度的影响，传播方向、信息类型和产品涉入之间所存在的交互效应也会明显地体现为网络口碑对顾客购买决策的影响。左文明等提出基于网络口碑的B2C电子商务服务质量问题挖掘模型。劳陈锋通过构建网络口碑信息影响顾客购买意愿的理论模型得出网络口碑质量对感知质量和顾客购买意愿有显著影响的结论。他认为网络口碑质量对顾客信任和顾客购买意愿有显著影响；顾客信任和感知价值在网络口碑质量和顾客购买意愿之间充当中介作用。在评价在线评论信息有用性方面，黄卫来根据ELM思路和信息采纳模型框架，构建了在线商品评价信息有用性的三维模型，证明了应用背景因素对在线评论信息有用性有显著的影响。陈江涛以亚马逊手机商品在线评论为研究对象，结合文本挖掘技术并进行实证研究，探究基于文本内容评论有用性的影响因素，得出可提高评论有用性的关键词。Naumann建立信息质量评估标准体系，从信息用户、信息本身和信息获取过程三个方面建立了三种标准：主观、客观和过程。综合上面的相关文献可以发现，研究对象为网络在线评论信息的文献很少，大都是对网络平台整体评价体系的构建。

直接研究店家网络声誉的文献主要有：何飞用生命周期管理理论对网络舆情的传播过程进行研究，分析了影响传播的各个影响因素，运用系统动力学进行模拟仿真，了解网络舆情的传播情况。Wen等人建立网络口碑和企业声誉的正反馈机制，研究了网络口碑如何在网络上生成以及它如何影响在线的声誉，进而影响零售销量，通过动态联立方程系统描述这一过程，并研究影响这一过程的最终结果。作者将该方法应用到电影产业，证明电影的票房收入和电影的在线声誉评价受网络口碑的影响。TANG、Yin研究如何通过历史反馈利用半序相似的方法对在线声誉进行评价，基于一些声誉的评价机制，产生了一种声誉评价得分标准和监控卖家的行为，提出了二阶原子模式，并在此基础上提出一种命令模式得分（pop）算法对网络声誉监测提供解决方案。Leila Weitze等研究了本部分提出的如何根据社会网络中存在的社会交往测量声誉，选择了Twitter作为一个案例研究，提出了基于转发关系在网络中排列值得信赖的来源，从而可以在互联网上建立声誉评价机制，另外也进行了一项研究来探索网络的无标度特性。

基于社会化媒体的企业网络声誉研究，大多从网络零售视角开展工作。Chang等从网络购物中如何选择声誉高的零售商角度出发，构建了在线拍卖中帮助顾客选择销售商的MARM声誉模型，另外，Wu等建议了在线拍卖的几种新方法，通过模拟和实证方式进行了论证。Hansen等和Walsh等均采用了结构方程模型开展研究，Hansen测试了顾客对企业声誉的满意度和信任度、企业声誉如何影响顾客忠诚度和口碑，Walsh 研究了在 B2B 中，企业声誉对顾客感知价值具有重要的影响。Walsh 等通过案例确定了基于顾客的企业声誉的五个维度。Josang 等介绍了基于 β 概率密度函数合并回馈和提取声誉等级的 beta 声誉模型，随后，Bharadwaj 等引入了信任与声誉的模糊计算模型对 beta 声誉模型进行了扩展，并对该模型与其他模型进行了比较。这些企业网络声誉的研究成果主要利用了社会化媒体中的网络口碑信息进行分析。对于网络舆情和企业网络声誉的研究成果大多集中在网络舆情数据挖掘方面，而对于网络舆情影响下的企业网络声誉的研究成果还不多。Gruhl 等强调博客、论坛社会化媒体与企业销售的关系。Kaiser 等给出了一种神经模糊方法获取网络舆情规则的预警系统，借助数据挖掘提出了一个允许提取、聚合和监控顾客意见的方法，其主要依据正面、中性和负面帖子数量开展研究。Nambisan 等提出了实用、享受、可用性、社交四维模型对在线产品网络舆情的评价，并给出了实证分析。截至目前，仅有少量的研究探讨了如何管理企业网络声誉问题，对于企业网络声誉的计算，基本思路是用帖子数量的多少度量企业网络声誉的好坏，我们认为这种思路是不完整的，企业网络声誉好坏应该是通过受影响的网民数量、帖文质量、舆情特性等因素来综合衡量。

7.3.2 研究方法及模型假设

7.3.2.1 研究方法

网络口碑、网络舆情和企业网络声誉在已有文献研究中屡被提及，但两者的关系还有待进一步深入探讨。为了获取测度网络口碑诱发企业网络声誉问题的方法，在过去，部分学者也进行了一定的探讨，他们大多采用了人们比较容易接受的想法进行了分析，设定企业网络声誉值=正面帖子数量-负面帖子数量；舆情指数计算公式如下：

$$o_t^i = \frac{\omega * pos_t^i - \omega * neg_t^i + neu_t^i}{\sum_{i=1}^{n} (\omega * pos_t^i + \omega * neg_t^i + neu_t^i)} \tag{7-10}$$

在式（7-10）中，o 表示舆情指数，pos、neg、neu 分别表示正面、负面、中性帖子数量，ω 为权重，i 表示产品，t 表示时间，n 表示产品数量。另外，基于 β 概率密度函数，单积分声誉指标的计算公式如式（7-11）所示：

$$beta(p \mid \alpha,\ \beta) = \frac{\Gamma(\alpha + \beta)}{\Gamma(\alpha)\Gamma(\beta)} p^{\alpha-1}\ (1-p)^{\beta-1} \tag{7-11}$$

其中，$0 \leqslant p \leqslant 1$，$\alpha > 0$，$\beta > 0$，$p \neq 0 if \alpha < 1$，$p \neq 1$，if $\beta < 1$。

通过推导，可得企业网络声誉等级的结果为：

$$rep(a_i)=\frac{N_i^+ - N_i^-}{N^+ + N^- + 2} \quad (7\text{-}12)$$

其中，N_i^+ 与 N_i^- 分别表示 i 产品的正、负贴子数量，$N^+ = \sum_{j\in G} N_j^+$，$N^- = \sum_{j\in G} N_j^-$。

天涯论坛网站中的天涯舆情在给定权重的情况下对短期舆情指数进行了计算，其计算公式为：正（负）面网络舆情指数=50% * 正（负）面舆情帖子总数+30% * 正（负）面网络舆情帖子热度+20% * 正（负）面网络舆情帖子数/（正+负）面网络舆情帖子总数。研究者从各个指标数的权重大小视角进行了分析，运用熵权—离差聚类法对各个指标权重进行了计算。上述网络舆情指数的计算为进一步研究由网络舆情诱发的企业网络声誉问题奠定了基础。

7.3.2.2 问题描述与模型设定

1. 问题描述

（1）网络口碑与网络舆情

网络口碑与网络舆情均是网民在社会化媒体中分享自身感受、情绪等信息的产物，两者具有一定的共性，传播的主体均为网民，评价均会对企业网络声誉产生一定的影响，口碑和舆情信息均会随着时间的流逝呈现衰减趋势。但是，两者对企业网络声誉的影响也具有明显的差异性，这里以产品质量安全为例加以比较分析。一是网络口碑仅仅是顾客对产品质量满意程度的留言，一般情况下，其影响范围有限。以淘宝为例，大多数产品仅仅有评价数量、正面评价和负面评价数量，以及帖子内容这些信息。二是网络舆情具有口碑没有的特性，网络舆情一般是由于社会热点或严重质量安全问题引发的具有一定周期性特点的网络评价，网络舆情具有明显的周期性，尤其是舆情高潮期的扩散对企业网络声誉的影响尤其严重。

（2）情感共振与企业网络声誉

现阶段，网民对企业产品质量安全问题的感知是导致其产生网络发帖、点击、回复行为的根本原因，众多的网民行为最终导致网络舆情的发生，网络舆情包括正面、中性和负面网络舆情。通过分析现有的企业网络舆情，企业负面舆情比正面舆情的影响效果更明显，尤其是在我国质量安全问题高发的特殊阶段，网民对企业产品质量安全方面的问题揭露得更多。我们将网民对企业产品质量安全问题的不满通过网络渠道表达出来，并不断传播扩散。当网民对舆情的感知与其内在表达的情感观点相似时，该网民的网络行为将发生相应的改变，那么众多的网民观点的演化实质上是一系列复杂的网络活动，这种现象被称为情感共振现象，这种由产品质量安全问题诱发的网络舆情现象被称为网民感知质量舆情。有关情感共振现象的研究并不多，大多局限于概念层的阐述，基于这种现实状况，可以通过提取复杂网络活动中的网络舆情特征指标来研究网民的情感共振。同时，企业网络声誉随着网络舆情的传播扩散逐渐形成，把这种通过网民感知质量的舆情传播扩散给企业，会对企业的网络声誉形成直接或间接的影响。可见，企业网络声誉主要是基于网络中的网民行为所形成的，同样也包括正面、中性和负面声誉。

2. 模型基本假设

基于过去有关网络舆情诱发的企业网络声誉问题的研究忽略了舆情衰减、帖文质量影响、舆情特性等因素，本部分通过对上述几个问题的剖析，将从顾客感知视角研究企业网络声誉。研究主要围绕如下假设：该网络舆情涉及的产品质量舆情事件与顾客有着密切关系，如食品安全、日用品质量安全问题等，同时，假设采集数据的时间过程是关于时间的连续可微函数；为了简化研究问题，这里不考虑网络枪手或竞争对手恶意攻击企业所形成的网络评价对企业网络声誉造成的影响，仅仅假设网络舆情事件受到产品质量安全问题的影响，不是恶意诽谤、攻击等网络行为造成的；网络舆情分为正面舆情、负面舆情和中性舆情，依据前人研究成果和人们的直观感知，企业正面网络舆情对企业产生一定的正面影响；中性网络舆情对企业网络声誉的影响基本上呈现中性特质；负面网络舆情将对企业产生一定的负面影响，并且一般情况下，负面网络舆情对企业网络声誉的影响更大、更严重。因此，这里仅仅研究正面、负面网络舆情对企业网络声誉产生的影响，中性网络舆情不予考虑。

3. 研究模型构建

通过上述回顾，本部分将以顾客网络论坛行为为例，开展企业网络声誉问题的研究，下面给出天涯论坛中的帖文实例，如图 7-13 所示。

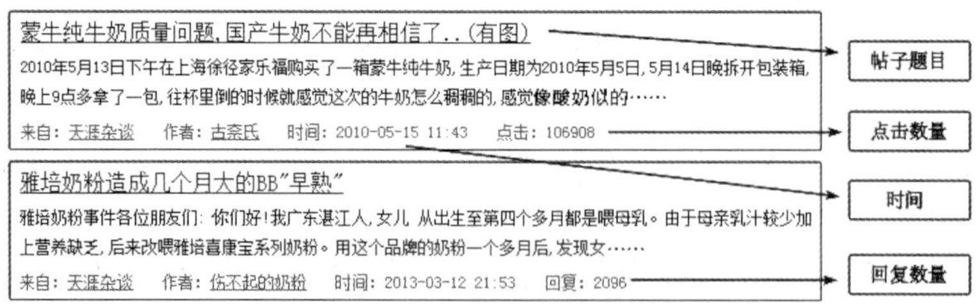

图 7-13　论坛帖文示例

图 7-13 给出了蒙牛奶粉、雅培奶粉的两条帖文信息，从图 7-13 中可以看出论坛中的帖文具有如下信息：一是每个帖子给出了完整的帖子题目、内容、作者、时间、点击次数、回复次数等信息；二是每个有关产品质量安全的帖子基本上都是反映顾客的情感和认知，是了解顾客对企业满意程度的重要渠道，进而获取企业网络声誉信息；三是通过关键词检索到的帖子具有明显的相似性，这与数据采集软件的挖掘算法是相关的，该帖文为企业网络声誉分析提供了数据支持，因此不用为数据采集算法所困惑。一旦企业产品发生了质量安全问题，受其影响的顾客会通过网络等渠道把自己所遭受到的危害曝光，当该种危害也同样波及其他网民，必然导致网民发泄自身的不满情绪，结果引发了网民的情感共鸣，帖子点击数、回复数、转载数会在短时间内传播，形成网络舆情。

为了构建顾客感知的企业产品质量舆情与企业网络声誉的关系，研究者通过网络舆情分析企业网络声誉。研究者指出，影响网络舆情的因素包括网络舆情主体网民（意见领袖）、网络舆情事件特性、网络媒体等。对于已经发生的产品质量安全问题引发的网络舆情事件，如毒奶粉、塑化剂等热点事件，其议题内容和关注热度是引发网民情感波动的根本动力，再加上网民（意见领袖）传播、网络媒体报道，进一步加大了对该事件的扩散，它们的作用最终都体现在网民行为上，如发帖、点击阅读、回复数量增多，所以在设计模型时给出了贴子总数、帖子点击数、帖子回复数等指标。我们也知道这些贴子中有些帖文内容影响较大，有些则影响较小，因此，在分析这些贴子对企业网络声誉造成影响的时候要区别对待。另外，网络舆情（如三聚氰胺）事件与网络口碑（如淘宝商品评价）事件呈现的网络信息特性具有明显的不同特点，网络舆情一般包括发生期、发展期、高潮期、衰退期四个时期，尤其是高潮期间的舆情扩散强度对企业网络声誉的影响更大，而网络口碑基本上不具有这种特点。为了充分体现网络舆情的周期性特点，尤其是舆情高潮期舆情扩散强度对企业网络声誉造成的影响，图 7-14 中给出了反映网络舆情扩散强度的因素。该设计模型从帖文数量分布和帖文强度分布两个方面对网络舆情进行了刻画。

下面给出了如图 7-14 所示的研究思路框图。

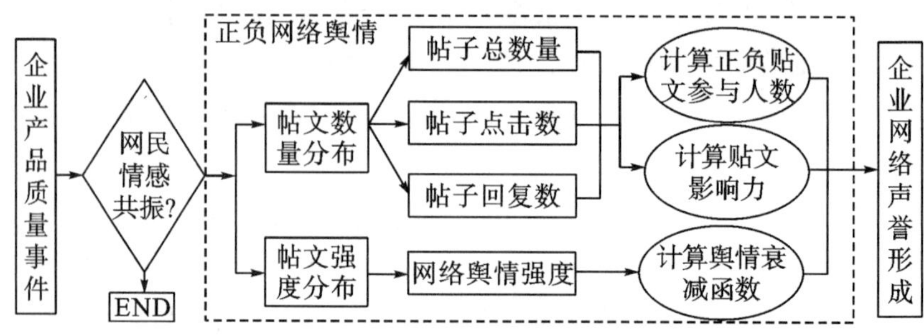

图 7-14　研究思路框图

图 7-14 给出了从产品质量安全事件发生到企业网络声誉形成过程的研究思路框架图。该框架图从帖文数量分布和帖文强度分布两个方面对网民情绪引发的网络行为呈现的信息结果进行分析。由图 7-13 中的帖子特点可知，帖子数量分布可从帖子总数量、帖子点击数、帖子回复数三个方面进行分析，帖文强度分布可依据网络舆情周期性特点进行分析，进而根据采集的信息数据能够计算正负帖文的参与人数、帖文影响力、舆情衰减函数的结果，最终实现对企业网络声誉的计算。该模型充分考虑网络舆情的特点和帖文重要程度的不同，克服了简单地采用正负帖子求差的方式统计舆情指数以获取企业网络声誉的不足，因此，在对企业网络声誉的计算中，基于顾客网络舆情计算的企业网络声誉更具有合理性和可解释性。

7.3.3　多属性企业声誉计算方法

下面运用多属性方法对企业网络声誉进行计算，该方法主要考虑影响企业网络声誉的三个因素：舆情衰减函数、帖文影响力、舆情扩散强度。

以企业 i 舆情热度较高的产品质量安全事件 k 为例，设定被评估企业为 $e_{i,k}$，以过去企业网络声誉研究为基础进行了修正，新修正的企业网络声誉级数表达式为：

$$NRV(e_{i,k}) = \omega_1 \cdot TD(r_{i,k}, t) + \omega_2 \cdot CA(r_{i,k}) + \omega_3 \cdot SD(r_{i,k}, D)) \tag{7-13}$$

式（7-13）中，$TD(r_{i,k}, t)$ 表示帖子信息 $r_{i,k}$ 随时间 t 衰减后的结果，$CA(r_{i,k})$ 表示帖文影响力，$SD(r_{i,k}, D)$ 表示在舆情周期中高潮期 D 阶段的帖子信息 $r_{i,k}$ 的扩散强度，$\omega_1 + \omega_2 + \omega_3 = 1$。

7.3.3.1　舆情衰减函数

在信息爆炸时代，网络信息更新速度非常快，企业网络舆情也一样，随着时间流逝，信息的影响不断衰减。对于此类现象，目前比较一致的做法是为不同时期的帖文按照距离当前时间的远近程度分配不同的权重，距离当前时间点越近，赋予的权重越大；否则权重越小。因为权重的分配是一种主观的、经验式的决断，为了有效地计算帖文时间对企业网络声誉值的影响，引入时间衰减函数，衰减函数由于受内部参数取值的约束，函数值易于控制，衰减幅度在理论上可操作，灵活性也更强。采用衰减函数能够达到比权重分配更稳健、更合理的效果，时间衰减函数的引入能够较好地反映帖文随时间变化的状况。

对于舆情信息的衰减，正面舆情信息与负面舆情信息对网民的影响是不一样的，一般认为负面舆情信息衰减相对于正面舆情信息要慢些。因此，这里采用了不同的衰减系数，使得负面舆情信息衰减慢，正面舆情信息衰减快，从而给出了如下时间衰减函数。

正面舆情的时间衰减函数 $f_i^+(t)$ ：$f_i^+(t)=\mu_+^{N-t}$，$0<\mu_+<1$，式中 N 是距离当前时间点的数量，以月为单位。同样，负面舆情的时间衰减函数也是类似的。那么，帖子和网民数的负面舆情的衰减函数计算公式为：

$$td_{(r_{i,k},\ t)}^- = \sum NO_i^t - \sum f_i^-(t) * FO_i^t * NO_i^t$$

$$TD_{(r_{i,k},\ t)}^- = \frac{td_{(r_{i,k},\ t)}^-}{\sum_{i=1}^{n} td_{(r_{i,k},\ t)}^-} \tag{7-14}$$

式（7-14）中，FO_i^t 和 NO_i^t 分别为负面舆情帖子数量和网民数，同理，可以求出正面舆情的衰减函数 $TD_{(r_{i,k},\ t)}^+$，最后，舆情衰减函数的表达式为：

$$TD(r_{i,k},\ t) = TD_{(r_{i,k},\ t)}^+ - TD_{(r_{i,k},\ t)}^- \tag{7-15}$$

7.3.3.2 帖文影响力

众所周知，在网络社区中，不同帖子的影响效果是不同的，如果同等对待不同影响力的帖子，就忽视了帖文影响力不同的情况，针对这种现象，下面给出了计算方法。

首先，应确定舆情影响力的边界数量界限、帖子点击数量 s、回复数量 h、第 x 个帖子的舆情影响力以及帖子点击、回复数的主要指标。$O_{d,i}^-$ 表示帖子点击次数值，$O_{h,i}^+$ 表示帖子回复次数值，$i\in[1,8]$，下面以帖子点击次数为例给出边界划定区间分布，如图 7-15 所示。

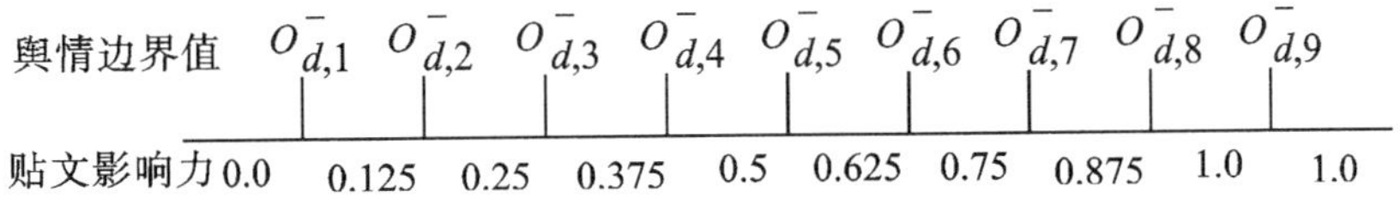

舆情边界值	$O_{d,1}^-$	$O_{d,2}^-$	$O_{d,3}^-$	$O_{d,4}^-$	$O_{d,5}^-$	$O_{d,6}^-$	$O_{d,7}^-$	$O_{d,8}^-$	$O_{d,9}^-$
贴文影响力	0.0	0.125	0.25	0.375	0.5	0.625	0.75	0.875	1.0	1.0

图 7-15 帖文影响力与舆情边界值的关系

根据上述帖子点击次数的分布，设定 $M(r_{i,k})$ 的取值范围如下：

$$M(r_{i,k})=\begin{cases}1 & if P_d^-(x)>O_{d,8}^- \ or P_h^-(x)>O_{d,8}^- \\ 0 & if P_d^-(x)<O_{d,1}^- \ and P_h^-(x)<O_{d,1}^- \\ 0.125*i & if O_{d,i}^-<P_d^-(x)<O_{d,i+1}^- \ or O_{d,i}^-<P_h^-(x)<O_{d,i+1}^-\end{cases}$$

同样，帖子回复次数的划定也是类似的。根据帖文点击次数和回复次数的划定区间分布，给出帖文影响力的计算公式为：

$$ca_j^-(r_{i,k})=\sum M(r_{i,k})*x_j^-*px_j^-$$

$$CA_j^-(r_{i,k})=\frac{ca_j^-(r_{i,k})}{\sum_{i=1}^{n}ca_j^-(r_{i,k})} \tag{7-16}$$

其中，x_j^- 和 px_j^- 分别表示 $O_{d,i}^- - O_{d,i+1}^-$ 数量之间的帖子数和对应的点击（回复）数，$j=0$ 和 1 分别表示帖子的点击数和回复数。同样，正面网络舆情关注度 $CA_j^+(r_{i,k})$ 的计算方法与上述公式类似，这里就不再列举，故 $CA(r_{i,k})=CA_j^+(r_{i,k})-CA_j^-(r_{i,k})$。

7.3.3.3 舆情扩散强度

网络舆情的发生是网民情感与帖文内容产生共鸣而诱发的结果，我们认为这种现象与复杂系统中的动力机制类似，它能在外部和内部随机扰动的影响下涌现出情感共振现象。在网民参与人数是关于时间的连续可微函数假设的条件下，一般认为在舆情高潮期，帖子的扩散强度最大，也就是单位时间内产品质量舆情事件对网民感知造成的冲击最大，这是网络口碑和网络舆情特性之间的重要区别。通过舆情高潮期的扩散强度能够更好地分析企业网络声誉的变化。

过去一般的求解方法是根据舆情周期特性，t_0 设定截取高潮期的天数 d；以高潮期间网民回复、点击帖子数求和 sum；用 sum 除以 d 得到单位天数的质量舆情扩散值 v；最后，以 v 除以论坛中总的网民数量 M，即得到质量舆情扩散强度值。为了更好地量化网络舆情扩散强度，对文献进行了修正，设定负面网络舆情演进规律模型为：$\frac{df^-}{dt}=rf^-(1-\frac{f^-}{K})$，求解得：$f^-(t)=\frac{K}{1+(\frac{K}{f_0^-}-1)e^{-rt}}$。

这里，K 为论坛网民数量，$f^-(t)$ 为舆情的参与人数，f_0^- 为舆情发生期参与人数的初始值，$r\in[0,1]$ 为网民对该负面网络舆情的情感共振诱发的舆情参与人的最大增长率，该值一般根据舆情主题发生期的初始网民数进行确定。根据该文献对各类突发事件的界定，突发事件按照其性质、严重程度、可控性和影响范围等因素一般分为四级：Ⅰ级（特别重大）、Ⅱ级（重大）、Ⅲ级（较大）和Ⅳ级（一般），其对应的最大增长率 r 为［0.1-0.3］、［0.3-0.5］、［0.5-0.7］、［0.7-0.9］，如图 7-16 所示。

舆情等级	Ⅰ级	Ⅱ级	Ⅲ级	Ⅳ级
扩散增长率	[0.1–0.3]	[0.3–0.5]	[0.5–0.7]	[0.7–0.9]

图 7-16　舆情扩散增长率与舆情等级的关系

通过图 7-16 中的网络舆情的等级确定舆情扩散增长率，进而根据式（7-17）求得企业 i 在高潮期间 D 的负面网络舆情的参与人数 $f^-(r_{i,k}, D)$。同样，对于正面网络舆情来说，一般不存在明显的情感共振，在这里忽略不计，所以，舆情扩散强度的计算公式为：

$$SD(r_{i,k}, D) = \frac{f^-(r_{i,k}, D)}{\sum_{i=1}^{n} f^-(r_{i,k}, D)} \tag{7-17}$$

7.3.4　实证分析

为方便对比本部分构建的基于企业网络声誉的计算模型与现有的声誉计算模型，下面对快速消费品（奶业）、耐用品（手机）两个行业的企业论坛数据进行实证分析。

7.3.4.1　*数据来源*

为了能够有效地分析网络舆情对企业网络声誉的影响，本部分选择一些与顾客密切相关的生活消费品作为实证样本。在快速消费品、耐用品行业中分别选择奶粉、手机作为研究对象，从天涯论坛中采集相关帖子的数量、内容、回复数、点击数、发帖时间等。这里分别列举了快消品中的三种品牌的奶粉，为了不对产品企业造成负面影响，分别以 Milk1、Milk2、Milk3 表示；同样，耐用品中的三种品牌的手机，也分别以 MobileP1、MobileP2、MobileP3 表示。为了有效搜集顾客感知的产品质量舆情数据，选用火车头采集器软件，其操作方法请参阅火车头采集器说明书，采集关键词为“品牌名、奶粉（手机）质量”，采集时间范围为默认，包括基于关键词的天涯论坛中能够采集到的全部帖子数量。通过分析发现，不论是奶粉还是手机，大部分帖子都是 2006 年以后出现的，仅有少量关于产品质量的帖子出现在 2006 年以前，并且这些帖子的点击数量、回复数量均不多，对网络舆情的传播影响不大。因此，正文中使用的有效帖子基本上分布在 2006 年以后，各产品的实际帖子分布时间段为采集到该产品的第一条有效帖子的时间点到采集结束的时间点（2013 年 6 月）。例如，Milk2 奶粉的帖子最早出现在 2007 年 12 月，MobileP2、MobileP3 手机产品的帖子最早分别出现在 2011 年 9 月、2009 年 1 月。另外，本部分研究中没有考虑当企业产品质量引发的网络舆情事件存在多个高潮期的情况，如 Milk2 奶粉的网络舆情高潮期从 2008 年以来，接连出现高潮现象；2008 年 9 月 17 日，查出 Milk2 生产的婴幼儿奶粉含有三聚氰胺；2010 年 5 月 15 日，曝光 Milk2 纯牛奶变质；2011 年 4 月，揭露 Milk2 牛奶中毒的真相；2011 年 12 月 26 日，关于 Milk2 的帖子被广泛关注；2012 年 1 月 6 日，Milk2 被国家质量监督检验检疫总局检出黄曲霉毒素 M1 超标。在舆情演化过程中，这些事件都出现了明显的多个高潮期。为明确网民对企业网络声誉影响的有效帖子，研究者对采集到的帖文信息条目筛选并进行有效删除，最终确定了有效的帖子数量，表 7-13 列出了研究对象的数据来源及样本数据范围。

表 7-13　样本信息

	品类	帖子分布时间段	负面帖子数量	负回复总量	负点击总量	正面帖子数量	正回复总量	正点击总量
快消品	Milk1	2007. 7—2014. 6	257	6 895	591 703	69	274	13 939
	Milk2	2007. 12—2014. 6	452	17 858	1 669 436	18	341	16 221
	Milk3	2006. 1—2014. 6	312	6 460	770 530	8	74	18 916
耐用品	MobileP1	2006. 1—2014. 6	124	1 241	132 323	16	158	22 828
	MobileP2	2011. 9—2014. 6	133	3 968	368 300	12	179	29 872
	MobileP3	2009. 1—2014. 6	41	591	25 800	4	324	6 519

7.3.4.2　数据计算分析

本部分运用采集的样本数据进行了实证分析。首先，对公式中使用的参数进行设定。对于舆情衰减函数的计算公式（7-15）中的 μ_+ 的取值，根据人们一般认为正面网络舆情的衰减比负面舆情的衰减快一些的特点进行设置，这里设定正面舆情的参数 μ_+ 要略小于负面网络舆情的取值 μ_-，分别被设定为 $\mu_+=0.80$，$\mu_-=0.82$；在帖文影响力的计算公式（7-16）中，根据实际采集到的帖子点击数、回复数的分布情况可知，当帖子点击数小于 50，则认为该帖子的影响力较小，当帖子点击阅读次数大于 5 000，则认为该帖子的影响力非常大，故设定 $O^-_{d,1}$ 为 50，$O^-_{d,8}$ 为 5 000；在舆情扩散强度中，根据图 7-16 中设定的网络舆情的四个等级（Ⅰ级、Ⅱ级、Ⅲ级、Ⅳ级）与舆情扩散增长率的关系进行了设定，本部分以顾客感知的产品质量的网络舆情等级较大为例进行分析，故设定 $r=0.53$，并基于式（7-17）进行计算。表 7-14 给出了快消品和耐用品中各个参数的计算结果。

表 7-14　各参数计算结果

	Category	$TD^-_{(r_{i,k},t)}$	$TD^+_{(r_{i,k},t)}$	$CA^-_1(r_{i,k})$	$CA^-_0(r_{i,k})$	$CA^+_1(r_{i,k})$	$CA^+_0(r_{i,k})$	$SD(r_{i,k},D)$
快消品	Milk1	0.174 8	0.253 5	0.303 9	0.273 3	0.284 3	0.047 0	0.188 2
	Milk2	0.413 0	0.338 1	0.332 3	0.419 2	0.681 9	0.383 8	0.509 2
	Milk3	0.412 2	0.408 3	0.363 8	0.307 4	0.033 7	0.569 2	0.302 6
耐用品	MobileP1	0.076 7	0.095 0	0.286 3	0.767 9	0.341 1	0.676 7	0.376 7
	MobileP2	0.906 4	0.758 9	0.139 6	0.010 6	0.119 2	0.054 2	0.545 6
	MobileP3	0.016 9	0.146 2	0.574 0	0.221 5	0.539 7	0.269 1	0.077 7

根据表 7-14 中的数据，假设 $\omega_1=\omega_2=\omega_3=1/3$，运用公式（7-13）计算可得快消品和耐用品质量舆情对企业网络声誉影响的范围大小，这里是对质量舆情事件影响网民数量的比值进行比较分析。为了更好地说明本部分提出模型的合理性，表 7-15 对比了三种方法的计算结果。

表 7-15　计算结果比较

模型	快消品			耐用品		
	Milk1	Milk2	Milk3	MobileP1	MobileP2	MobileP3
文本方法	0.007 0	0.249 5	0.076 0	0.119 5	0.140 4	0.073 4
文献[6]方法	-0.158 8	-0.366 6	-0.201 0	-0.325 3	-0.364 5	-0.111 4
文献[10]方法	-0.159 1	-0.367 2	-0.201 4	-0.325 3	-0.364 5	-0.111 4
排序结果	Milk1>Milk3>Milk2			MobileP3>MobileP1>MobileP2		

根据表 7-15 计算的结果可以看出，不论是快消品还是耐用品，虽然三种方法的计算结果和计量单位不一致，但这三种计算企业网络声誉方法所得的企业网络声誉结果的排序是一致的。本部分所用方法计算出 Milk1、Milk2、Milk3 的企业声誉级数分别为 0.007 0、0.249 5、0.076 0，三家奶业公司的产品质量舆情对网民的影响是不同的，Milk1 的网络声誉最好，其次是 Milk3，最后是 Milk2。同样，可以计算出三家手机企业的产品质量舆情对网民的影响结果，MobileP1、MobileP2、MobileP3 的企业网络声誉分别为 0.119 5、0.140 4、0.073 4。三种方法对比说明，进一步考虑舆情衰减函数、帖文影响力、舆情扩散强度计算企业网络声誉更符合实际情况。

通过顾客感知的产品质量舆情研究企业网络声誉问题，对主要计算结果分析如下：

（1）网络舆情与企业网络声誉有一定的相关关系，网络舆情分为正面、中性、负面三类，对于品牌消费品来说，企业网络声誉能够通过正面、负面网络舆情反映出来。本部分通过社会化媒体中的产品质量舆情计算了企业网络声誉值。从上述快消品和耐用品分析可知，由于企业产品质量安全问题，在社会诚信体系和投诉渠道不健全的情况下，顾客借助社会化媒体对企业产品质量安全问题进行曝光成为当前一种重要的渠道，再加上众多网民（意见领袖）、媒体的关注与传播，最终形成了正面或者负面的企业网络声誉。

（2）将影响企业网络声誉的网络舆情分为三大因素进行了分析：第一个因素是由于论坛中帖子随着时间衰减变化对企业网络声誉的影响会呈现减弱的趋势；第二个因素是由于帖子本身的点击、回复数等不同，各帖文对企业网络声誉的影响效果也不同；第三个因素是由于论坛中帖文中阐述的企业产品质量存在严重性问题所导致的顾客情感共振，网络舆情呈现出其特有的高潮期现象，这对企业网络声誉会造成更大的冲击。从数据采集和分析过程来看，网络舆情的这三个因素较好地反映了企业网络声誉现象。

7.3.5 小结

网络舆情和网络口碑是企业网络声誉的主要标识，社会化媒体的普及为更好地从顾客网络舆情视角获取企业网络声誉提供了广阔的空间。近年来，越来越多的管理学者开始关注网络口碑、网络舆情与企业网络声誉问题。基于上述的数据计算分析，本部分内容在网络舆情与企业网络声誉研究方面具有以下几点价值：

（1）扩展了运用网络舆情、网络口碑研究企业网络声誉的理论。网络舆情、企业网络声誉作为近年来才发展起来的一个交叉研究领域，网络舆情数据为研究企业管理问题提供了实证资料，基于产品质量舆情视角的企业网络声誉分析，不仅考虑了正面和负面帖子的数量问题，还对网民行为、网络舆情特性进行了分析，更能真实地反映企业产品质量安全问题对企业网络声誉的影响。本部分打破了过去仅仅依赖帖子数量计算企业网络声誉的局限性，进一步考虑了舆情的时间衰减特性、帖文内容的影响特性、舆情演化周期等要素对企业网络声誉的影响，为分析企业网络声誉提供了理论支持。

（2）加强网络舆情渠道管理，尤其是舆情早期的预警监测。当前，论坛、博客、微博等成为网民参与网络活动的重要媒介，网络媒体渠道成为网民发泄自身情感的重要阵地，因此，企业加强对网络舆情的监测预警势在必行。面对网络中突如其来的网络舆情问题，研究发现，其实该企业的产品质量问题信息在网络中已经存在了一段时间，有些存在的时间或者更长，但这些产品质量安全信息并没有引起企业的重视，并且其有害产品还不断地在危害着其他顾客，这种企业网络舆情案例是近几年普遍存在的一种现象。可见，企业需要进一步加强网络舆情方面的预警与监管。根据网络舆情存在发生期、发展期、高潮期、衰退期四个阶段，需要对网络舆情中的帖子数量、帖文信息进行有效分析。企业需要正确把握网络舆情特点，有针对性地应对网络舆情。企业通过网络舆情商用软件可以做到实时预警监测，第一时间获取顾客反映的产品质量问题，能够做到在舆情发生期、发展期阶段获得舆情信息，这样有助于控制网络舆情的传播，更好地维护企业网络声誉。

（3）增强企业网络舆情的应急处理能力。及时分析顾客反映的问题的严重程度，对顾客损失进行服务补救，通过官方微博等渠道对顾客反映的产品质量安全问题进行正面、及时地回应，实事求是地评价存在的问题，降低负面网络舆情对企业网络声誉造成的影响。企业对产品质量问题处理的态度是否能够被网民接受，是决定该网络舆情事件是否会进一步恶化的重要因素，因此，加强企业的应急处理能力是非常关键的。同时，应依据顾客反馈的情况加强企业产品质量的安全管理，及时回收市场上有质量问题的产品，并保证不再出现类似的产品质量问题，最终提升企业的网上、网下市场的营销能力，获得良好的企业美誉度。

另外，由于本部分只针对天涯论坛中产品质量舆情对企业网络声誉的影响进行了实证研究，不能完全反映社会化媒体中的网络舆情信息，也不能全面地反映企业网络声誉值，具有一定的局限性，但提供了一条解决问题的思路。为了获得更具有普遍性的研究结果，在后续的工作中，需要在新浪腾讯微博、博客等社会化媒体中获取研究样本进行论证分析，同时，对表达式中的部分参数设置也需要进一步进行分析比较，以便获得更加合理的参数设置，将有助于更好地分析企业网络声誉。

7.4 打造地方区域品牌

7.4.1 引言

本部分选取丽水市庆元香菇区域品牌为研究对象，使用案例分析法和扎根理论方法，对庆元香菇产业结构进化路径进行分析。研究者基于扎根理论对庆元香菇区域品牌的共建共享提出针对性建议，以淘宝集群地区电商发展为依托了解分析区域品牌，分析我国淘宝集群地区的品牌发展状况，对区域品牌的产业结构进化路径进行深入探讨。

关于区域品牌问题，20 世纪 60 年代，日本学者藤田昌久曾经提出“一村一品”的概念，算是当时较为完整、具体的特色农业品牌化的观点。美国农业部也曾提出“增值农业”的概念，与农业品牌化观点相似，但不完全一样，研究不够深入，也不能套用在所有农业类型的品牌化发展上。对于淘宝村集群地区的区域品牌研究，只有依据淘宝村、淘宝集群地区发展的相关报告和期刊才能够了解一些研究现状，例如沙集镇农村电商的区域品牌建设目前正处于探索阶段。罗喆在研究现代经济发展状况的时候提出了关于农村电商品牌建设的思路，针对农村电商在区域品牌建设过程中出现的问题进行探讨，并提出了相关建议，但罗喆的研究分析成果太过于笼统，没有针对性，所提出的建议并不适用于不同模式下的农村电商区域品牌建设。截至目前，我国农村电商发展还处于没有跨越区域品牌建设的初期阶段，农村电商持续发展需要着重解决集体品牌建设中的主要矛盾，目前还缺少针对一个特定淘宝集群地区的区域品牌建设的完整研究。

7.4.2 区域品牌概述

7.4.2.1 区域品牌

目前，我国区域品牌的概念已经被广泛使用，对于区域品牌的概念，存在几种不同的说法。总结前人研究的观点可知，区域品牌可以概括为在特定区域内形成，由产业集群共同发展，能够体现该区域特色，为该地区政府、企业、个人所共同拥有的地域标志。

区域品牌具有区域性、公共性和长久性特征。区域性是赋予品牌内涵的重要载体，让产品产生差异性，让品牌变得独一无二。区域性的主要特点就是能够展现产品特色，并与其他同类产品区分开来，形成品牌的独一性；公共性要求建设区域品牌的企业共同参与、相互合作，区域品牌属于该区域内的所有企业，是个人和政府的公共财产，不单独属于某一个人或者企业，非排他性和非竞争性是区域品牌最大的特点；长久性是指区域品牌比产品品牌、企业品牌具有更持久的品牌影响力，区域品牌的建设主体是多样的、复杂的，凝聚了所有参与者的智慧，代表了整个地区的文化和历史传承。

7.4.2.2 淘宝村区域品牌

根据对 2018 年全国十大淘宝村集群地区的农产品区域品牌的调查发现，

不同地区由于地域特色和区域资源的差异，产生了有当地特色的农产品，但其中只有极少数的特色农产品有自己的地理标志证明。本部分分析了中国区域农业品牌研究中心发布的最新农产品区域品牌影响力排行榜，该研究中心以形象品牌为研究核心，对粮油、果品、蔬菜、茶叶等具体九个产业类型分别进行排名。通过数据可知，总体排名靠前的是山东、四川、福建和江苏，其中山东省入围100强的区域品牌数量最多，产业类型最广，整体区域品牌发展水平名列前茅。而作为淘宝村集群数量最多、发展较好的浙江省，进入区域品牌影响力百强的品牌数量却寥寥无几，其具体分布如表7-16所示。

表7-16　中国农产品区域品牌影响力百强名单

省份	入榜个数	产业类型	省份	入榜个数	产业类型
山东	22	粮油、果品、食用菌、水产、小宗特产、蔬菜、中药材、畜牧	吉林	2	食用菌、中药材
四川	9	果品、食用菌、小宗特产、中药材	陕西	2	果品、小宗特产
福建	8	食用菌、水产、茶叶	海南	2	果品、畜牧
江苏	6	粮油、水产、畜牧	宁夏	2	中药材、畜牧
浙江	5	食用菌、畜牧、茶叶	广东	1	中药材
内蒙古	5	形象、粮油、蔬菜、畜牧	广西	1	水产
辽宁	3	粮油、水产	山西	1	粮油
贵州	3	蔬菜、中药材	江西	1	果品
湖南	3	茶叶	北京	1	果品
安徽	3	蔬菜、中药材	青海	1	畜牧
甘肃	3	小宗特产、中药材	河北	1	果品
重庆	3	蔬菜	新疆	1	果品

注：数据来自中国区域农业品牌研究中心。

“庆元香菇”区域品牌于2018年入选浙江省最具历史价值的品牌前十强，主要原因是因为该品牌的历史文化悠久，本地的种植环境和技术优良。庆元香菇的人工栽培历史长达800年之久。历史记载中，庆元龙岩村的吴三公通过多次试验，发明了“剁花法”和“惊蕈术”栽培技术，并一代又一代地传授下来，直到现在仍然流行。截至2018年年底，“庆元香菇”商标被28家企业、5家合作社使用，品牌中包含的系列产品高达500个。“庆元香菇”连续七年蝉联品牌传播力、影响力首位，2017年，庆元香菇品牌价值为49.26亿元，在全国食用菌品牌中排名第一。“庆元香菇”产品质量安全体系不断增强，通过食品安全管理（ISO22000）体系认证，且该品牌从未出现过较为严重的质量问题、安全事故。该品牌从产品栽培到生产，各方面都严格按照国家质量标准执行，严格保障产品质量，这也是该品牌形象提升最主要的原因。

7.4.3 基于扎根理论的区域品牌分析

扎根理论是目前使用较为广泛的定性研究方法。扎根理论的首要任务是对资料进行收集归纳、分析对比，在资料的收集过程中，要不断地进行交叉验证，确保资料库的饱和度。以资料库为基础，进行三道编码程序，最后形成一个较为系统化的理论框架模型，根据理论框架模型对研究内容进行深度剖析和解读，从而得出结论，具体论证过程如图 7-17 所示。

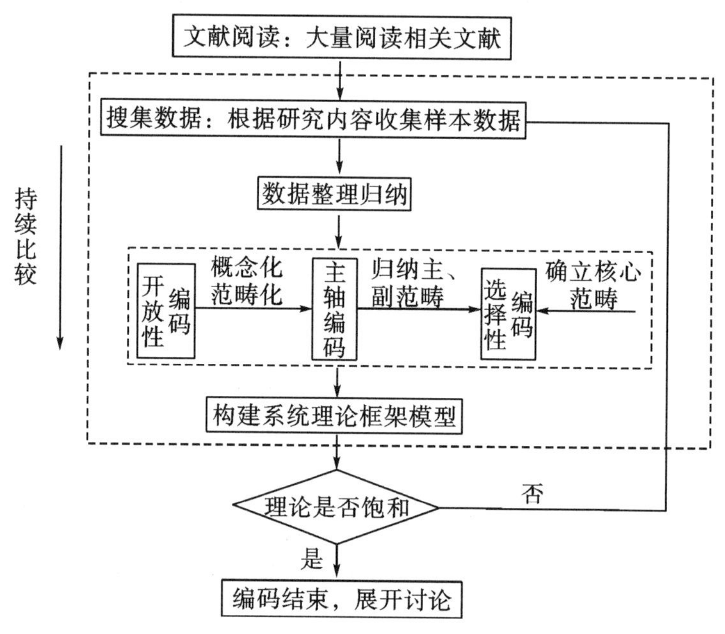

图 7-17 扎根理论研究流程图

7.4.3.1 资料收集

针对庆元香菇区域品牌发展进行资料收集，所有资料都来源于官方网站提供的信息，确保资料的真实可靠性。其中，资料收集的具体来源包括：中国知网内区域品牌相关文献期刊、丽水市以及庆元县政府官方网站提供的相关信息、庆元县统计年鉴提供的数据资料、各种新闻报告和专业负责人采访报道等。本部分研究过程中，资料收集分析和资料库对比是同时进行的，资料分析中没有出现新的概念、范畴，证明此时资料库已达到饱和。

7.4.3.2 资料分析

1. 开放性编码

开放性编码过程包括资料概念化和概念范畴化，如表 7-17 所示。资料概念化就是对收集整理的资料逐句进行概念化总结，将每句话概括成一个小的概念，这些概念是基本单位，概念范畴化就是对所有提炼出来的小概念进行归类总结。通过对庆元香菇产业结构链进化路径资料库的分析，剔除不相关的信息和概念，最终提炼出了 65 个概念并总结了 8 个范畴，如表 7-17 所示。其中，8 个范畴分别为：主体多元化 A1（庆元香菇品牌发展的主体农民，经销商发展成为企业，行业协会、市场、政府和农民五位一体的发展主体）、利益主体扩大化 A2（庆元香菇品牌化出现，利益主体也在不断扩大发展，从原先的香菇企业主体受益者，发展为仓储、物流、旅游产业以及对香菇产品附加价值高的相关产业）、品质保障 A3（庆元香菇品牌以其优异品质受到广大顾客的青睐，成为庆元县的招牌产品）、历史文化 A4（庆元香菇区域品牌的发展离不开当地的特色香菇种植文化和历史技术传承，这也是该区域香菇质量特色和文化的保障）、区域形象 A5（香菇品牌的发展带动了整个庆元县整体形象的提升，赋予了当地特殊的人文特色）、内外驱动因素 A6（该品牌的形成和发展依靠内部和外部驱动因素的共同作用更好地发挥品牌效应）、资源整合 A7（以品牌为中心，各方面的资源共同作用、相互合作，大大降低了品牌运营成本）、品牌保护 A8（香菇品牌建设后需要加强对品牌的保护，更有利于品牌的长远发展）。

表 7-17 资料开放性编码

范畴化	概念化
主体多元化	香菇种植基地；创建香菇小镇；标准菇棚改造；成立香菇行业协会；企业形成和增多；电子商务协会发展；政府打造香菇知名度
利益主体扩大化	农民生产种植香菇；政府部门受益；庆元旅游业大力发展；网销模式成为主体；推动电子商务发展；物流产业快速发展；金融产业合作发展；行业协会发展壮大；多层次附加产业链形成
品质保障	建设标准化基地；形成电子质量追溯系统；制定生产技术标准；实行质量安全考核；成为品质安全示范区；菌棒工厂化生产；成立质量检测部门
历史文化	世界香菇之源；栽培历史久远；栽培技术传承；生产技术重大变革；人工栽培发祥地；专家亲笔题词；各类种菇习俗；确立“香菇节”；品牌文化建设
区域形象	香菇专业乡；地貌优势众多；气候温暖；资源肥沃；生态环境优越

表7-17(续)

范畴化	概念化
内外驱动因素	政府大力推广香菇产业；政府打造生产销售基地；香菇生产基地扩大；政府企业合作推广品牌；香菇生产专业化；菌棒工厂生产全面覆盖；政府推动新市场投入使用
资源整合	专业种植基地；香菇专业村聚集；附加产业发展；海外市场拓展；区域品牌电子商务一体化；建立品牌价值体系；建设供应链和经济生态圈；推动旅游业发展；培养人才；提高技术创新能力；淘宝专卖店数量增多
品牌保护	农业文化遗产申遗成功；弘扬香菇文化；品牌推广形式多样化；制定香菇商标使用标准；香菇宣传口号登记版权；注册香菇商标图案；开展国际商标注册；进行品牌价值评估；注册地理标志证明

2. 主轴编码

主轴编码首先需要借助典范模型“因果条件→现象→脉络→中介条件→行动/互动策略→结果”，将获得的概念和范畴建立联系，从而形成主范畴和副范畴。在此过程中，依旧要不断进行分析比较，以保证获得的范畴具有合理性，对典范模型进行具体解析。本部分归纳分析如下 3 个主范畴。

品牌内涵深入挖掘 AA1：由品质保障 A3、历史文化 A4、区域形象 A5 和品牌保护 A8 这四个副范畴构成。表示庆元香菇区域品牌的发展已经上升了一个级别，不再只追求经济效益，而是注重品牌内涵的建设和发展，对品牌的内在要求不断增加，这有助于品牌的可持续发展。

产业结构不断升级 AA2：由主体多元化 A1 和利益主体扩大化 A2 这两个副范畴构成。这个主范畴表示该区域品牌的运营主体已经从简单生产的经销商转变成集政府、行业协会、市场、企业和农民于一体发展的多主体品牌运营模式，形成了一个复杂庞大的产业结构链，环环相扣、共同产生作用。

产业发展机制不断完善 AA3：由内外驱动因素 A6 和资源整合 A7 这两个副范畴组成，这表明在庆元香菇品牌化过程中，各产业发展机制在持续增强。庆元香菇品牌的发展，不仅有力地带动了当地旅游业发展，也推动了仓储、物流产业发展。另外，香菇产品利用自身较高的品质特性，带动了相关产业共同发展，形成了一个相互促进的发展机制，如表 7-18 所示。

表 7-18 借助典范模型分析

因果条件	现象	脉络	中介条件	行动	结果
香菇品质特性高，香菇对外销量增多	香菇注册使用商标，香菇文化宣传	品质保障，历史文化，区域形象，品牌保护	政府高度重视香菇品牌和品牌文化的发展	品牌价值评估，品牌推广，品牌文化制造和宣传	品牌内涵深入挖掘
香菇营养药用价值高，电商、品牌一体化发展，电商集群出现，政府支持电商发展	网销成为主销形式，线上线下推广一体化	主体多元化，利益主体扩大化	电商协会成立，品牌行业协会与电商协会合作发展	产业经济链形成，产业多方面、全方位发展	产业结构不断升级
内外驱动因素，资源整合	编制庆元香菇品牌战略规划，加强品牌建设	从只被当地人知晓发展成为全国知名农产品品牌	生产技术提高，实战拓宽，销售渠道多样	多产业合作发展，产业集群联盟形成	产业发展机制不断完善

3. 选择性编码

选择性编码是通过上述编码与概念之间的联系，总结归纳出核心范畴。在进行选择性编码时，首先要分析庆元香菇产业结构链进化路径：庆元香菇品牌最初还未成立时，只是简单的农民自产自用自销，是极为简单的生产销售结构，但该香菇区域品牌发展起来后，便开始形成了政府主导、行业协会维持，市场、企业、农民相互合作发展的五位一体的产业结构发展模式。该区域品牌发展过程中，品牌提升意识加强，市场和顾客对于品牌的内在需求更大，促使企业继续深入挖掘品牌内涵，提升产品质量。同时，该区域品牌产业经济圈还在不断拓展，电子商务带动物流、仓储、金融产业的协作运营。另外，也包括旅游业和一系列附加价值高的产业。

本部分梳理了庆元香菇产业结构发展的故事线，通过对 3 个主范畴和 8 个副范畴分析，持续进行资料库比较分析，总结出本部分研究的核心范畴，即“围绕区域品牌，实现共建共享”，具体如表 7-19 所示。

表 7-19 选择性编码分析结果

核心范畴	围绕区域品牌，实现共建共享		
主范畴	品牌内涵深入挖掘	产业结构不断升级	产业发展机制不断完善
副范畴	品质保障 历史文化 区域形象 品牌保护	主体多元化 利益主体扩大化	内外驱动因素 资源整合

7.4.3.3 结果分析

1. 深入挖掘品牌内涵

庆元香菇区域品牌的内涵发展是一个由浅入深的过程。在品牌发展初期，品质保障是该品牌内涵发展的重要核心，相关政府部门不仅建设了标准菇棚，还建设了专门的香菇种植基地，成立了质量检测部门，对香菇的种植、生产、加工、包装等一系列流程进行严格把控，确保产品高质量输出。农村电商的兴起推动了品牌创新发展模式，品牌内涵发展也进入了一个新阶段。香菇区域品牌不仅代表着该地区悠久的香菇历史文化，也代表着该地区的整体形象，作为香菇人工栽培的发祥地，该区域品牌的发展开始重视品牌保护，在提升品牌内涵的同时保护品牌产品的知识产权，实现该品牌可持续发展。

当前，该区域品牌的产业结构链是五位一体化发展，想要继续提升品牌内涵必须从这五个方面进行，通过与各方面的合作，促进品牌文化进一步深化。首先，政府要充分把握品牌内涵保护的重要性。要鼓励、协助企业进行商标注册，以保证品牌有效发展。行业协会充分发挥桥梁作用，严格把控产品质量，提供技术创新，加强管理，巩固政府与企业的合作。企业对于品牌内涵的塑造，要充分利用资源，将历史、人文文化融入品牌中去，使品牌发展层次得到提升。

2. 产业结构不断升级

“庆元香菇”的品牌发展模式最初是生产商和经销商主导的发展模式。随着电子商务的介入，该区域品牌发展的产业结构便开始迅速扩大起来，变成了由政府主导、由行业协会协调、以企业和农民为核心的产业链和经济生态圈。另外，在政府的支持下，电商、品牌结合化发展，扩展了市场空间，营造新的市场，大大提高了品牌知名度。

香菇品牌化发展带动了产业结构链进化，受益主体也变得越来越多，包括垂直和水平利益相关体。垂直利益相关体包括品牌运营下的香菇企业、经营商、投资商等直接相关者。水平利益相关体包括：质量检测相关部门、多媒体广告公司、电子商务产业集群、物流仓储、包装企业、旅游产业以及香菇产品附加价值高的相关产业。

除了产业主体的数量和种类增多以外，产业本身的规模和数量也在呈上升式发展。不仅香菇企业数量持续增加，保健、药用产品等一系列附加价值高的产业也发展起来，形成一个多层次的产业链。产业规模的扩大进一步带动了品牌的知名度。此外，由于政府的主导和介入，该区域品牌发展对资源要素配置的利用率显著提高，生产和包装技术得到创新，致力于提高质量和效率。

3. 产业发展机制不断完善

庆元香菇产业发展机制包括内外驱动因素和资源整合两方面。随着品牌化发展，内外驱动因素在不断增加，资源整合在不断完善和扩展，大大降低了品牌运营成本。内外驱动因素共同协调，内部由政府主导，加强品牌发展管控，行业协会从中协调，外部由市场主导，电子商务为产品品牌推广、品牌营销和品牌内涵建设提供新思路和新方向，在推动品牌发展的同时也促进了电商进一步发展。资源整合范围不断扩大，最大的显著改变是电子商务模块。首先体现为利用互联网资源进行线上品牌推广。如今，各类以庆元香菇为主题的纪录片、电视剧、新媒体广告层出不穷，大大提高了品牌知名度；其次，网络营销已成为如今产品销售的主流形式，不仅促使产品销量大大提升，还带动了仓储、物流、包装产业的迅猛发展。

4. 庆元香菇区域品牌产业结构链进化路径

在庆元香菇产业结构链进化的整个过程中，产业结构的发展进程是缓慢而曲折的。在产业结构链进化过程中发生的变化主要体现在三个方面：品牌内涵进化、产业结构进化、发展机制完善。这三个主范畴系统概括了庆元香菇产业结构链较为完整的进化过程。结合主范畴与8个副范畴之间的联系，根据庆元香菇产业结构发展的真实情况，发现该香菇产业结构从二元主体发展为政府、市场、行业协会、企业、农民五位一体的产业结构模式后，该品牌的产业结构主体基本确定不变，呈稳定发展态势。相比较来说，该区域品牌发展的探索和前进方向重点在于品牌内涵深化和产业发展机制完善这两个方面。未来该区域品牌的进一步发展应重点围绕这两个方面展开，要对品牌内涵进行新的探索和尝试，促进品牌文化深入化表达，打造独特的品牌制度和品牌含义。要完善产业发展机制和优化资源配置，增强内外驱动因素的可变性与协作性。本部分的核心“围绕区域品牌，实现共建共享”准确体现了庆元香菇产业结构链的进化路程。本部分的研究结果如图7-18所示，具体表现出了品牌内涵、产业结构、产业发展机制三个方面在该品牌产业结构链进化路径中的作用。

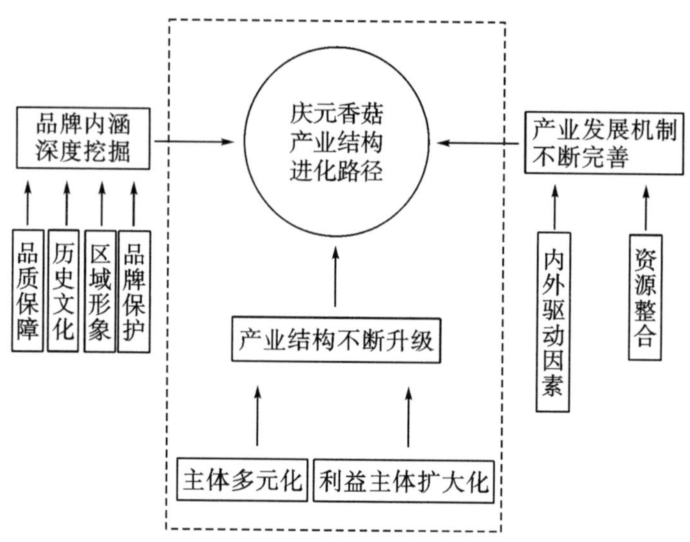

图 7-18　区域品牌产业结构链进化路径结构模型

基于上一部分基于扎根理论的研究，本部分对于庆元香菇产业结构链进化路径有了全面的认识，经过大量的资料对比分析发现，在围绕区域品牌实现共建共享的核心理念下，该区域品牌的产业结构五位一体的发展模式已趋于稳定状态，而品牌内涵、产业发展机制这两方面还有待提升。因此，该区域品牌要实现更好的共建共享，应该将重心放在品牌内涵的深入挖掘和产业发展机制的完善方面。

第一，不断提升品牌内涵。

从上一部分的分析可以看出，品牌内涵的提升主要包括品质保障、历史文化、区域形象、品牌保护这四个方面。结合该品牌产业结构主体的发展，提出以下几点建议：

（1）加强品质检测。政府应该成立专业的质量检测机构，鼓励该品牌下的所有企业定期进行产品检测，以保证产品高质量输出，打造产品品牌质量特色，避免出现同质化竞争、恶性竞争等。另外，企业应该利用电子商务的便利性和有效性，建设质量电子追溯系统，让顾客能够实时了解产品的生产加工等一系列流程，使质量有所保证，信息完全透明公开，以提高顾客忠诚度和品牌知名度。

（2）历史文化融入品牌。一个产品所代表的历史文化就是一个品牌所代表的历史文化。企业应该重视品牌文化建设，注重内在需求变化，打造品牌文化。庆元香菇区域品牌应该融合当地 800 多年的人工种植历史，将人工种植技术传承和发扬出去。政府设立了香菇节，旨在宣扬香菇文化，提升品牌知名度，这有利于品牌内在的深化。

（3）提高品牌保护意识。该香菇品牌中有不少企业对于品牌和产品缺乏保护意识，政府没有积极引导和鼓励，导致产品没有产权保护，品牌被肆意乱用，损害了品牌价值。香菇产品商标权抢注事件频发，例如之前的“庆元菇工”美国抢注商标事件，无疑给当地政府和企业一个严重的警告。因此，注重品牌和保护品牌是持续发展的重心。

第二，完善产业发展机制。

产业发展机制主要由内外驱动因素、资源整合两方面构成。

1. 加强内外驱动因素合作

内外驱动因素分为内因和外因，内因主要是以企业为核心的驱动机制。庆元香菇区域品牌下的龙头企业首先要起到带头作用，积极引导并带领中小型企业自觉参与该区域品牌的建设中来，实现合作化竞争。充分利用区域品牌的公共性、非竞争性与非排他性，以中小型企业为主，形成网状结构的产业集群，这样会大大降低该区域品牌的建设和运营成本。

外因主要是以政府为主导、以行业协会为中介协调、以市场为中心。首先，政府要积极推动，鼓励当地大小型企业共同参与区域品牌的建设。其次，丽水市相关部门，如丽水市工商局、质监局等不断完善品牌质量提升的总体规划，指导企业品牌建设工作。行业协会作为中间协调者，应发挥桥梁作用，在维护各企业自身品牌发展的同时，也要及时反馈区域品牌建设中出现的问题，并协助政府解决问题。最后，行业协会也要利用自身平台优势充分为企业服务，提供技术支持，加强管理，完善信息，严格进行质量管理，不断研发技术创新，为区域品牌发展提供新动力。同时，区域品牌建设与电子商务发展的结合，也是政府需要重视的核心。为了推进电子商务发展，针对制度、管理、服务创新，浙江省政府发布了《浙江省农村电子商务工作实施方案》。为了实现区域品牌与电子商务一体化发展，通过“区域品牌+农产品品牌+电商化生产加工+网络营销”推动丽水市特色农产品发展。政府也成立了特色农产品电商实验区，围绕丽水市特色农产品和旅游业，以大数据为基础，建设生产、销售、仓储、物流、质量检测一体化的供应链和经济生态圈。

2. 加快完善资源整合

资源整合是产业结构发展机制中的重要部分，完善资源整合能够大大降低品牌的运营成本。政府应积极建设为企业服务的公共平台，考虑整体效益，整合资源，实现资源优化配置。将区域品牌长久发展视为公共服务工程，将一切可行的因素投入品牌建设中，为品牌持久发展提供资金、技术支持，宣传推广市场良好环境、信息服务等。

目前，该区域品牌在资源整合方面较为缺乏的是人才培养和技术创新。人才既是一个企业能够有效运行和发展的核心，也是品牌发展的有力保障。在电子商务发展的背景之下，企业和品牌的发展创新和转型必不可少，这需要高品质的创新型人才。丽水市的农村电商集群需要高水平的互联网人才和区域品牌建设管理人才，以实现区域品牌与农村电商的良性发展，因此，企业必须制定一套专业的人才选拔机制。该区域品牌下的所有企业也应该加强技术创新，技术创新不仅能有效提高生产率，创新产品特色，还能降低经营成本，推动品牌的创新发展。

7.4.4 小结

在淘宝村集群的背景下，本部分通过对庆元香菇区域品牌发展情况进行分析，使用扎根理论探讨庆元香菇的产业结构进化路径。针对庆元香菇区域品牌的发展搜集大量的相关资料，并进行整理归纳，形成资料库；进行扎根理论的核心过程，即三级编码。首先，进行开放式编码，对资料库中的信息进行整合概括，删除不相关的资料信息和概念，归纳总结出 65 个小概念和 8 个范畴。下一步进行主轴编码，建立概念、范畴间的联系，以典范模型为基础进行分析，总结出 3 个主范畴。其次，选择性编码，综合 3 个主范畴和 8 个副范畴进行进一步研究。最后，总结扎根理论研究资料，绘制庆元香菇产业结构发展的系统模型图。通过资料对比分析，结果发现，该产业结构的品牌建设主体已趋于稳定发展形态，品牌内涵、产业发展机制还有进一步提升的空间。因此，未来庆元香菇区域品牌的产业结构化提升应注重以区域品牌的共建共享为核心，深化品牌内涵，完善发展机制。

8 农村网商群体持续高质量成长调研分析

8.1 义乌淘宝村电子商务发展分析

8.1.1 调研背景

今天的义乌——以“全球最大的小商品集散中心”著称的城市，正日益崛起成为全球瞩目的“电商之都”。因此，中国农村电商发展调查项目选择了具有典型意义的义乌。2018 年，我们调研小分队在北京大学中国社会科学调查中心、阿里研究院、南开大学联合开展的中国农村电商发展调查项目的协助下，走进中国最大的小商品市场义乌开展了为期两周的调研。本次共走访了义乌 9 个农村电商村、义乌小商品城以及永康市电商村等，主要包括义乌青岩刘村、莲塘村、新后傅村、东新屋村、后湖村、徐村、下湾村、青口村、下朱宅村。有关这次调查的卖家数据，北京大学中国社会科学调查中心还没有公开发布。本调研报告主要根据实际走访过程中的观察、访谈、网络资料等方式，对本次活动的内容进行挖掘工作。

在“互联网+流通”转型发展的今天，号称世界“小商品之都”、作为全国最大的小商品集散地的义乌，其小商品市场成交额已经连续 26 年名列全国榜首，义乌小商品流通业呈现出商品种类繁多、门类齐全、物流四通八达、国内外贸易活跃等特点。在义乌这块热土上，电子商务产业得到了高速发展，电子商务与传统商贸产业高度融合，线下线上、国内国外贸易融为一体，呈现出县域经济发展少有的新气象。从“鸡毛换糖”到“全球电商”，义乌已连续四年位列“中国电商百佳县”榜首，并获批国家电子商务示范城市、国家县域电子商务大数据应用统计试点城市、浙江（义乌）跨境电子商务创新发展示范区、浙江省小商品产业集群跨境电子商务发展试点。

2017 年 1 至 9 月，全市实现电子商务交易额 1 378.37 亿元，同比增长 20.13%，其中内贸电子商务交易额达 853.97 亿元，同比增长 21.8%，跨境电子商务交易额达 524.4 亿元，同比增长 17.48%。2017 年，阿里巴巴集团披露了两组数据：2017 年，天猫“双十一”全天总交易额突破 1 682 亿元，其中义乌在天猫平台实现交易额 60.97 亿元，占天猫“双十一”总成交额的 3.62%；2017 年，在全国发现超过 2 100 个淘宝村，其中义乌淘宝村超过 110 个，是全国最大的淘宝村集群。2018 年的“双十一”购物狂欢节中，义乌实现成交额 81.3 亿元，同比增长 57.56%，其中天猫平台交易额达 60.97 亿元，占天猫“双十一”总成交额的 3.62%。“双十一”当天收寄的快递总计 2 058 万件，同比增长 90%，占国内当天快递总量的 15.1%，在“双十一”期间包裹量突破了 1 亿件。

8.1.2 义乌电商发展特点

浙江金华义乌电子商务与北方农村电商有很多不同之处。作为我国商贸业起步比较早的县级城市义乌，充满了商业气息：小作坊众多，流通业发达，进出口贸易繁荣，线上线下销售紧密融合。

8.1.2.1 形成网货特色：全球小商品电商

作为“电商之都”的义乌，其服装、袜业、饰品、拉链、工艺品、制笔等小商品货源占到了全中国的三分之一，货源丰富的义乌市场已成为电子商务网货的最大平台。目前，全国发展比较好的、有潜力的电商村、电商镇，均已形成了明显的网货地域特色，如浙江省义乌小商品，江苏省睢宁县沙集镇板材家具，江苏省宿迁市耿车镇板材家具，江苏省沭阳花木，河北省清河县羊绒羊毛制品，河北省保定市白沟箱包，浙江省杭州市临安区市坚果炒货，浙江省缙云县北山村户外用品，福建省龙岩市小池镇竹席、车饰、饰品，福建省安溪县藤铁工艺品，山东省博兴县湾头村草柳编家居用品，山东省博兴县博兴镇顾家村老粗布，山东省曹县大集乡演出服装，广东省揭阳市锡场镇军埔村食品、服装等。据统计，零售网商有 70% 的商品来自义乌市场，批发网商中，有 80% 以上的商品来自义乌，这些都凸显了义乌小商品电商发展的潜力和特色。

8.1.2.2 集聚网商群体：汇集全球卖家集群

除了闻名全球的义乌小商品市场与客商云集外，义乌网商群体发展呈现增速快、活力强、结构渐优等特点，由夫妻店（父子店）向公司制经营扩展，网商企业比重不断提升，2018 年新设电商主体达 4.34 万户。据统计，注册地在义乌的淘宝卖家（含天猫）账户达到 10.8 万个，全市在各大电子商务平台网商账户总数超过 27 万户，位居全国电子商务发展百佳县首位，义乌的内贸网商密度位居全国第一，外贸网商密度居全国第二。另外，交易超过 50 万笔的淘宝“金冠”店铺，有近十分之一在义乌，大量网商集聚带来了明显的电商区域集聚效应和网络效应。与北方很多地方的电商村、电商镇不同的地方是义乌电商村密集、电商村中网商集群度也非常高，在这些电商村中存在明显的特点是外地人集聚到义乌做生意、做电商，而出现本地人大量出租房屋的现象。

8.1.2.3 打造高端网会：义乌虹吸效应

近年来，义乌通过举办“中国国际电子商务博览会”“世界电子商务大会”“中国国际电子商务博览会暨数字贸易博览会”等一系列高端网会，成为义乌向全球展示中国电商发展的一张靓丽名片，向世界展现电商发展的最新理念、最新产品、最前沿技术、最新潮流，为义乌电商企业对接全球资源、把握未来趋势提供了面对面接触的平台。高端网会在义乌召开，聚焦了全球电商买家与卖家，激发跨境电商发展动力，促进电商深入发展，引领电商发展前沿议题和趋势，为众多国家知名电商企业、电商协会负责人探讨行业发展趋势，为商贸电商行业发展提供资讯。

8.1.2.4 跨境电商特色显著：电商进出口新蓝海

发展跨境电商，义乌具有得天独厚的优势。全球最大的小商品集散地义乌通过“义新欧”中欧班列实现与欧洲最大的小商品集散地马德里陆路直通，开启每周一次的常态化运邮。义乌国际邮件互换局成为支撑跨境电商发展的重要平台之一，国际邮件互换局正式投入使用，实现了义乌进出境邮件的本地通关，实现了跨境电商出口全面提速。陆港电商小镇，作为国内领先的全产业链电商服务综合体和跨境电商高地，小镇加快推动传统电商经济向数字化经济转型升级，推进一般贸易和跨境电商融合，形成进口与出口协同发展的跨境贸易新格局。另外，通过参加首届中国国际进口博览会让世界更好地了解义乌、认识义乌，积极承接进博会“溢出效应”，向世界发出“义乌声音”。“义新欧”和“义甬舟”进行大通道的建设，既为中国进口企业、义乌进口企业搭建高效对接境外优质源头货的平台，也为境外中小企业搭建了高效对接义乌市场分销渠道的平台。2018 年，通过组织进口企业、多国采购团、“义新欧”沿线国家进口商品采购等活动，义乌一举成为首届中国国际进口博览会中全国县级市第一大采购团。

8.1.2.5 政府赋能电商：政策到位、力度大、工作细

地方电子商务发展离不开地方政府、协会等组织赋能。义乌在政府赋能方

面，尤其是在奖励方面做了很多细致的工作，如建立电商园区、电商小镇等优惠政策促进电子商务发展，加强电商主体招引和培育，通过减免入园费等方式降低市内大中型电商企业运营成本。同时，结合义乌商贸现状，加强电子商务专业村引导，推进电子商务线上线下平台发展。鼓励有条件的网商建设在线交易平台带。此外，在商贸流通领域中的进口贸易、国内贸易、各类会展商务活动等方面的政策扶持都体现了细致入微、接地气的工作，推出了一系列针对性很强的优惠政策，提供丰厚的奖励补助，营造了优越的政策环境，促进搭平台、创环境、优服务、提效率，打造了审批事项少、办事效率高的营商环境，体现了政府有为的形象。

8.1.2.6 转型升级电商：多力共治

电商转型升级无疑存在两种结果：成功转型与被动淘汰。分散在电商村出租房的诸多卖家成功转型为中小型电商，在不断发展壮大后，一般会受场地、仓储、物流等硬件设施限制，可能选择搬迁到政府打造的电子商务产业园区、电商小镇继续创业。作为义乌“电商换市”战略的重要载体，陆港电商小镇积极打造电子商务产业生态商圈，通过搭建孵化平台、完善配套服务、优化营商环境等举措，园区汇聚了一大批优秀的创新创业企业，已成为国内领先的全产业链电商服务综合体，打造出了义乌电商园区的新样本，形成电子商务产业生态体系。义乌的各大电商平台日趋增多，如天猫、京东、拼多多、唯品会、贝贝网、国美、苏宁等，还有一部分移动电商，比如微商城。近年来，随着城市的发展，越来越多自发形成的“一家一户”卖家电商村存在消防隐患、环境保护不达标等现象，不少电商村卖家陆续搬离城市，曾经的电商村已经出现消亡现象，这也是产业升级过程中不可避免的问题。

8.1.2.7 形成完备的电商产业生态体系

义乌从“电商换市”到“电商生态”，义乌电子商务示范工程成果显著，集信息技术、在线交易、物流配送、金融支付等完整电商产业链于一体并日趋完善，衍生出一批集金融、商务、培训、代运营、第三方仓储等于一体的企业电商服务链。电商产业转型升级速度加快，电商园区、电商企业等主体正走向规范化、品牌化、创新化发展道路。电商基础设施与各类监管平台建设正迈向新台阶，跨境电商海外仓建设和应用等也提上日程。跨境电商通过对接阿里巴巴、亚马逊、eBay、京东商城、Wish、卷皮网等第三方平台，拓宽境外采购商来义乌抢占国内跨境电商发展制高点，义乌内外贸电商发展呈现出规模大、分层次、流量大、内外贸融合的新业态。

8.1.3 义乌电商发展分析

8.1.3.1 机遇

1. 进口贸易与跨境电商大发展的机遇期——全球之路

电商时代的义乌“买全球卖全球”模式与中国经济水平的提升促使义乌即将迈入中高收入国家的水平，带来新的商业流通经济增长点。为快速响应中央号召，应对中美贸易战，加大“进口”贸易进度和加大力度，义乌完全有能力成为我国跨境商品贸易的排头兵，利用好当前我国跨境商贸大发展的时代机遇期。义乌初步具备进口贸易与跨境电商发展的天时、地利、人和的条件。搭乘进博会的东风和国家政策红利，利用义乌已有的流通渠道、物流仓储、B型保税物流中心、“义新欧”国际货运班列、“义甬舟”开放大通道等基础设施、现有电商平台等优势设施，充分挖掘义乌电商人的商业智慧、盘活1.5万多常驻义乌外国商客以及多年积累的跨境商贸流通网络关系，义乌在新的全球化商业浪潮中能够把握全球商机和中国机会，让进出口国际贸易和跨境电商发展踏上新的征程，站稳新的历史“风口”。

2. 尽快形成全球进出口集散地的窗口期——枢纽之环

义乌的优势之一就在于具有全国小商品集聚地的流通枢纽作用。当前，随着中国经济供给侧改革的深入推进，我国流通业面临着数字化、网络化、平台化等方面的升级转型发展趋势，导致进口和出口商品的数量、质量、流向等均会发生重大变化。可见，我国众多的港口城市、商业发达城市都有可能成为这一波进出口流通业的爆发点，这个窗口期应该已经到来。义乌人具有改革精神和创业精神，义乌勇于抓住先机，乘胜引导，大力推进，快步走在进口贸易的前列。义乌在现有优势发展的基础上抓住这一波进口机会，尽快成为我国进出口贸易的爆发地区，并在机会窗口期尽快成长起来。

3. 电商小商品强品牌提升的关键期——内涵之路

近年来，虽然义乌快速发展的优势是起步早、小商品品种多、门类齐全，先人一步形成了规模效应，但是小商品的产品品质、标准、品牌等属性和国内其他地区的小商品属性并没有明显差异。多年来，义乌小商品贸易人多采用“门店+电商”的个体户贸易模式，对于此类小作坊生产的小商品如何建立自身品牌考验着地方政府和卖家的智慧。对于品牌建设，尤其是义乌的小商品品牌的工作重点应该放在网络品牌、区域公用品牌建设上。

4. 提升小商品技术含量的储备期——创新之路

在我国“质量强国”“质量强市”的提质增效过程中，产品质量提升、品牌打造是核心。义乌小商品大多来源于小作坊、小企业，在产品设计、制造、存储、材料采购等方面的质量与标准比较欠缺，还有很多质量问题需要改善。应提升义乌小商品的产品高质量特性（如产品功能升级、产品可靠、技术含量高、智能化等），以质量监管与高水平需求驱动等方式促进义乌小商品质量提升，促进义乌小商品向微小智能制造转型升级。

5. 跨境贸易与电商相关人才培养正当时——人才之路

浙江是跨境电商发展强省，跨境电商发展基础好。义乌跨境贸易电商拥有涉外法律、知识产权、国际贸易、国际金融、国际物流等条件，在中国新一轮流通经济发展阶段，义乌抓住先机，大量采用从国外引入、本地培育等方式在人才储备方面形成了人才高地，将来也可能成长为全国跨境电商的人才输出基地和培训基地。另外，需要充分利用高校资源、国内外咨询机构、海内外跨境电商专业人士开展多方位对接。

8.1.3.2 挑战

1. 小商品附加值不高与成本上升之间的矛盾——出口优势递减

面对中国产业转型和部分加工产业向东南亚转移的新形势及国内各类成本的增加，除了厂家期待降低生产成本外，降低流通渠道中贸易各环节成本也是应对未来挑战的关键。在低附加值产品中，唯有采取低成本战略才是王道，并适时采取有效措施逃离低利润空间，例如《义乌市实体经济翻身战三年作战计划书（2018—2020 年）》，加快智能化改造升级，重点在饰品、袜业、服装、工艺品、化妆品、家居等十大传统产业领域开展机器换人技术改造，重点抓好服装制造业省级改造提升试点工作，实施一批智能工厂/数字化车间改造项目。

2. 传统贸易模式与新零售之间的矛盾——技术赋能驱动

新零售的到来对传统零售业会产生一定的冲击，尤其是在线下贸易、劳动力就业等方面，新零售平台的吸附效应能力强，零售平台技术水平高，收缩了传统贸易的发展空间。义乌应该在技术驱动贸易业发展方面早策划、早行动，可以采用引入平台方建设模式，尤其是跨境电商平台引导小微店家传统贸易模式进行升级和转型，打通线上线下、国内国外、进口出口与转运等。对于有一定实力的卖家是采取自建地方平台、企业平台还是依附现在的电商大平台都是需要认真权衡的问题。

3. 小作坊与县域经济转型之间的矛盾——同质化竞争

小商品明显具有手工作业操作或者家庭作坊式的加工特征。相对来讲，与环保、消防、新农村规划建设等存在一些冲突，也对县域经济高质量发展形成一定的抑制作用。到底是全面取缔小作坊还是引导迁入电商园；是大力发展“前店后厂”模式的小农电商经济还是走集群式、高质量、公司化等模式的转型发展之路；是走精细化、中高端的小商品之路还是逐渐取消目前散乱差的低端走质量发展道路。这些既涉及民生问题，也涉及义乌贸易长期发展的传统力量问题，是新旧动能转换期的稳定过渡与增长速度之间的矛盾，即质与量的权衡。

4. 创新人才储备与持续创新之间的矛盾——创新创业扶持

义乌商品流通业、贸易电商人才优势是义乌商业模式不断创新的基础，也是应该长期保持和发展的，是义乌产业发展的根基所在。在此基础上，面对我国创新创业新形势，微创新或者持续升级改进已经成为市场竞争力的关键因素。因此，通过延伸商贸产业链，把商业模式、产品创意（如电商创新创业等）均归为互联网电商创新创业，以打造内外贸易新的增长点。

8.1.4 义乌电商发展对策

义乌实践已经走在前列，义乌商贸发展形成了“自下而上商户自发”+“自上而下政府驱动”+“数字平台赋能”的三大驱动力，这三力促进义乌的全球化发展。当然，作为敢吃螃蟹的义乌人也遇到一些新问题、新矛盾，需要精准制定促进义乌电商产业发展的体制机制。下面主要根据个人理解提出几点建议。

8.1.4.1 *宏观把握义乌贸易电商产业发展演化趋势*

1982 年以来，义乌专业市场经历了多次市场转型、蜕变与升级，即“集市批发—展贸商城—产业集聚”的空间耦合，形成了以有形实体市场为基础的线下市场。进入 2000 年以来，义乌抓住了我国入世契机，通过阿里巴巴 B2B 开通国际贸易，一举成为“面向世界、服务全国”的国际小商品市场。2014 年，“义新欧”的开通极大地促进了进出口贸易的发展、义乌 B 型保税物流中心的设立，2018 年的首届进博会等极大地推动了义乌进出口市场的蓬勃发展。

贸易电商产业既属于实体经济的一部分，也属于互联网经济的一部分，是智能商业。基于智能商业发展的认识，义乌数字经济时代的商业生态呈现“网络协同+数据智能”的本质。通过网络协同实现精准降维打击，通过数据智能实现商业逻辑的根本改变，做到精准施策。从义乌贸易电商产业网络视角分析，义乌贸易电商处于国内重要的流通节点，流通节点逐渐演化为“互联网+流通”的商业生态系统。基于此，提出了可能演化的几种情景，如平台贸易电商主导型、历史客户资源稳固集群型、主打小商品品牌突围型、国际进出口爆发型，孕育出新的电商贸易增长点。

8.1.4.2 找准义乌贸易电商产业的发展路径

1. 网商成长——电商工匠人才之路

网商是指网商个体、群体、公司等。农村电商发展需要不断打造一批具有红色基因、扎根义乌、承担社会责任的青年带头人，留住、培养优秀的贸易电商创业者是关键。要加快培育一批创新型和成长型外贸电商小微企业，激励质量可靠、品质过硬、技术附加值较高的小商品网商。浙江作为小家电的生产基地，完全有机会从机电和高新技术小微产品着手，培育电商主体，挖掘国际竞争力，打造电商产业链。同时，利用驻外机构、保税区、进博会、跨境平台等现有资源，实现与义乌跨境电商企业人才对接。

2. 网货创新之路——电商立足之本

强劲的商品创新和市场创新能力，是义乌这个正在崛起的“电商之都”的经营之道。义乌也可参照日本的无印良品等选择部分市场前景好、具有创新潜力的小商品，建立网络环境下消费者参与的产品创新机制，构建全球式开放式的小商品创客中心、研发中心，动员小学生、中学生、大学生积极参与小商品创新大赛等，激发创意，凝聚智慧等。

3. 网货品牌建设——产业长青之路

通过政策引领开展品牌培育。我国正处在大力培育国产品牌的阶段，义乌小商品自主品牌化建设已经起步，如东海、Kingever、S. PINE、紫秀、华鸿、浪莎、梦娜、赛威、新光饰品、SAM、真爱、宝娜斯等。这里我们认为可以利用义乌声誉，参照农产品区域公共品牌模式建立义乌小商品公用区域品牌。通过对义乌小商品的摸底调查，选择部分有特色、声誉好的小商品，通过卖家、协会、地方政府等共建共享共治的模式，做大做强义乌小商品品牌，打造“全球小商品品牌之都”，逐步塑造一批“产品质量过硬、服务质量过硬”的全国知名中小品牌，引导义乌电商走向中高质量的集约化发展道路，走区域品牌化发展路径。

4. 网规共治——电商发展治理之路

贸易电商规范有序发展离不开网规，电商平台、地方政府、协会都需制定合理的规章制度，如信用管理、大数据下的电商产品质量监管等。2018 年，电子商务法的颁布有利于解决电商发展过程中的法律缺失问题，约束并指导卖家、平台等相关方开展合法经营。还应将微商、直播销售等纳入电商范围，严格落实市场主体登记制度，通过规范电商行为，让电子商务市场有序、依法、合乎道德地运行。

5. 全球贸易电商再配置——中国产业结构演化之果

义乌的优势决定了其要承担全球资源配置的责任。在出口贸易方面，线下深入度融入境外展会、广交会、华交会、浙洽会等国际市场，引进各类贸易官方或知名商业机构等，线上实时分析全球电商政策、经济、社会、供需关系等方面的大数据，做好大数据统计，寻找出口贸易的突破机会，为下一步规划发展奠定基础。在进口贸易方面，加大国外知名产品品牌的进口，降低作为资源再配置枢纽的税费、物流成本等费用，促进相关基础配套设施的再升级。同时，全球贸易电商要利用义乌的优势和特色争取省和国家的政策支持和政策红利，助推义乌跨境电子商务发展。

6. 贸易电商的智能化——“智能+”电商之路

数字贸易成为赋能电子商务企业的主要路径，构建以大数据为驱动的数字贸易智能生态体系已成必然。通过整体规划破解数据鸿沟，借鉴最新的数据买卖交易规则实现数据共享共用。一旦数据流动起来就会有更多的数据进入大数据平台，通过电商大数据分析预测市场需求，服务企业产品生产、流通与销售，整合产业链和价值链，发现市场热点，提高电商核心竞争力。另外，培育新的电商大数据企业。通过政策与资金扶持，把电商大数据、云计算、区块链、物联网等核心技术链接到贸易业态中，是走向全球流通大发展的必由路径，做大做强网络零售，实现智慧电商、智慧物流、智慧交易等衍生业态，构筑义乌电商大数据产业完整生态链。

8.2 沭阳淘宝村网商群体持续高质量成长分析

本部分内容大多来源于2016年在沭阳淘宝村调研过程中形成的课题报告。调研过程得到了沭阳县政府、调研乡镇的大力配合，以及沭阳软件园管理委员会、电商协会、创业办公室等部门的大力支持。报告也借鉴了阿里研究院报告、汪向东教授微博等电商相关资料。

8.2.1 沭阳花木电商

目前，阿里研究院发布了2019年淘宝村、淘宝镇名单，沭阳再获佳绩，新增淘宝村30个，总数达86个，新增淘宝镇7个，总数达12个。沭阳花木栽植历史悠久，近年来，沭阳县充分发挥花木生产的传统优势，吸引各花木研发种植企业强势入驻，“中国花木之乡”品牌效益和整体实力日益增强。江苏农村电商发展一直走在全国前列，尤其是苏北电商发展势头迅猛。沭阳县颜集镇被国家林业局、中国花卉协会评为首批“中国花木之乡”，新河镇、庙头镇被江苏省花木协会评为“江苏省花木之乡”，新河镇周圈村被评为“中国十大魅力乡村”，沭阳县被江苏省旅游局评为江苏自驾游基地创建试点单位、江苏发展乡村旅游工作先进县，也被中国风景园林学会花卉盆景赏石分会认定为“中国盆景培训基地”。沭阳县依托全县50万亩花木资源优势，大力促进网络创业，引导产业布局，推动产业集聚，促进结构调整，花木特色产业发展呈现出由单一向多样、绿色向多彩、低端向高端转变、线上线下融合发展等显著特点，“花乡沭阳”这一金字招牌越来越亮，越来越响。

近年来，沭阳农村电商发展形成了自己的特色：

8.2.1.1 “支部+电商”创业模式

沭阳县积极推行“支部+电商”创业模式，引导党员干部充分发挥示范带动作用，带头走网络创业之路，全镇800余名党员干部与网络创业人员结成帮扶对子，在资金、信息、技能、快递等方面全方位做好服务工作，掀起全镇新一轮网络创业热潮，该镇还积极鼓励外出务工青年返乡创业就业，在网络上销售花木。

1. 悦来镇“支部+电商”

2016年，悦来镇通过打造“支部+电商”富民产业，把电子商务打造成带动农民增收致富的支柱产业，推动“支部+电商”全覆盖，发挥党支部引领作用，电子商务逐步成为镇村经济发展新引擎。以“支部+电商”为发展载体，全力以赴把支部建在电商上，在电商产业链上实现全镇12个村居“支部+电商”工作全覆盖、无盲区，构建“支部+电商+创业富民”新模式，拓宽农民增收渠道。

悦来镇还积极开展全国淘宝镇创建活动，明确创建目标，年内新增网络创业项目500个，网络创业项目总数达6 000个，网络销售额达10亿元，实现淘宝村100%全覆盖。在村与村、组与组之间广泛开展竞赛活动，比销售总量，比新增网络创业户数，每月考核评比一次，并按季度评选全镇“十佳网络创业之星”，及时予以表彰奖励。

2. 青伊湖镇红色电商

青伊湖镇围绕“党建强、群众富”目标，以各村支部引领服务为基础，建立健全“支部+电商”体系，激发群众自主创业，帮助党员走上“互联网+”的低成本创业之路。加大力度将党员培养成电商主力，通过引导有创业基础和意愿的农村党员特别是青年党员从事电子商务，为他们配备大学生“村官”创业导师，依托镇电商服务中心，为其提供一对一的跟踪指导，帮助其注册网店，联系货源，提供场地、资金、技术等服务。截至2017年年底，该镇党员新创办网店21个，先后开展了7次网络创业培训会、座谈会，培育党员网络创业人才90多人，带动400多名富余劳动力实现在家门口就业。

3. 庙头镇“红色基因”

2015年以来，该镇党委不断加大对电商户的扶持培养力度，采取“一融三培”工作法，将党建工作与电商发展融合起来；将党员培养成电商大户，将电商大户培养成党员，将党员电商大户培养成村支两委班子成员，不断在电商中植入“红色基因”，壮大党的力量，提升先进性，凝聚正能量。在具体工作中，该镇落实好党员电商“1+3”帮扶机制，即每个党员电商帮扶1户贫困户、1户低保户和1户电商学徒，吸收他们到自己的店铺来工作、学习，将他们领上致富路，不断提升该镇的经济发展水平。为了充分发挥党支部引领电子商务发展的作用，该镇成立了“支部+电商”服务领导小组，组织、宣传、财政、农经等部门合力参与，按照“一村一品一店”要求整合资源，培育了聚贤、后窑、冷庄、古龙的花卉苗木产业，东柳、庙头的服装、玩具产业，赶埠、牛墩的渔网、草绳产业。

8.2.1.2 “一村一品一店”

2015年，全县“一村一品一店”工作取得显著成效，实现乡镇电子商务服务中心和行政村“一店”全覆盖，培育“一品”30余种，“一村一品一店”覆盖率达85%。全县“县有园区、乡镇有中心、村居有服务站”的三级服务体系初步建立。

1. 悦来镇

现有“一村一品一店”，包括农副产品销售、农资购销、生活用品等特色营销项目，均采用“支部+电商”发展模式。同时，该镇大力发展具有特色产品、优势产品、紧俏产品的购销模式，形成网销特色。全镇12个村居拥有“一村一品一店”，每个网店均建立相应的支部推动当地农产品网上热销，解决原来农产品的购销难题，实现“买全球、卖全球”，拉动劳动力就业，拓宽农民增收渠道。

2. 陇集镇

为了推进“支部+电商”和“一村一品一店”工作，陇集镇通过采取“加强领导、强化责任担当；加强宣传、营造创业氛围；培养大户、构建经营主体”推进“支部+电商”和“一村一品一店”工作有序开展。该镇通过培育农民合作社、家庭农场、专业大户、农业龙头企业等新型经营主体，打造本地农副产品品牌，并以此为突破口，加大与“农村网点”的深度融合，形成特色种植（养殖）家庭农场集聚，使集“生态+休闲+网上销售”为一体的产业集聚区带动第三产业发展，实现镇电子商务服务中心和行政村“一店”全覆盖。

8.2.1.3　试行市场化运作的花木节

为进一步推动花木产业供给侧改革，沭阳县采取政府与蓝添花木城经营有限公司合作的方式试行市场化运作花木节。县花木管委会联合中国风景园林学会、花卉盆景赏石分会在沭阳国际花木城举办中国盆景学术研讨会、中国精品盆景（沭阳）邀请展、中国盆景制作比赛等大型活动，均是政府主导运作。现在，县政府试行市场化运作举办花木节，是县花木管委会积极探索花木产业供给侧改革，认真落实“三项任务”，推进“两聚一高”的具体实践，也是试行政府购买服务的一次重大尝试。签约后，每年将在2017—2021年9月28日—10月7日举办中国沭阳花木节，实现了由政府主办转变为由市场主体举办的模式，花木节将在活动的交易性、专业性等方面得到较大提升。

8.2.2　自组织、他组织作用下的网商群体成长演化

2005年、2006年前后，在我国东部沿海的农村中出现了最早的一批草根农民率先在淘宝网上开网店销售产品，这些农村草根网商形成了示范效应，带动了周围村民纷纷效仿，网商自组织开展网络零售的经营也逐渐蔓延开来。

8.2.2.1　网商自组织成长情况

早期的网商更多是分散农户和小型合作社。最初，这些网商的出现不是政府规划、命令农民开展网络创业，而是农民自发、自组织从事网络销售。在传统零售发展不太成熟的阶段，电子商务门槛并不高，为年轻人率先在村庄里从事某一种产品的生产、网售提供了条件，也带动了周边村民们一起开网店。

网商成长的动力机制因市场主体的兴起带来了巨大变化，改变了原来政府主导、自上而下的行政式农村电商发展旧模式，开始出现并迅速发展起市场驱动、自下而上的农村电商新模式。农村草根网商自发开始了网上交易并获得营业收入。于是，亲友开始模仿网络创业，电商网售需要学习网售知识，政府免费开办培训班赋能农民。最后是乡间扩散，沭阳出现了许多自组织型的典型淘宝个体户。

农村草根网商赚钱吸引了越来越多的网售模仿者。在随后几年时间里，它表现为一种市场的野蛮生长过程，农村电商乃至市场体系建设的深层痛点很少被触及。

聚焦到沭阳，截至2016年年底，江苏沭阳浓厚的电商创业氛围吸引了大学生、退伍军人、外出务工人员等返乡创业。根据沭阳县政府数据可知，沭阳全县共6 500余人返乡创业，其中通过电子商务平台销售花木是村民返乡创业的主要方向。据统计，颜集镇已有1 600名外出大学生、初高中毕业生、退伍军人加入返乡网络创业队伍中。他们文化程度较高，头脑灵活，熟悉网络知识，很快就实现了从务工人员到花木电商的角色转换。网络创业典型网商代表，如来自江苏沭阳县解桥村67岁的张展。据统计，在沭阳，像这样的网络店主有3万多名，花木从业人员20多万名，2016年网络交易额达85亿元，一批农民已成为年销售花木百万元甚至千万元以上的“网络大咖”。这些网商群体经过几年来的发展，一部分还处在自组织成长阶段，但当这些网商群体发展到1 000家以上，就自然形成了网商集聚区。这时，自组织成长网商群体面临着结构性问题，需要外部资源开始推动发展，如由政府建设电商产业园，制定政策扶持，发展物流，仓储等。

8.2.2.2 自组织与他组织共同作用下的网商群体成长情况

在《关于加快发展农村电子商务的意见》《关于支持农民工等人员返乡创业的意见》《推进农业电子商务发展行动计划》等政策利好的鼓舞下，以及在沭阳县各级政府和协会的支持和资助下，沭阳新农人也走上了网商快速发展的道路，从小卖部版本的1.0模式到农村淘宝合伙人的2.0模式，实现了高素质化、专业化、团队化。

农村电子商务作为互联网经济的重要组成部分，要想在农村真正得到生根发芽，成为农民发家致富的有效手段，离不开政府的引导。农村电商必须有足够的气度与力度才有可能顺利实施，需要有“破冰”的勇气来推动县域电子商务发展。当网商群体发展到产业升级的阶段时，他组织扶持变成了必须条件，如开展培训、基础设施建设、协会化指导、产业专业化发展、网商企业化、产品品牌化、品类多样化、网商生态化等。

1. 培训

众所周知，农民开网店最重要的是技术。沭阳县通过政府购买服务的方式免费为农民开展电子商务初级培训、提升培训和精英培训，确保每一位想开网店的农民在技术上都能得心应手。沭阳针对“起步阶段缺培训”，由政府花钱买服务，在城区核心商业区开展“周日下午四点见”的培训活动，吸引了大量的创业者。沭阳还面向社会免费开展电子商务初级、提升、精英等培训，并在当地职业院校开设电子商务专业，邀请同济大学、南京工程学院等院校教授来沭阳授课，年累计培训上万人次。还针对“升级阶段缺人才”问题，在当地职业院校开设电子商务专业，为创业者提供继续深造学习的机会，培养电子商务人才。为进一步营造大众创业、万众创新的社会氛围，进一步优化创新创业生态环境，加快创新创业人才集聚，带领广大青年通过“互联网+”发展致富。2016 年 11 月，沭阳县举行苏奥青年电商“孵化器”启动仪式，成立苏奥青年电商“孵化器”，邀请部分企业家及创业能人担当创业导师，为县创业青年进行一对一指导，有效弥补青年创业过程中存在的经验不足及缺乏平台等问题。如今，淘宝大学沭阳教学基地的成立将进一步为创业者提供继续深造学习的机会。

2. 基础设施

为完善电商产业基础设施配套，沭阳县与县城最中心的商场合作兴建大型仓储基地，为网络创业者们免费提供办公和仓储场所，并且打造县淘创基地、众创空间、孵化基地、示范基地等遍布全县乡镇的电商平台。网络创业公共服务平台可线上解难答疑、在线下单，并在线下提供仓储配送、售后保障、代发代收服务。为解决农村物流“最后一公里”问题，各物流公司都付出了不少努力。

3. 成立各类协会

全县成立乡镇商会、街道商会，建有县总商会、县工商业联合会等行业协会及福建商会、浙江商会等异地商会。沭阳先后成立县花木开发示范区管委会、沭阳现代农业园区管委会、县苏台花木产业示范园区管委会、县花木研究中心等单位机构，全力服务全县花木产业发展。

成立县级花木协会。协会将在加强行业管理、打造诚信经营品牌、新品种推广等方面发挥重要作用。这也是由花木经营户自发成立的非营利性民间自治组织。花木协会发挥桥梁纽带、载体平台、示范引领和监督约束作用，积极为广大花农提供技术指导和服务，帮助会员创新营销理念和模式，培育更多单体规模大、综合竞争力强、辐射带动和集聚效应突出的企业。同时，加快行业信用体系建设，引导企业和经营户树立自律意识、规范经营，擦亮“花乡沭阳”这一金字招牌，推动全县花木产业持续、快速、健康发展。

成立首家花木行业工会。2016 年，县首家花木行业工会正式成立。花木产业是沭阳县特色产业，目前从业人员有 25 万余人。为保障广大花木行业从业人员权益，促进花木产业健康规范发展，县花木管委会联合沭阳县花木协会、沭阳县盆景协会、江苏省苗木商会沭阳分会、沭阳县蓝添花木城经营管理有限公司、苏太园艺等花木企业组建成立了首家花木行业工会。

成立农村科技服务超市。以有店面、队伍、网络、基地、成果、品牌等

“六有”为主要模式，主要提供科技咨询，技术培训服务、新成果、新技术、新产品示范应用，信息查询服务，农产品信息等服务，为农民解决生产过程中的技术问题，提高农业生产现代化水平并促进农民增收致富。

成立新河镇网商协会。新河镇网商协会由卓天旗舰店、春曲旗舰店等10家网店联合发起成立。网商协会的成立标志着新河镇网商抱团发展的开端，该协会会员已由成立初期的126人（家）发展为目前的256人（家），并不断发展壮大。

4. 成立孵化中心

网络创业孵化中心采取集中培训和一对一帮扶的方式，使更多的花农掌握网络销售技能，通过开设网上花店或商城销售花木及附属产品。依托互联网、网络中介公司、淘宝店以及花木经纪人、花农等，打造富民、强村、兴镇产业链，以推动镇村经济发展。

5. 政策机制到位

实施“6个1”工程：引导花木大户走出镇区到周边乡镇租地种花，大力推广网络商务，实现优良花木新品种规模化种植，抓花木新品种引进，以花木产业为依托，发展农民专业合作社、花木公司。实施“8个1”工程：抓品种更新，引进花木新品种，抓花木电商升级；抓专业合作组织建设，发展花木专业合作社、花木企业；抓人才培训，发展花木经纪人。

8.2.3 网商群体持续高质量成长的激励

庙头镇大力推广电子商务，制定了《庙头镇电子商务建设暨网络创业实施方案》，通过示范带动、观摩推动、举办网络培训班、大学生村干部帮带等措施，大力发展网络商务。

南湖街道推行“大学生村干部+电商+经营商户”模式，设立专项资金用于奖励创业有成人员。为抓住“双十一”销售商机，颜集镇采取多种帮扶激励措施，调动广大网商积极性和主动性，引导全镇6 000家网商积极参与。加强帮扶推动，镇电商公共服务中心协调金融部门投放“双十一”活动资金，支持报名参加活动的网商备足货源迎战“双十一”。该镇把“双十一”营销活动作为推进网络创业的重要工作来抓，在全镇广泛开展“双十一”竞赛活动，明确竞赛任务，加强考核推进。

悦来镇采取四项举措助力电商发展。在大众创业、万众创新的时代潮流中，悦来镇党委政府紧紧围绕市县委提出的“一村一品一店”发展战略，采取四项举措助力电商发展，专门设立农村电子商务专项引导资金，鼓励从事农村电子商务和有意向从事网络创业的个人和团队，同时对在“一村一品一店”工作中做出突出成绩的党员干部和大学生村干部予以奖励，为实现全镇农村电子商务快速发展提供政策和资金保障。

8.2.4 网商群体成长路径分析

8.2.4.1 家庭复制型

这是自组织阶段，即网商群体成长的初期形式，是一种自发的自下而上的成长模式。如颜集镇堰下村花农赵苏杭，只有几名工人正在忙着为网络买家订购的盆栽进行包装。堰下村有一半村民都从事花木网上销售，而且近年来走出去的大学生几乎全部回乡创业，农村人才回流助推增收致富。通过调研分析，发现家庭复制型网商占有较大比例，如何促进其更好地成长需要自组织和他组织共同推动。

8.2.4.2 企业运作型

一般来说，经过了家庭复制型成长之后，当网商规模、销售额增长到一定程度时，分工逐渐细化。常见的有电子商务直接相关的岗位，如网店客服、营销推广专员、打包发货专员；有电子商务带动的岗位，如服装行业裁缝、家具行业木工、快递员、摄影师等。近年来，在部分村庄还涌现出为电商创业者服务的律师、会计、专利代理人等。沭阳县花木电商的发展壮大也催生了配套产业，如从网店设计、摄影美工到客服推广、运营策划，从育种组培、栽植管护到市场批发、物流配送，从籽种、树苗到花盆、肥料、铁锹、遮阳网，花木经济的产业链效应逐渐显现。

1. 电商公司或平台

沭阳网商已经把网络零售的基础产业链延伸进村，包括花木种植、销售、客服、采购、包装、物流等环节，如龙庙镇倾力打造旗舰式电商服务平台促进传统企业转型，助力电商企业升级。龙庙镇发挥政府主导作用，组织全镇电商成立龙庙镇电商联合会。龙庙镇经过细致排查，共发现少数成功电商以及不少有意向创业或刚起步的网络创业者，被政府通过 QQ 群、微信群等方式将他们联合起来，并通过电商言传身教，邀请淘宝、天猫等网络平台企业提供专业培训，为电商企业打造了一个旗舰式的服务平台。同时，龙庙镇利用本地品牌、产品、资金等资源，打造电子商务孵化圈，为电商提供贷款、物流、货源及税收等一系列优惠政策。随着以阿里为主的几大电商平台农村电商下乡战略的推进，越来越多的普通创业者和农民加入网商创业的行列中，政府也开始注重与大型电商平台的合作及资源整合。

沭阳县多个乡镇建成了集培训、孵化、展销、货配等为一体的创业型、经济型、时尚型孵化平台，孵化基地正逐步完善起来。如沭城街道的网络创业孵化基地，汇集各类网店两百多家，服务中心、培训中心、商品展示中心等服务载体，同时快递行业也纷纷入驻，为电商提供了便利条件。

2. 构建“1+6”电商新模式

为促进网商群体成长，沭阳积极推行“1+6”模式，设有镇级电商服务中心点 1 个、村级代购代销村淘店 6 个，进行农资、生活用品购销，宣传推荐当地特色农产品，实现工业品下行和农产品上行的双向流通功能，为农民增收致富拓宽新渠道。推动“1+6”全覆盖，以镇电商服务中心为发展载体，秉承服务本镇网络创业发展理念，帮助村民新开多家网店。发展销售服务立体化模式，建立“协会网站、信息平台、服务公司”三位一体的销售信息服务网络，发展经纪人，开设花木网店，各村都成立花木销售服务中心，全方位做好销售服务工作。

3. 构建电商供应链

目前，全民电商创业、网络零售竞争日趋激烈，形成了一定的规模效应，仅仅依靠零散而相对初级的网商力量单打独斗解决具有一定规模效应的农产品销售问题已力不从心。淘宝村发展面临着商品同质化程度高、价格竞争激烈等困境。因此，没有完善的供应链、产品、品牌和营销体系，农民网商想要达到一定的销量实属不易。农村电商不止有零售一条路，农村电商需要零售与批发结合、线上和线下结合，并拓展更多渠道。电子商务使得传统供应链中的各个主体，如生产者农民、经纪人、各类批发商、经销商、商超等渠道商均有机会直接面对消费者，实现产品销售。

因此，在电商发展相对落后的县域和农村，无论是政府、服务商还是企业，都需要具备电商发展的全局观，明确不同类型的渠道，可以通过对接大型 C2B 平台和具有用户基础、渠道优势的垂直电商来保障销量并稳定利润率。个体创业者可以成为知名电商企业的分销商，形成“农户+基地+电商企业+分销商+个体微商”的合作模式。政府可以协同服务商共同建设合作模式中公共服务的部分，调动电商生态体系中的各类角色和资源，并尝试探索与社区电商、社群电商、“网红”电商、传统商业相结合。

4. 网上创业联盟

吴集镇充分利用县软件园优势平台及各项优惠政策，主动深挖信息资源，采取广泛宣传、定点招商、跟踪服务等方式，成功地签约引进了深蓝科技沭阳有限公司入驻县软件园。深蓝科技沭阳有限公司分别在淘宝网、天猫商城等网购平台注册了店铺，公司的主要产品为手机移动电源充电宝，目前店铺信誉级别已达到 2 颗皇冠，网民购买后纷纷好评。随着公司的不断发展壮大，必将带动更多的网上创业精英加入，为该镇发展网上创业打下良好的基础。由镇农技农经中心牵头，围绕追溯体系建设联合花木协会、电商协会，政府部门、农业企业、电商平台、信息技术提供商、社会团体等，在不同层面进行探索和尝试，在有些方面取得了明显进展。

8.2.4.3 品牌口碑型

作为国家林木种质资源采集与培育示范基地，沭阳县加强新品种选育与乡土树种挖掘，形成具有地方特色的自主品牌花木产品，为推进花木产业提档升级奠定基础。同时，也组织申报县级“中国花木之乡”，进一步助推沭阳花木产业上台阶，打造“沭阳花木”名片。近年来，县花木产业不断加大对外宣传力度，整合资源，拓宽渠道，扩大对外影响力，形成具有广泛“区域品牌”的品牌效应，全力推动花木产业提档升级，成功创建了国家级电子商务进农村综合示范县，成为全国最大的农产品淘宝村集群。

8.2.4.4 网商生态型

在县域电商发展过程中，生态化发展重要的不是形成单个的卖家或者单个政府推动，而是整个生态服务体系的形成，产业园聚集，快递、仓库、客服、培训等生态要素的出现和涌现，构筑了农村电商发展的生态系统。政府可以通过打造电商产业园、孵化器、创客空间等吸引电商及相关配套服务公司入驻，形成资源共享、大众创业、万众创新的氛围。在准确定位的前提下对特色旅游资源进行梳理和挖掘，充分发挥花木特色优势，切实提高规划的科学性与可行性。同时，结合本土特色，深挖历史文化底蕴，科学安排旅游线路，重点打造核心景点、核心线路，以特色优势牢牢抓住市场，立足特色资源优势，加快推进花木生态旅游度假区建设。

构筑县域电商服务生态。服务生态非常重要，在全国物流干线体系初步建立的情况下，在县域经济发展中，镇、村的物流毛细体系变得非常重要。当然，推动互联网接入、加强培训、推动代运营、设计服务等都是促进整个服务生态形成的重要条件。

县软件产业园推动电子商务产业做大做强，进一步实现质量再提高、规模再扩大。相关单位积极采取引导和扶持措施，规范网上市场经营秩序，进一步营造诚信法制的经营环境，严厉打击非法经营活动；强化银企对接，做好“牵线搭桥”工作，努力营造良好的金融环境；强化服务意识，在企业用电、人才、仓储等方面给予企业大力支持，推动全县电子商务发展再上新的台阶。

园区采取“基地+农户”的花木销售经营模式，带动农民在网上创业增收，不断发挥特色产业的引领、辐射、带动作用，打造更多的创业服务基地，更好地实现富民效应。

8.2.5 对策

如今，“花乡沭阳”的金字招牌已成为现实，花木产业是沭阳的传统特色产业，百亿级花木产业也促使沭阳从花木大县向花木强县转变。尤其是近些年，该产业发展势头较猛，发展速度较快，如今已成为沭阳优势品牌产业和农业主导产业。当前，经济发展正向新常态转换，花木产业发展已进入战略转折期，迫切需要理性研判县花木产业的现状，探讨今后的发展方向、发展模式、发展定位和发展手段，在更高层次上实现生态效益、经济效益和社会效益的全面可持续发展。

面对前所未见的商业生态环境、商业竞争格局、层出不穷的新技术、新理念、新产品、新机制、新商业模式，一批“新网商”群体正在崛起，需要沭阳网商群体和各级相关部门更有效地选择和运用适合自己的电子商务及互联网工具，在数据管理、社会化协作、组织变革、产品创新、客户服务、品牌营销等方面持续进化，进而转化为自身的商业竞争优势，快速适应互联网、大数据时代商业环境的快速变革。

如今，如何从江苏沭阳淘宝村的实践中找出规律性的东西，提供一个更为靠谱的农村电商路线图，是电商理论界当前的重要任务。

调研发现，沭阳县依托得天独厚的自然环境、优越的地域优势以及良好的群众基础，花木产业发展特色明显。因此，在推动区域经济社会转型发展、绿色发展、创新发展的大背景下，以三产理念谋划一产，坚持传统元素与时尚元素、本土特色与世界潮流相结合，进一步做精做美花木产业、做大做强花乡品牌，打造“中国花木生产第一县”，实现种植规模化、生产科技化、运作企业化、经营集约化、产业链条化运营。为提升现代产业体系，构建供应链体系，开展精品化花木生产的供给侧改革，需要以更高的视角、更宽的视野来审视、谋划花木产业的未来发展，用现代科学技术改造花木产业，统筹规划花木产业与旅游业。

具体对策建议：

（1）推进人才强县

支持进城农民工返乡创业，带动现代农业和农村新产业、新业态发展。鼓励高校毕业生、企业主、农业科技人员、留学归国人员等各类人才回乡、下乡创业创新，将现代科技、生产方式和经营模式引入农村。应对之道包括：开展分群分类培训，使培训系统化、本地化、常态化，注重从培训到培养，注重培训的实效性；充分利用移动互联网实现乡里乡外链接；结合当地主要行业，开展针对性、差异化培训，切实改善人才政策等。

（2）推进供给侧改革，升级完善服务体系

要把培育一批具有核心竞争力的优秀企业作为推进供给侧结构性改革的重中之重，不断营造企业和产业持续稳定发展的良好环境，为加快实施供给侧结构性改革，推动“两聚一高”新实践发挥重要作用。要升级农产品上行所需的创意设计、品牌、营销、包装、信息对接等服务，加大引进和培养服务型人才和专业团队的力度，从网店设计、摄影美工到客服推广、运营策划，从育种组培、栽植管护到市场批发、物流配送，从籽种、树苗到花盆、肥料、铁锹、遮阳网，花木经济的产业链效应逐渐显现。

（3）充分利用多渠道电商平台

要重视农村电商平台下行体系重复建设、上行渠道不畅的问题，鼓励发展多种渠道上行，重视微商新渠道，探索新的销售渠道，促进当地资源和能力的共享复用，促进多平台的开放接入。现在的淘宝、天猫、京东、易购、拼多多等平台为电商开展跨平台零售提供了选择机会。

（4）“推进“互联网+”现代农业行动、“互联网+”数据平台建设

深入实施电子商务进农村综合示范，这实际上是将农村电子商务发展、“互联网+农业”作为推动供给侧改革的新产业业态。以特色农产品优势区建设为基础，强化分级包装、物流等基础设施建设，加快完善产品标准和生产标准体系，加大农产品品牌网络营销运营力度。加强电商数据建设，既包括网上农产品上行销售额、工业品下行销售额、年发出包裹数、年收到包裹数等交易数据，也包括所有电商平台数据。

（5）传统工艺与机器制品并行，制定标准，挖掘文化故事，开展花木工匠大师评定活动

随着“互联网+”农业的不断发展，互联网与农业产生了化学反应，催生了一个充满朝气活力的新群体——新农人。新农人利用当地文化传统，抓住本地传统、有特色的工艺品发展特色电商；加强设计的青春感对接年轻消费群体，保护传统工艺，开拓年轻市场，实现消费的精准对接。为了更好地推进我国新农村建设，发掘在“互联网+农业”以及农产品生产、销售、流通等方面做出创新贡献的优秀人才，开展杰出新农人评选活动。

(6) 发展个性化定制，打造地域和企业品牌

互联网时代可以实现跨越式发展，进行个性化花木定制，即把用户的设计或个性化诉求（完整的产品形象设计、个性化语言等）直接转化到花木产品的设计中。花木品牌的缺失容易产生低价竞争现象，一方面，应将企业和家庭作坊组织起来，成立协会或网商联盟，在政府支持下，打响“花乡沭阳”的地域品牌；另一方面，促进家庭作坊向现代企业转型，培育一批有实力的花木生产企业、流通企业，积极打造企业品牌、产品品牌。

(7) 加强特色农业提档升级，发展特色小镇、乡村旅游

进一步厘清现代农业发展思路，完善相关技术措施，提高农业标准化生产水平，扩大其范围，加强农产品认证、品牌打造、产品包装、农产品质量安全溯源管理、营销策划等工作。充分发挥地区资源优势，全面加强农产品质量安全监管，提升农产品知名度和影响力。目前，农产品销售最大的问题是如何进行分级管理并建立好溯源体系，这些都需要政企联动、协同作战。

大力推进乡村旅游发展，打造古栗林生态旅游度假区、新河花木特色小镇、山荡特色旅游村等特色生态旅游项目，有力提升乡村旅游发展水平，加快全县旅游产业发展。合理定位花木风情小镇的建筑风格，做好景观绿化、旅游项目布局等工作，体现花木风情小镇的特色。小镇的旅游开发工作要与现有花木生态旅游规划及新河镇区总体规划相统一，要围绕规划挖掘旅游资源，开发旅游项目，打造特色旅游景点和线路，把新河花木风情小镇建设成精品旅游项目。“旅游+互联网”战略计划的推出、重点推进全域旅游示范县的建设、旅游电商等均是亟需进行全面规划的重要内容，通过打造智慧旅游，最终实现旅游资源全方位、系统化的优化提升，实现资源有机整合、产业融合发展、社会共建共享，以旅游业带动和促进地方经济社会协调发展。

参考文献

[1] 阿里研究院. 网商记之一：全球最大商帮发展之路 [EB/OL]. [2017-06-05]. http://www.aliresearch.com/blog/article/detail/id/ 21329.html.

[2] 余佳. 电子商务环境下电子服务质量研究 [J]. 情报探索，2009 (12)：89-91.

[3] 薛洲，耿献辉. 电商平台、熟人社会与农村特色产业集群——沙集“淘宝村”的案例 [J]. 西北农林科技大学学报（社会科学版），2018，18 (5)：46-54.

[4] VAN ALSTYNE M W, PARKER G G, CHOUDARY S P. Pipelines, platforms, and the new rules of strategy [J]. Harvard Business Review. 2016, 94 (4): 54-62.

[5] 李杰，张睿，徐勇. 电商平台监管与商家售假演化博弈 [J]. 系统工程学报，2018，33 (5)：649-651.

[6] 岳云嵩，李兵. 电子商务平台应用与中国制造业企业出口绩效——基于“阿里巴巴”大数据的经验研究 [J]. 中国工业经济，2018 (8)：97-115.

[7] 池毛毛，赵晶，李延晖，等. 电子商务平台吸附能力的影响机制研究——平台柔性和控制机制的交互效应 [J]. 管理科学学报，2018，21 (7)：35-51.

[8] 杨丽. 平台分化、交叉平台效应与平台竞争——以淘宝网的分化与竞争为例 [J]. 研究与发展管理，2018，30 (1)：151-160.

[9] 桂云苗，龚本刚，程永宏. 双边努力情形下电子商务平台质量保证策略研究 [J]. 中国管理科学，2018，26 (1)：163-169.

[10] 汪旭晖，张其林. 平台型网络市场“平台-政府”双元管理范式研究——基于阿里巴巴集团的案例分析 [J]. 中国工业经济，2015 (3)：135-147.

[11] 李广乾，陶涛. 电子商务平台生态化与平台治理政策 [J]. 管理世

界，2018（6）：104-109.

[12] DUTTA S，BLOWMICK S. Consumer responses to offline and online low price signals：the role of cognitive elaboration [J]. Journal of Business Research，2009（62）：629-635.

[13] FASSNACHT M，KOESE I. Quality of electronic services：conceptualizing and testing a hierarchical model [J] . Journal of Service Research，2006，9（1）：19-37.

[14] 赵卫宏，熊小明. 网络零售服务质量的测量与管理——基于中国情境 [J]. 管理评论，2015（12）：120-130.

[15] HSU T H，HUNG L C，TANG J W. The multiple criteria and sub-criteria for electronic service quality evaluation：an interdependence perspective [J]. Online Information Review，2012，36（2）：241-260.

[16] CHEN J V，CHEN Y，CAPISTRANO E P S. Process quality and collaboration quality on B2B e-commerce [J]. Industrial Management & Data Systems，2013，113（6）：908-926.

[17] 杨清清. 顾客参与的电子商务全过程服务质量评价体系研究 [D]. 重庆：重庆大学，2013.

[18] 李波. 网络购物商品质量管控研究 [D]. 济南：山东大学，2014.

[19] GUMMERUS J，LILJANDER V，PURA M，et al. Customer loyalty to content-based web sites：the case of an online health-care service [J]. Journal of Service Marketing，2004，18（3）：175-186.

[20] 姚亚南，韦福祥. 企业网站服务质量的探索性研究：基于交易过程的视角 [J]. 商业经济与管理，2012（4）：32-38.

[21] 李琪，唐跃桓，任小静. 电子商务发展、空间溢出与农民收入增长 [J]. 农业技术经济，2019（4）：119-131.

[22] 曹尔黎. 第三方 B2B 电子商务平台服务质量分析 [J]. 商业研究，2010，39（8）：213-216.

[23] 兰琦，杨文博. 电子商务服务质量描述与评价方法研究 [J]. 电子科技大学学报（社科版），2010，12（6）：35-39.

[24] 张大陆，姚进. 电子商务环境下面向顾客的服务质量评价体系 [J]. 计算机工程，2005，31（6）：66-68.

[25] 李辉，张爽. 全面质量管理的电子服务质量评价体系 [J]. 西安交通大学学报（社科版），2008，28（2）：33-37.

[26] KAYNAMA S A, BLACK C I. A proposal to assess the service quality of online travel agencies: an exploratory study [J]. Joumal of Professional Service Marketing, 2010, 21 (1): 63-68.

[27] YOO B, DONTHU N. Developing a scale to measure the perceived quality of Internet shopping sites (SITEQUAL) [J]. Quarterly Journal of Electronic Commerce, 2001, 2 (1): 31-47.

[28] YANG Z, PETERSON R T, CAI S. Services quality dimensions of internet retailing: an exploratory analysis [J]. Journal of Service Marketing, 2003, 17 (7): 685-701.

[29] FASSNACHT M, KOESE I. Quality of electronic services: conceptualizing and testing a hierarchical model [J]. Journal of Service Research, 2006, 9(1): 19-37.

[30] AKERLOF G. The market for "lemons": quality uncertainty and the market mechanism [J]. Quarterly Journal of Economics, 1970 (84): 488-500.

[31] 郭承龙. 农村电子商务模式探析——基于淘宝村的调研 [J]. 经济体制改革, 2015 (5): 110-115.

[32] 汪向东, 梁春晓. "新三农"与电子商务 [M]. 北京: 中国农业科学技术出版社, 2014.

[33] YIWU ZENGA, FU JIAB, LI WAN, et al. E-commerce in agri-food sector: a systematic literature review [J]. International Food and Agribusiness Management Review, 2017, 20 (4): 439-459.

[34] 康春鹏, 汪向东. 沙集电子商务现状与"沙集模式 2.0"探析 [J]. 徐州工程学院学报 (社会科学版), 2013 (3): 14-17.

[35] 董坤祥, 侯文华, 丁慧平, 等. 创新导向的农村电商集群发展研究——基于遂昌模式和沙集模式的分析 [J]. 农业经济问题, 2016 (10): 60-69.

[36] 朱邦耀, 宋玉祥, 李国柱. C2C 电子商务模式下中国"淘宝村"的空间聚集格局与影响因素 [J]. 经济地理, 2016, 34 (6): 92-98.

[37] 徐智邦, 王中辉, 周亮. 中国"淘宝村"的空间分布特征及驱动因素分析 [J]. 经济地理, 2017, 37 (1): 107-114.

[38] 刁贝娣, 陈昆仑, 丁镭, 等. 中国淘宝村的空间分布格局及其影响因素 [J]. 热带地理, 2017 (1): 56-65.

[39] QI J Q, ZHENG X Y, GUO H D. The formation of Taobao villages in China [J]. China Economic Review, 2019 (53): 106-127.

[40] 吴昕晖，袁振杰，朱竑. 全球信息网络与乡村性的社会文化建构——以广州里仁洞“淘宝村”为例 [J]. 华南师范大学学报（自然科学版），2015 (2)：115-123.

[41] 房冠辛. 中国“淘宝村”：走出乡村城镇化困境的可能性尝试与思考——一种城市社会学的研究视角 [J]. 中国农村观察，2016 (3)：71-81.

[42] 傅哲宁，罗震东，乔艺波. 增长下的消失：淘宝村空间分布格局与演进机制研究 [J]. 上海城市规划，2019 (2)：124-130.

[43] LIN Y L. E-urbanism：e-commerce，migration，and the transformation of Taobao villages in urban China [J]. Cities，2019 (91)：202-212.

[44] 曾亿武，邱东茂，沈逸婷. 淘宝村形成过程研究：以东风村和军埔村为例 [J]. 经济地理，2015，35 (12)：90-97.

[45] 曾亿武，郭红东. 电子商务协会促进淘宝村发展的机理及其运行机制——以广东省揭阳市军埔村的实践为例 [J]. 中国农村经济，2016 (6)：51-60.

[46] 曾亿武，郭红东. 农产品淘宝村形成机理：一个多案例研究 [J]. 农业经济问题，2016 (4)：39-48.

[47] 刘亚军，储新民. 中国“淘宝村”的产业演化研究 [J]. 中国软科学，2017 (2)：29-36.

[48] 周静，杨紫悦，高文. 电子商务经济下江苏省淘宝村发展特征及其动力机制分析 [J]. 城市发展研究，2017，24 (2)：9-14.

[49] 崔凯，冯献. 演化视角下农村电商“上下并行”的逻辑与趋势 [J]. 中国农村经济，2018 (3)：29-44.

[50] 刘杰，郑风田. 社会网络，个人职业选择与地区创业集聚-基于东风村的案例研究 [J]. 管理世界，2011 (6)：132-141.

[51] 梁强，邹立凯，王博，等. 关系嵌入与创业集群发展：基于揭阳市军埔淘宝村的案例研究 [J]. 管理学报，2016 (8)：1125-1134.

[52] 梁强，邹立凯，宋丽红，等. 组织印记、生态位与新创企业成长——基于组织生态学视角的质性研究 [J]. 管理世界，2017 (6)：141-154.

[53] 曾亿武，郭红东，金松青. 电子商务有益于农民增收吗？——来自江苏沭阳的证据 [J]. 中国农村经济，2018 (2)：49-64.

[54] 范轶琳，姚明明，吴卫芬. 中国淘宝村包容性创新的模式与机理研究 [J]. 农业经济问题，2018 (12)：118-127.

[55] 崔丽丽，王骊静，王井泉. 社会创新因素促进“淘宝村”电子商务发

展的实证分析——以浙江丽水为例［J］. 中国农村经济，2014（12）：50-60.

［56］ CUI M，PAN S L，NEWELL S，et al. Strategy，resource orchestration and e-commerce enabled social innovation in rural China［J］. The Journal of Strategic Information Systems，2017，26（1）：3-21.

［57］ 刘亚军. 互联网使能、金字塔底层创业促进内生包容性增长的双案例研究［J］. 管理学报，2018，15（12）：1761-1771.

［58］ AVGEROU C，LI B Y. Relational and institutional embeddedness of Web - enabled entrepreneur-ial networks：case studies of netrepreneurs in China［J］. Information systems journal，2013，23（4）：329-350.

［59］ 汪向东. 农村经济社会转型的新模式——以沙集电子商务为例［J］. 工程研究-跨学科视野中的工程. 2013（2）：194-200.

［60］ LEONG C，PAN S L，NEWELL S，et al. The emergence of self-organizing e-commerce ecosystems in remote villages of china：a tale of digital empowerment for rural development［J］. MIS Quarterly，2016，40（2）：475-484.

［61］ 李育林，张玉强. 我国地方政府在“淘宝村”发展中的职能定位探析——以广东省军埔村为例［J］. 科技管理研究，2015（11）：174-178.

［62］ 张宸，周耿. 淘宝村产业集聚的形成和发展机制研究［J］. 农业经济问题，2019（4）：108-117.

［63］ 王恩才. 产业集群生命周期研究述评［J］. 齐鲁学刊，2013（3）：86-90.

［64］ FUMITO K. The modeling of AISAS marketing process［J］. Journal of System Dynamics，2009（8）：95-102.

［65］ BERNARD J JANSEN，MIMI ZHANG，KATE SOBEL，et al. Twitter power：tweets as electronic work of mouth，journal of the American society［J］. Information Science and Technology，2009，60（11）：2169-2188.

［66］ 姚茜，卜彦芳. 基于影响力研究的微博营销模式探析［J］. 经济问题探究，2011（12）：117-121.

［67］ 金永生，王睿，陈翔兵. 企业微博营销效果和粉丝数量的短期互动模型［J］. 管理科学，2011，24（4）：71-83.

［68］ 赵爱琴，朱景焕. 企业微博营销效果评估研究［J］. 江苏商论，2012（1）：89-92.

［69］ 王昕宇，黄海峰. 我国农民网商的演进路径及发展对策［J］. 中州学刊，2016（8）：41-44.

[70] 王明，赵冬梅.“互联网 +”背景下农民网商形成和发展机理研究 [J]. 西北工业大学学报（社会科学版），2017（1）：10-15.

[71] 王倩. 淘宝村的演变路径及其动力机制：多案例研究 [D]. 南京：南京大学，2015.

[72] 田华，吕述谡. 淘出来的财富经 [M]. 北京：现代教育出版社，2017.

[73] 张铁男，程宝元，张亚娟. 基于耗散结构的企业管理熵 Brusselator 模型研究 [J]. 管理工程学报，2010（3）：103-108.

[74] 农业部农村经济体制与经营管理司课题组. 农业供给侧结构性改革背景下的新农人发展调查 [J]. 中国农村经济，2016（4）：2-11.

[75] 阿里研究院. 发现新农人 [R]. 北京：阿里研究院，2014.

[76] 李燕萍，陈武，李正海. 驱动中国创新发展的创客与众创空间培育：理论与实践 [J]. 科技进步与对策，2016（20）：154-160.

[77] 李燕萍，陈武. 中国众创空间研究现状与展望 [J]. 中国科技论坛，2017（5）：12-18.

[78] 童亮. 优化众创空间新生态，推动南京双创更好发展 [J]. 中共南京市委党校学报，2017（1）：100-105.

[79] 汪金锋，宫利影. 互联网农业语境下的新农人发展探析 [J]. 当代经济，2015（24）：86-87.

[80] 牛耀红. 新农人与农业技术传播体系整合研究 [J]. 哈尔滨工业大学（社会科学版），2017（4）：56-61.

[81] 马骏. 创客空间商业模式实证研究 [J]. 科技进步与对策，2016，33（8）. 17-21.

[82] 林祥，高山，刘晓玲. 众创空间的基本类型、商业模式与理论价值 [J]. 科学学研究，2016，34（6）：923-929.

[83] BALLOU D, WANG R, PAZER H, et al. Modeling information manufacturing systems to determine information product quality [J]. Management Science, 1994, 44 (4): 462-484.

[84] SUSSMAN S W, SIEGAL W S. Informational influence in organizations: an integrated approach to knowledge adoption [J]. Informational Systems Research, 2003, 14 (1): 47-65.

[85] 金立印. 网络口碑信息对消费者购买决策的影响：一个实验研究 [J]. 经济管理，2007，29（22）：36-42.

[86] 左文明，陈华琼，张镇鹏. 基于网络口碑的 B2C 电子商务服务质量管

理［J］. 管理评论，2018（2）：94-106.

［87］劳陈峰. 网络口碑质量对消费者购买意愿的影响研究［D］. 广州：华南理工大学，2014.

［88］黄卫来，潘晓波. 在线商品评价信息有用性模型研究——纳入应用背景因素的信息采纳扩展模型［J］. 图书情报工作，2014（S1）：141-151.

［89］陈江涛，张金隆，张亚军. 在线商品评论有用性影响因素研究：基于文本语义视角［J］. 图书情报工作，2012，56（10）：119-123.

［90］何飞. 基于系统动力学的企业网络舆情危机预警研究［D］. 北京：首都经济贸易大学，2013.

［91］DUAN W J，GU B，WHINSTON A B. The dynamics of online word-of-mouth and product sales-An empirical investigation of the movie industry［J］. Journal of Retailing，2008，84（2）：233-242.

［92］TANG Y. Online reputation scoring from historical feedbacks based on partially-ordered similarity original research article［J］. Energy Procedia，2011（13）：3206-3215.

［93］WEITZEL L，OLIVEIRA J P M，QUARESMA P. Measuring the reputation in user-generated-content systems based on health information［J］. Procedia Computer Science，2014（29）：64-378.

［94］CHANG J S，WONG H J. Selecting appropriate sellers in online auctions through a multi-attribute reputation calculation method［J］. Electronic Commerce Research and Applications，2011（10）：144-154.

［95］WU F，LI H H，KUO Y H. Reputation evaluation for choosing a trustworthy counterparty in C2C e-commerce［J］. Electronic Commerce Research and Applications，2011（10）：428-436.

［96］HANSEN H，SAMUELSEN B M，SILSETH P R. Customer perceived value in B-t-B service relationships：investigating the importance of corporate reputation［J］. Industrial Marketing Management，2008（37）：206-217.

［97］WALSH G，MITCHELL V-W，JACKSON P R. Examining the antecedents and consequences of corporate reputation：A customer perspective［J］. British Journal of Management，2009（20）：187-203.

［98］BHARADWAJ K K，AL-SHAMR M Y H. Fuzzy computational models for trust and reputation systems［J］. Electronic Commerce Research and Applications，2009（8）：37-47.

[99] KAISER C, SCHLICK S, BODENDORF F. Warning system for online market research - identifying critical situations in online opinion formation [J]. Knowledge-Based Systems, 2011 (24): 824-836.

[100] KAISER C, BODENDORF F. Monitoring opinions in online forums - a case study from the sports industry [J]. International Journal of Information and Education Technology, 2012, 2 (3): 212-215.

[101] NAMBISAN P, WATT J H. Managing customer experiences in online product communities [J]. Journal of Business Research, 2011, 64 (8): 889-895.

[102] 张庆民，王海燕，吴春梅，等. 基于熵权-离差聚类法的城市公共安全舆情评估 [J]. 中国安全科学学报, 2012, 22 (9): 147-152.

[103] 兰月新，邓新元. 突发事件网络舆情演进规律模型研究 [J]. 情报杂志, 2011, 30 (8): 47-50.

[104] 罗喆. 农村电商品牌建设研究思路 [J]. 当代经济, 2016 (33): 54-55.

[105] 张庆民，孙树垒，吴士亮，等. 淘宝村农户网商群体持续成长演化研究 [J]. 农业技术经济, 2019 (1): 121-134.